无障碍环境建设法、残疾人保障法

一本通

法规应用研究中心 编

中国法制出版社

CHINA LEGAL PUBLISHING HOUSE

编辑说明

"法律一本通"系列丛书自 2005 年出版以来，以其科学的体系、实用的内容，深受广大读者的喜爱。2007 年、2011 年、2014 年、2016 年、2018 年、2019 年、2021 年我们对其进行了改版，丰富了其内容，增强了其实用性，博得了广大读者的赞誉。

我们秉承"以法释法"的宗旨，在保持原有的体例之上，再次对"法律一本通"系列丛书进行改版，以达到"应办案所需，适学习所用"的目标。新版丛书具有以下特点：

1. 丛书以主体法的条文为序，逐条穿插关联的现行有效的法律法规、部门规章、司法解释、请示答复和部分地方规范性文件，以方便读者理解和适用。

2. 丛书紧扣实践和学习两个主题，在目录上标注了重点法条，并在某些重点法条的相关规定之前，对收录的相关文件进行分类，再按分类归纳核心要点，以便读者最便捷地查找使用。

3. 丛书紧扣法律条文，在主法条的相关规定之后附上案例指引，收录最高人民法院、最高人民检察院指导性案例、公报案例以及相关机构公布的典型案例的裁判摘要、案例要旨或案情摘要等。通过相关案例，可以进一步领会和把握法律条文的适用，从而作为解决实际问题的参考。并对案例指引制作索引目录，方便读者查找。

4. 丛书以脚注的形式，对各类法律文件之间或者同一法律文件不同条文之间的适用关系、重点法条疑难之处进行说明，以便读者系统地理解我国现行各个法律部门的规则体系，从而更好地为教学科研和司法实践服务。

5. 丛书结合二维码技术的应用为广大读者提供增值服务，扫描前勒口二维码，即可免费部分使用中国法制出版社推出的【法融】数据库。【法融】数据库中"国家法律法规"栏目便于读者查阅法律文件准确全文及效力的同时，更有部分法律文件权威英文译本等独家资源分享。"最高法指导案例"和"最高检指导案例"两个栏目提供最高人民法院和最高人民检察院指导性案例的全文，为读者提供更多增值服务。

中国法制出版社

目　录

中华人民共和国无障碍环境建设法

第三章　无障碍信息交流

第四章　无障碍社会服务

中华人民共和国残疾人保障法

案例索引目录

中华人民共和国无障碍环境建设法

（2023 年 6 月 28 日第十四届全国人民代表大会常务委员会第三次会议通过 2023 年 6 月 28 日中华人民共和国主席令第 6 号公布 自 2023 年 9 月 1 日起施行）

目 录

第一章 总 则

第一条 立法目的①

为了加强无障碍环境建设，保障残疾人、老年人平等、充分、便捷地参与和融入社会生活，促进社会全体人员共享经济社会发展成果，弘扬社会主义核心价值观，根据宪法和有关法律，制定本法。

---

① 条文主旨为编者所加，下同。

1

● 法　律

1. 《老年人权益保障法》（2018 年 12 月 29 日）①

　　第 1 条　为了保障老年人合法权益，发展老龄事业，弘扬中华民族敬老、养老、助老的美德，根据宪法，制定本法。

2. 《残疾人保障法》（2018 年 10 月 26 日）

　　第 1 条　为了维护残疾人的合法权益，发展残疾人事业，保障残疾人平等地充分参与社会生活，共享社会物质文化成果，根据宪法，制定本法。

● 行政法规及文件

3. 《残疾人教育条例》（2017 年 2 月 1 日）

　　第 1 条　为了保障残疾人受教育的权利，发展残疾人教育事业，根据《中华人民共和国教育法》和《中华人民共和国残疾人保障法》，制定本条例。

4. 《无障碍环境建设条例》（2012 年 6 月 28 日）

　　第 1 条　为了创造无障碍环境，保障残疾人等社会成员平等参与社会生活，制定本条例。

第二条　国家推进无障碍环境建设

　　国家采取措施推进无障碍环境建设，为残疾人、老年人自主安全地通行道路、出入建筑物以及使用其附属设施、搭乘公共交通运输工具，获取、使用和交流信息，获得社会服务等提供便利。

　　残疾人、老年人之外的其他人有无障碍需求的，可以享受无障碍环境便利。

---

　　①　该时间指的是法律文件发布或者截至本书出版最后一次修订发布的时间，下文对此不再提示。

● **法　律**

1. 《残疾人保障法》（2018 年 10 月 26 日）

　　第 8 条　中国残疾人联合会及其地方组织，代表残疾人的共同利益，维护残疾人的合法权益，团结教育残疾人，为残疾人服务。

　　中国残疾人联合会及其地方组织依照法律、法规、章程或者接受政府委托，开展残疾人工作，动员社会力量，发展残疾人事业。

● **行政法规及文件**

2. 《无障碍环境建设条例》（2012 年 6 月 28 日）

　　第 2 条　本条例所称无障碍环境建设，是指为便于残疾人等社会成员自主安全地通行道路、出入相关建筑物、搭乘公共交通工具、交流信息、获得社区服务所进行的建设活动。

第三条 **工作领导机制**

　　无障碍环境建设应当坚持中国共产党的领导，发挥政府主导作用，调动市场主体积极性，引导社会组织和公众广泛参与，推动全社会共建共治共享。

● **行政法规及文件**

1. 《国务院关于加快发展养老服务业的若干意见》（2013 年 9 月 6 日）①

　　二、主要任务

　　（一）统筹规划发展城市养老服务设施。

　　加强社区服务设施建设。各地在制定城市总体规划、控制性详细规划时，必须按照人均用地不少于 0.1 平方米的标准，分区分级规划设置养老服务设施。凡新建城区和新建居住（小）区，要按标准要求配套建设养老服务设施，并与住宅同步规划、同步建设、

_____

　　①　本书收录的法律文件以发文机关公开发布的文件为准。

同步验收、同步交付使用；凡老城区和已建成居住（小）区无养老服务设施或现有设施没有达到规划和建设指标要求的，要限期通过购置、置换、租赁等方式开辟养老服务设施，不得挪作他用。

综合发挥多种设施作用。各地要发挥社区公共服务设施的养老服务功能，加强社区养老服务设施与社区服务中心（服务站）及社区卫生、文化、体育等设施的功能衔接，提高使用率，发挥综合效益。要支持和引导各类社会主体参与社区综合服务设施建设、运营和管理，提供养老服务。各类具有为老年人服务功能的设施都要向老年人开放。

实施社区无障碍环境改造。各地区要按照无障碍设施工程建设相关标准和规范，推动和扶持老年人家庭无障碍设施的改造，加快推进坡道、电梯等与老年人日常生活密切相关的公共设施改造。

（二）大力发展居家养老服务网络。

发展居家养老便捷服务。地方政府要支持建立以企业和机构为主体、社区为纽带、满足老年人各种服务需求的居家养老服务网络。要通过制定扶持政策措施，积极培育居家养老服务企业和机构，上门为居家老年人提供助餐、助浴、助洁、助急、助医等定制服务；大力发展家政服务，为居家老年人提供规范化、个性化服务。要支持社区建立健全居家养老服务网点，引入社会组织和家政、物业等企业，兴办或运营老年供餐、社区日间照料、老年活动中心等形式多样的养老服务项目。

发展老年人文体娱乐服务。地方政府要支持社区利用社区公共服务设施和社会场所组织开展适合老年人的群众性文化体育娱乐活动，并发挥群众组织和个人积极性。鼓励专业养老机构利用自身资源优势，培训和指导社区养老服务组织和人员。

发展居家网络信息服务。地方政府要支持企业和机构运用互联网、物联网等技术手段创新居家养老服务模式，发展老年电子商务，建设居家服务网络平台，提供紧急呼叫、家政预约、健康咨询、物品代购、服务缴费等适合老年人的服务项目。

（三）大力加强养老机构建设。

支持社会力量举办养老机构。各地要根据城乡规划布局要求，统筹考虑建设各类养老机构。在资本金、场地、人员等方面，进一步降低社会力量举办养老机构的门槛，简化手续、规范程序、公开信息，行政许可和登记机关要核定其经营和活动范围，为社会力量举办养老机构提供便捷服务。鼓励境外资本投资养老服务业。鼓励个人举办家庭化、小型化的养老机构，社会力量举办规模化、连锁化的养老机构。鼓励民间资本对企业厂房、商业设施及其他可利用的社会资源进行整合和改造，用于养老服务。

办好公办保障性养老机构。各地公办养老机构要充分发挥托底作用，重点为"三无"（无劳动能力，无生活来源，无赡养人和扶养人、或者其赡养人和扶养人确无赡养和扶养能力）老人、低收入老人、经济困难的失能半失能老人提供无偿或低收费的供养、护理服务。政府举办的养老机构要实用适用，避免铺张豪华。

开展公办养老机构改制试点。有条件的地方可以积极稳妥地把专门面向社会提供经营性服务的公办养老机构转制成为企业，完善法人治理结构。政府投资兴办的养老床位应逐步通过公建民营等方式管理运营，积极鼓励民间资本通过委托管理等方式，运营公有产权的养老服务设施。要开展服务项目和设施安全标准化建设，不断提高服务水平。

（四）切实加强农村养老服务。

健全服务网络。要完善农村养老服务托底的措施，将所有农村"三无"老人全部纳入五保供养范围，适时提高五保供养标准，健全农村五保供养机构功能，使农村五保老人老有所养。在满足农村五保对象集中供养需求的前提下，支持乡镇五保供养机构改善设施条件并向社会开放，提高运营效益，增强护理功能，使之成为区域性养老服务中心。依托行政村、较大自然村，充分利用农家大院等，建设日间照料中心、托老所、老年活动站等互助性养老服务设施。农村党建活动室、卫生室、农家书屋、学校等要支持农村养老服务工作，组织与老年人相关的活动。充分发挥村民自治功能和老年协会作用，督促家庭成员承担赡养责任，组织开展邻里互助、志愿服务，解决周围老年人实际生活困难。

拓宽资金渠道。各地要进一步落实《中华人民共和国老年人权益保障法》有关农村可以将未承包的集体所有的部分土地、山林、水面、滩涂等作为养老基地，收益供老年人养老的要求。鼓励城市资金、资产和资源投向农村养老服务。各级政府用于养老服务的财政性资金应重点向农村倾斜。

建立协作机制。城市公办养老机构要与农村五保供养机构等建立长期稳定的对口支援和合作机制，采取人员培训、技术指导、设备支援等方式，帮助其提高服务能力。建立跨地区养老服务协作机制，鼓励发达地区支援欠发达地区。

（五）繁荣养老服务消费市场。

拓展养老服务内容。各地要积极发展养老服务业，引导养老服务企业和机构优先满足老年人基本服务需求，鼓励和引导相关行业积极拓展适合老年人特点的文化娱乐、体育健身、休闲旅游、健康服务、精神慰藉、法律服务等服务，加强残障老年人专业化服务。

开发老年产品用品。相关部门要围绕适合老年人的衣、食、住、行、医、文化娱乐等需要，支持企业积极开发安全有效的康复辅具、食品药品、服装服饰等老年用品用具和服务产品，引导商场、超市、批发市场设立老年用品专区专柜；开发老年住宅、老年公寓等老年生活设施，提高老年人生活质量。引导和规范商业银行、保险公司、证券公司等金融机构开发适合老年人的理财、信贷、保险等产品。

培育养老产业集群。各地和相关行业部门要加强规划引导，在制定相关产业发展规划中，要鼓励发展养老服务中小企业，扶持发展龙头企业，实施品牌战略，提高创新能力，形成一批产业链长、覆盖领域广、经济社会效益显著的产业集群。健全市场规范和行业标准，确保养老服务和产品质量，营造安全、便利、诚信的消费环境。

（六）积极推进医疗卫生与养老服务相结合。

推动医养融合发展。各地要促进医疗卫生资源进入养老机构、社区和居民家庭。卫生管理部门要支持有条件的养老机构设置医疗机构。医疗机构要积极支持和发展养老服务，有条件的二级以上综合医院应当开设老年病科，增加老年病床数量，做好老年慢病防治和康复护理。要探索医疗机构与养老机构合作新模式，医疗机构、社区卫生服务机构应当为老年人建立健康档案，建立社区医院与老年人家庭医疗契约服务关系，开展上门诊视、健康查体、保健咨询等服务，加快推进面向养老机构的远程医疗服务试点。医疗机构应当为老年人就医提供优先优惠服务。

健全医疗保险机制。对于养老机构内设的医疗机构，符合城镇职工（居民）基本医疗保险和新型农村合作医疗定点条件的，可申请纳入定点范围，入住的参保老年人按规定享受相应待遇。完善医保报销制度，切实解决老年人异地就医结算问题。鼓励老年人投保健康保险、长期护理保险、意外伤害保险等人身保险产品，鼓励和引导商业保险公司开展相关业务。

● 团体规定

2.《无障碍环境建设"十四五"实施方案》（2021年10月26日）

三、主要指标

序号	指标	"十四五"预期目标	指标类型	解释
1	城市道路无障碍设施建设率（%）	100%	预期性	年内完成无障碍设施建设的城市道路数量/年内建设的城市道路总数×100%

序号	指标	"十四五"预期目标	指标类型	解释
2	公共建筑无障碍设施建设率（%）	100%	预期性	年内完成无障碍设施建设的公共建筑数量/年内建设的公共建筑总数 X100%
3	困难重度残疾人家庭无障碍改造	110万户	约束性	补贴支持对困难重度残疾人家庭进行无障碍改造，消除残疾人家庭生活障碍，改善残疾人居住环境和生活品质。
4	居家适老化改造	200万户	预期性	支持特殊困难高龄、失能、残疾老年人家庭实施适老化改造，配备康复辅助器具和防走失装置等设施。
5	与民生密切相关的互联网网站无障碍改造	95%	预期性	1. 各级政府网站、政务服务平台和承担公共事务职能的人民团体、企事业单位、社会组织的网站完成改造。 2. 全国性的新闻资讯、社交通讯、医疗健康、旅游出行、生活购物、金融服务等六大类与民生密切相关的公共服务类网站，用户量在全国排名 Top30 的网站完成改造。 3. 各省（区、市）新闻资讯、社交通讯、医疗健康、旅游出行、生活购物、金融服务等六大类与民生密切相关的公共服务类网站，用户量在省（区、市）内排名 Top10 的网站完成改造。

序号	指标	"十四五"预期目标	指标类型	解释
6	与民生密切相关的手机APP 无障碍改造	95%	预期性	1. 各级政务服务类 APP 完成改造。 2. 全国性的新闻资讯、社交通讯、医疗健康、旅游出行、生活购物、金融服务等六大类与民生密切相关的公共服与民生密切相关务类 APP，用户量在全国排名 Top30 的 APP 完成改造。 3. 各省（区、市）新闻资讯、社交通讯，医疗健康、旅游出行、生活购物、金融服务等六大类与民生密切相关的公共服务类 APP，用户量在省（区、市）内排名 Top10 的 APP 完成改造。

四、工作措施

（一）加快推进无障碍环境建设立法。

加快推进出台无障碍环境建设促进法，完善处罚和激励措施，切实为我国无障碍环境建设工作开展提供法律保障。各地要结合地方实际，加快制定修订地方无障碍环境建设法规规章，加强法规规章执行情况监督检查，推进落实。

（二）落实无障碍环境建设推进工作机制。

建立无障碍环境建设协调领导小组或部际联席会议制度，定期协商研究推进无障碍环境建设相关问题。推进将无障碍环境建设纳入信用体系，纳入文明城市、智慧城市、数字乡村建设内容。各地要推进将无障碍环境建设纳入国民经济和社会发展规划、城乡建设相关规划、残疾人保障和发展规划、老龄化、信息化规划等，制定本地无障碍环境建设"十四五"实施方案，明确任务目标和工作措施。

（三）完善无障碍环境建设政策和标准体系。

推动制定鼓励无障碍改造、既有设施无障碍改造豁免、无障碍设计设施认证、无障碍环境建设公益诉讼等政策。制定修订《建筑与市政工程无障碍通用规范》、《无障碍设计规范》、《无障碍及适老建筑产品基本技术要求》、信息无障碍等相关标准，完善无障碍环境建设标准体系。

（四）提升城乡基础设施无障碍建设水平。

在城镇老旧小区改造、乡村振兴、农村人居环境整治、养老服务设施建设等工作中统筹开展城乡无障碍设施建设和改造，将无障碍环境建设情况纳入城市体检指标体系，开展体检评估。严格落实新（改、扩）建道路、公共建筑、绿地广场配套建设无障碍设施，加快既有设施无障碍改造，提升社区无障碍建设水平。加快推广无障碍公共厕所。推进综合客运枢纽、铁路客运站、汽车客运站、城市轨道交通车站、港口客运站、民用运输机场航站区、高速公路服务区等公共交通设施和民用航空器、客运列车、客运船舶、公共汽电车、城市轨道交通车辆等公共交通工具无障碍建设和改造，提高无障碍设施规范化、系统化水平。推进人行道净化专项行动和人行道建设，结合轮椅通行需求加强人行道改造，清理违法占道行为，完善盲道等无障碍设施。加强文化和旅游设施无障碍建设和改造。加快推进残疾人服务设施、老年人服务设施等无障碍建设和改造。开展乡村无障碍环境建设工作，加快补齐农村无障碍环境建设短板，发展农村残疾人、老年人无障碍基本公共服务，逐步提高农村无障碍环境水平。持续开展全国无障碍建设市县村镇达标验收工作，建立多方参与机制，引入残疾人、老年人等参与。

（五）实施困难重度残疾人家庭无障碍改造。

困难重度残疾人家庭无障碍改造是提高残疾人居家生活质量、助力残疾人全面发展和共同富裕的一个重要特色工作。建立民政、住房和城乡建设、乡村振兴、残联等多部门共同参与、互相配合的长效工作机制，在实施特殊困难高龄、失能、残疾老年人家庭适老化改造工作中，将特殊困难重度残疾老年人家庭作为重点改造对象之一予以优先支持；加强家庭无障碍设施建设技术指导，结合推进城镇老旧小区改造和农村危房改造等工作，支持有需求的困难重度残疾人家庭同步实施无障碍改造；积极向相关部门反映残疾人家庭无障碍改造需求，整合资源，形成合力，支持对110万户困难重度残疾人家庭进行无障碍改造，进一步扩大城乡困难重度残疾人家庭无障碍改造覆盖面。同时鼓励有条件的地区，扩大改造范围，适当提高改造标准，提升改造水平。

（六）大力发展信息无障碍建设。

加快信息化与无障碍环境的深度融合，将信息无障碍作为新型智慧城市、数字乡村建设的重要组成部分，纳入文明城市、新型智慧城市评比指标，加快政府政务、公共服务、电子商务等信息无障碍建设，推广便利普惠的电信服务，加快普及互联网网站、移动互联网应用程序和自助公共服务设备无障碍，开展网站和移动互联网应用程序无障碍化评级评价，支持研发生产科技水平高、性价比优的信息无障碍终端产品。加快完善食品药品信息识别无障碍和无障碍地图应用。鼓励电视台在播出电视节目时配备同步字幕或手语，并逐步扩大配播手语的节目范围。公开出版发行的影视类音像制品应当逐步增加可供选择的无障碍功能。大数据、人工智能、物联网等深度应用于残疾人出行、居家生活、就业创业，方便残疾人获取信息和服务，充分参与社会生活。在信息无障碍建设中，充分兼顾老年人的需求，切实解决老年人使用智能技术困难问题。

（七）加强无障碍环境建设监管。

加强无障碍环境设施维护管理。强化市县镇村各级无障碍环境建设工作组织领导，加强管理人员配备。进一步建立人大、政协监督无障碍环境建设的机制，推动法治化监督进程。大力引导社会力量参与，结合信息化、移动互联网技术，创新监督方式，强化社会监督意识，创建无障碍环境"共谋、共建、共管、共评、共享"局面。建立残疾人督导员督导工作机制，动员、培训、组织残疾人参与、体验、促进无障碍环境建设工作，为体验促进队伍开展工作创造条件。

（八）提高全社会无障碍意识。

加强无障碍环境建设教育与培训，在住房和城乡建设、交通、工业和信息化等领域职业资格考试及继续教育中纳入无障碍环境建设的相关内容。支持高等院校、中等职业技术学校开展相关领域、学科、专业、课程建设。

积极宣传贯彻落实习近平总书记"无障碍设施建设问题，是一个国家和社会文明的标志，我们要高度重视"的重要指示精神。举办全国无障碍环境建设成果应用展示推广活动，广泛传播无障碍环境建设法规政策标准和相关知识，继续动员高校、研究机构开展无障碍理论实践研究，为雄安新区、北京冬奥会冬残奥会等国家重要战略区域和重大工程无障碍建设提供人才和专家智力支持，参与"一带一路"残疾人事务主题活动、世界互联网大会等，讲好中国无障碍故事，服务国家外交大局。进一步营造无障碍环境建设的良好社会氛围，让关心支持无障碍环境建设的理念日益深入人心和成为公民自觉行动。

● 案例指引

未按约定提供养老养生服务应依法承担违约责任——吴某诉某养老产业发展有限公司养老服务合同纠纷案①

随着人们生活水平的提高，老年人越来越注重生活品质。部分企业关注到养生养老服务的商机，以提供疗养服务、支付预订金获

---

① 《人民法院老年人权益保护第三批典型案例》，载最高人民法院网站，https：//www.court.gov.cn/zixun/xiangqing/398342.html，2023 年 6 月 30 日访问。

得会员资格和积分消费等名义吸引老年人签订养老合同，进行大额充值消费。司法既保护相关新兴产业的发展，引导其合法规范经营，又依法制裁其中违法犯罪行为，保护老年人财产权益，守护老年人生活安宁。本案在民事审判中依法认定养老服务机构根本违约的同时，将涉嫌犯罪线索及时依法移送公安机关，对遏制针对老年人养老消费领域的恶意诱导，打击针对老年人的侵财违法犯罪行为、净化养老产业，具有一定的示范意义。

第四条　建设原则

无障碍环境建设应当与适老化改造相结合，遵循安全便利、实用易行、广泛受益的原则。

● 法　律

《老年人权益保障法》（2018 年 12 月 29 日）

第 64 条　国家制定无障碍设施工程建设标准。新建、改建和扩建道路、公共交通设施、建筑物、居住区等，应当符合国家无障碍设施工程建设标准。

各级人民政府和有关部门应当按照国家无障碍设施工程建设标准，优先推进与老年人日常生活密切相关的公共服务设施的改造。

无障碍设施的所有人和管理人应当保障无障碍设施正常使用。

第五条　与经济发展水平相适应

无障碍环境建设应当与经济社会发展水平相适应，统筹城镇和农村发展，逐步缩小城乡无障碍环境建设的差距。

● 法　律

1. 《老年人权益保障法》（2018 年 12 月 29 日）

第 3 条　国家保障老年人依法享有的权益。

老年人有从国家和社会获得物质帮助的权利，有享受社会服务和社会优待的权利，有参与社会发展和共享发展成果的权利。

禁止歧视、侮辱、虐待或者遗弃老年人。

第4条　积极应对人口老龄化是国家的一项长期战略任务。

国家和社会应当采取措施，健全保障老年人权益的各项制度，逐步改善保障老年人生活、健康、安全以及参与社会发展的条件，实现老有所养、老有所医、老有所为、老有所学、老有所乐。

第5条　国家建立多层次的社会保障体系，逐步提高对老年人的保障水平。

国家建立和完善以居家为基础、社区为依托、机构为支撑的社会养老服务体系。

倡导全社会优待老年人。

● 行政法规及文件

2.《无障碍环境建设条例》（2012年6月28日）

第3条　无障碍环境建设应当与经济和社会发展水平相适应，遵循实用、易行、广泛受益的原则。

第六条　经费保障

县级以上人民政府应当将无障碍环境建设纳入国民经济和社会发展规划，将所需经费纳入本级预算，建立稳定的经费保障机制。

● 法　律

1.《体育法》（2022年6月24日）

第82条　县级以上地方人民政府应当将本行政区域内公共体育场地设施的建设纳入国民经济和社会发展规划、国土空间规划，未经法定程序不得变更。

公共体育场地设施的规划设计和竣工验收，应当征求本级人民政府体育行政部门意见。

公共体育场地设施的设计和建设，应当符合国家无障碍环境建设要求，有效满足老年人、残疾人等特定群体的无障碍需求。

2.《老年人权益保障法》（2018 年 12 月 29 日）

第 6 条　各级人民政府应当将老龄事业纳入国民经济和社会发展规划，将老龄事业经费列入财政预算，建立稳定的经费保障机制，并鼓励社会各方面投入，使老龄事业与经济、社会协调发展。

国务院制定国家老龄事业发展规划。县级以上地方人民政府根据国家老龄事业发展规划，制定本行政区域的老龄事业发展规划和年度计划。

县级以上人民政府负责老龄工作的机构，负责组织、协调、指导、督促有关部门做好老年人权益保障工作。

3.《残疾人保障法》（2018 年 10 月 26 日）

第 5 条　县级以上人民政府应当将残疾人事业纳入国民经济和社会发展规划，加强领导，综合协调，并将残疾人事业经费列入财政预算，建立稳定的经费保障机制。

国务院制定中国残疾人事业发展纲要，县级以上地方人民政府根据中国残疾人事业发展纲要，制定本行政区域的残疾人事业发展规划和年度计划，使残疾人事业与经济、社会协调发展。

县级以上人民政府负责残疾人工作的机构，负责组织、协调、指导、督促有关部门做好残疾人事业的工作。

各级人民政府和有关部门，应当密切联系残疾人，听取残疾人的意见，按照各自的职责，做好残疾人工作。

● **行政法规及文件**

4.《无障碍环境建设条例》（2012 年 6 月 28 日）

第 4 条　县级以上人民政府负责组织编制无障碍环境建设发

展规划并组织实施。

编制无障碍环境建设发展规划，应当征求残疾人组织等社会组织的意见。

无障碍环境建设发展规划应当纳入国民经济和社会发展规划以及城乡规划。

第七条　政府职责

县级以上人民政府应当统筹协调和督促指导有关部门在各自职责范围内做好无障碍环境建设工作。

县级以上人民政府住房和城乡建设、民政、工业和信息化、交通运输、自然资源、文化和旅游、教育、卫生健康等部门应当在各自职责范围内，开展无障碍环境建设工作。

乡镇人民政府、街道办事处应当协助有关部门做好无障碍环境建设工作。

● 法　律

1.《职业教育法》（2022 年 4 月 20 日）

第 18 条　残疾人职业教育除由残疾人教育机构实施外，各级各类职业学校和职业培训机构及其他教育机构应当按照国家有关规定接纳残疾学生，并加强无障碍环境建设，为残疾学生学习、生活提供必要的帮助和便利。

国家采取措施，支持残疾人教育机构、职业学校、职业培训机构及其他教育机构开展或者联合开展残疾人职业教育。

从事残疾人职业教育的特殊教育教师按照规定享受特殊教育津贴。

2.《老年人权益保障法》（2018 年 12 月 29 日）

第 7 条　保障老年人合法权益是全社会的共同责任。

国家机关、社会团体、企业事业单位和其他组织应当按照各自职责，做好老年人权益保障工作。

基层群众性自治组织和依法设立的老年人组织应当反映老年人的要求，维护老年人合法权益，为老年人服务。

提倡、鼓励义务为老年人服务。

第8条　国家进行人口老龄化国情教育，增强全社会积极应对人口老龄化意识。

全社会应当广泛开展敬老、养老、助老宣传教育活动，树立尊重、关心、帮助老年人的社会风尚。

青少年组织、学校和幼儿园应当对青少年和儿童进行敬老、养老、助老的道德教育和维护老年人合法权益的法制教育。

广播、电影、电视、报刊、网络等应当反映老年人的生活，开展维护老年人合法权益的宣传，为老年人服务。

3. 《残疾人保障法》（2018 年 10 月 26 日）

第6条　国家采取措施，保障残疾人依照法律规定，通过各种途径和形式，管理国家事务，管理经济和文化事业，管理社会事务。

制定法律、法规、规章和公共政策，对涉及残疾人权益和残疾人事业的重大问题，应当听取残疾人和残疾人组织的意见。

残疾人和残疾人组织有权向各级国家机关提出残疾人权益保障、残疾人事业发展等方面的意见和建议。

● 行政法规及文件

4. 《无障碍环境建设条例》（2012 年 6 月 28 日）

第5条　国务院住房和城乡建设主管部门负责全国无障碍设施工程建设活动的监督管理工作，会同国务院有关部门制定无障碍设施工程建设标准，并对无障碍设施工程建设的情况进行监督检查。

国务院工业和信息化主管部门等有关部门在各自职责范围内，做好无障碍环境建设工作。

社会团体职责

> 残疾人联合会、老龄协会等组织依照法律、法规以及各自章程,协助各级人民政府及其有关部门做好无障碍环境建设工作。

● 团体规定

《中国残疾人联合会章程》(2018 年 9 月 15 日)

第一章 总 则

第 1 条 中国残疾人联合会(简称中国残联)是国家法律确认、国务院批准的由残疾人及其亲友和残疾人工作者组成的人民团体,是全国各类残疾人的统一组织。

第 2 条 中国残联的宗旨是:在中国共产党领导下,在马克思列宁主义、毛泽东思想、邓小平理论、"三个代表"重要思想、科学发展观、习近平新时代中国特色社会主义思想指导下,坚持以人民为中心,弘扬人道主义思想,发展残疾人事业,促进残疾人平等、充分参与社会生活,实现融合发展,共享社会物质文化成果。

第 3 条 中国残联具有代表、服务、管理三种职能:代表残疾人共同利益,维护残疾人合法权益;团结帮助残疾人,为残疾人服务;履行法律赋予的职责,承担政府委托的任务,管理和发展残疾人事业。

第二章 任 务

第 4 条 宣传贯彻《中华人民共和国残疾人保障法》,维护残疾人在政治、经济、文化、社会等方面平等的公民权利,密切联系残疾人,听取残疾人意见,反映残疾人需求,全心全意为残疾人服务。

第 5 条 团结、激励残疾人自尊、自信、自强、自立,履行法定义务,践行社会主义核心价值观,为建设富强民主文明和谐美丽的社会主义现代化强国、实现中华民族伟大复兴的中国梦贡献力量。

第 6 条 沟通党和政府、社会与残疾人之间的联系，宣传残疾人事业，动员社会理解、尊重、关心、帮助残疾人，消除歧视、偏见和障碍。

第 7 条 协助政府制定实施残疾人事业发展纲要，促进残疾人康复、教育、劳动就业、扶贫、托养、维权、文化体育、社会保障、无障碍环境建设、科技信息化应用、残疾人服务标准化建设和残疾预防等工作，改善残疾人参与社会生活的环境和条件。

第 8 条 参与研究、制定和实施残疾人事业的法律法规、政策规划，发挥综合协调、咨询服务作用，对有关领域的工作进行管理和指导。

第 9 条 承担政府残疾人工作委员会的日常工作。

第 10 条 管理和发放《中华人民共和国残疾人证》。

第 11 条 加强党的建设，深化自身改革，保持和增强政治性、先进性、群众性。联系和指导各类残疾人社会组织。培养残疾人工作者。使残疾人和残疾人组织更加活跃。

第 12 条 开展国际交流与合作，发挥联合国经社理事会特别咨商地位的作用。参与联合国《残疾人权利公约》履约工作。

第三章 全国组织

第 13 条 全国代表大会

中国残联的最高权力机构是全国代表大会。

全国代表大会每五年举行一次，由中国残联主席团召集。代表中残疾人及残疾人亲友应超过半数。

全国代表大会职权是：

一、审议中国残联主席团报告，确定工作方针和任务；

二、修改中国残联章程；

三、选举中国残联主席团。

第 14 条　名誉职务

中国残联可设名誉主席、名誉副主席，由中国残联主席团聘请。

第 15 条　主席团

主席团每届任期五年。在全国代表大会闭会期间，负责贯彻全国代表大会决议，领导全国残联工作。

主席团由主席一人、副主席若干人、委员若干人组成。主席团委员中残疾人及残疾人亲友应超过半数。

主席团会议由主席团主席召集，每年至少举行一次。主席团实行民主集中制。

主席团职权是：

一、选举主席、副主席；

二、推举执行理事会理事长，通过执行理事会组成人员；

三、检查代表大会决议执行情况；

四、审议执行理事会工作报告；

五、调换、增补主席团委员；

六、监督执行理事会贯彻有关残疾人事业的法律法规、政策规划的情况；

七、监督"人道、廉洁"职业道德建设情况；

八、决定其他重大事项。

第 16 条　执行理事会

执行理事会是中国残联全国代表大会及其主席团的常设执行机构，由理事长一人、副理事长若干人、理事若干人组成。

理事会成员中应有各类残疾人或残疾人亲属代表。

理事长由中国残联主席团推举，政府任命，任期不超过两届。副理事长由理事长提名，主席团通过，政府任命。理事由理事长提名，主席团通过。执行理事会实行理事长负责制。

执行理事会下设办事机构，承办中国残联的日常工作。

第17条 专门协会

中国残联领导盲人协会、聋人协会、肢残人协会、智力残疾人及亲友协会、精神残疾人及亲友协会等专门协会。

专门协会委员会由中国残联全国代表大会代表中同类别的残疾人、残疾人亲友选举产生。

专门协会的主要任务是：代表、联系、团结、服务本类别残疾人，反映特殊愿望及需求，维护合法权益，争取社会帮助，开展适宜活动，参与国际交往。

专门协会设主席、副主席，由专门协会委员会选举产生。

第18条 团体会员

与残疾人事业有关的全国性社会团体，承认本章程，可申请作为本会的团体会员。

第四章 地方组织

第19条 按国家行政区划设立中国残联各级地方组织。

第20条 县（市、区、旗）及县以上残疾人联合会，每五年召开一次代表大会。代表大会审议同级主席团报告，确定工作方针和任务，选举本级大会主席团。可设名誉主席、名誉副主席。主席团每届任期五年，每年举行一次会议，必要时可提前或延期召开。

代表大会及其主席团的常设执行机构为执行理事会，设理事长、副理事长、理事。

县（市、区、旗）及县以上残疾人联合会领导所设专门协会。

第21条 乡、镇、街道残疾人联合会，每五年召开一次代表会议，设主席、理事长。理事长负责日常工作。

第五章 基层组织

第22条 社区居民委员会、村民委员会及残疾人集中的企业、事业、社会组织等单位，建立残疾人协会或残疾人小组。

大中型企业事业单位、开发区，经省（自治区、直辖市）残疾人联合会同意、本单位批准，可建立残疾人协会或残疾人联合会。

第 23 条　基层组织的任务是：代表残疾人利益，反映残疾人需求，维护残疾人权益，开展有益活动，为残疾人办实事。

第六章　经　　费

第 24 条　经费来源

一、政府财政拨款；

二、社会捐助；

三、其他。

第七章　会　　徽

第 25 条　中国残疾人联合会会徽外形为梅花图案，中心由"残疾人"三字汉语拼音缩写 CJR 组成。底色为翠绿色，中心图形和边线为金黄色。

第 26 条　中国残疾人联合会会徽可在办公地点、活动场所、会场悬挂，也可作徽章佩戴。

第八章　附　　则

第 27 条　中国残疾人联合会英文译名是"China Disabled Persons' Federation"，缩写为"CDPF"。

第 28 条　本章程解释权属于中国残疾人联合会。

第九条　**立法征求意见**

制定或者修改涉及无障碍环境建设的法律、法规、规章、规划和其他规范性文件，应当征求残疾人、老年人代表以及残疾人联合会、老龄协会等组织的意见。

● 法　　律

1. 《残疾人保障法》（2018 年 10 月 26 日）

第 8 条　中国残疾人联合会及其地方组织，代表残疾人的共同利益，维护残疾人的合法权益，团结教育残疾人，为残疾人服务。

中国残疾人联合会及其地方组织依照法律、法规、章程或者接受政府委托，开展残疾人工作，动员社会力量，发展残疾人事业。

● 行政法规及文件

2. 《国务院办公厅关于制定和实施老年人照顾服务项目的意见》
（2017年6月6日）

二、重点任务

（一）全面建立针对经济困难高龄、失能老年人的补贴制度，并做好与长期护理保险的衔接。将符合最低生活保障条件的贫困家庭中的老年人全部纳入最低生活保障范围，实现应保尽保。

（二）发展居家养老服务，为居家养老服务企业发展提供政策支持。鼓励与老年人日常生活密切相关的各类服务行业为老年人提供优先、便利、优惠服务。大力扶持专业服务机构并鼓励其他组织和个人为居家老年人提供生活照料、医疗护理、精神慰藉等服务。鼓励和支持城乡社区社会组织和相关机构为失能老年人提供临时或短期托养照顾服务。

（三）除极少数超大城市需按政策落户外，80周岁及以上老年人可自愿随子女迁移户口，依法依规享受迁入地基本公共服务。

（四）推进老年宜居社区、老年友好城市建设。提倡在推进与老年人日常生活密切相关的公共设施改造中，适当配备老年人出行辅助器具。加强社区、家庭的适老化设施改造，优先支持老年人居住比例高的住宅加装电梯等。

（五）深化敬老月活动，各级党委和政府坚持每年组织开展走访慰问困难老年人活动。发挥基层服务型党组织和工会、共青团、妇联等群团组织以及城乡基层社会组织的优势，开展经常性为老志愿服务活动。

（六）农村老年人不承担兴办公益事业的筹劳义务。

（七）贫困老年人因合法权益受到侵害提起诉讼的，依法依规给予其法律援助和司法救助。鼓励律师事务所、公证处、司法鉴定机构、基层法律服务所等法律服务机构为经济困难老年人提供免费或优惠服务。

（八）进一步推动扩大法律援助覆盖面，降低法律援助门槛，有条件的地方可适度放宽老年人申请法律援助的经济困难标准和受案范围。

（九）支持城市公共交通为老年人提供优惠和便利，鼓励公路、铁路、民航等公共交通工具为老年人提供便利服务。

（十）综合考虑老、幼、病、残、孕等重点旅客出行需求，有条件的公共交通场所、站点和公共交通工具要按照无障碍环境建设要求，加快无障碍设施建设和改造，在醒目位置设置老年人等重点人群服务标志，开辟候乘专区或专座，为无人陪同、行动不便等有服务需求的老年人提供便利服务。

（十一）鼓励通过基本公共卫生服务项目，为老年人免费建立电子健康档案，每年为65周岁及以上老年人免费提供包括体检在内的健康管理服务。

（十二）对符合条件的低收入家庭老年人参加城乡居民基本医疗保险所需个人缴费部分，由政府给予适当补贴。

（十三）加大推进医养结合力度，鼓励医疗卫生机构与养老服务融合发展，逐步建立完善医疗卫生机构与养老机构的业务合作机制，倡导社会力量兴办医养结合机构，鼓励有条件的医院为社区失能老年人设立家庭病床，建立巡诊制度。

（十四）积极开展长期护理保险试点，探索建立长期护理保险制度，切实保障失能人员特别是失能老年人的基本生活权益。

（十五）加快推进基本医疗保险异地就医结算工作，2017年底前基本实现符合转诊规定的老年人异地就医住院费用直接结算。

（十六）鼓励相关职业院校和培训机构每年面向老年人及其

亲属开设一定学时的老年人护理、保健课程或开展专项技能培训。

（十七）鼓励制定家庭养老支持政策，引导公民自觉履行赡养义务和承担照料老年人责任。倡导制定老年人参与社会发展支持政策，发挥老年人积极作用。

（十八）推动具有相关学科的院校开发老年教育课程，为社区、老年教育机构及养老服务机构等提供教学资源及教育服务。支持兴办老年电视（互联网）大学，完善老年人社区学习网络。鼓励社会教育机构为老年人开展学习活动提供便利和优惠服务。

（十九）老年教育资源向老年人公平有序开放，减免贫困老年人进入老年大学（学校）学习的学费。提倡乡镇（街道）、城乡社区落实老年人学习场所，提供适合老年人的学习资源。

（二十）支持老年人开展文体娱乐、精神慰藉、互帮互助等活动，鼓励和支持为乡镇（街道）、城乡社区综合服务设施、为老服务机构和组织因地制宜配备适合老年人的文体器材。引导有条件的公共图书馆开设老年阅览区域，提供大字阅读设备、触屏读报系统等。

第十条　国家鼓励支持无障碍建设

国家鼓励和支持企业事业单位、社会组织、个人等社会力量，通过捐赠、志愿服务等方式参与无障碍环境建设。

国家支持开展无障碍环境建设工作的国际交流与合作。

● 法　律

1.《老年人权益保障法》（2018年12月29日）

第9条　国家支持老龄科学研究，建立老年人状况统计调查和发布制度。

第10条　各级人民政府和有关部门对维护老年人合法权益和

敬老、养老、助老成绩显著的组织、家庭或者个人，对参与社会发展做出突出贡献的老年人，按照国家有关规定给予表彰或者奖励。

2. 《残疾人保障法》（2018 年 10 月 26 日）

第 7 条　全社会应当发扬人道主义精神，理解、尊重、关心、帮助残疾人，支持残疾人事业。

国家鼓励社会组织和个人为残疾人提供捐助和服务。

国家机关、社会团体、企业事业单位和城乡基层群众性自治组织，应当做好所属范围内的残疾人工作。

从事残疾人工作的国家工作人员和其他人员，应当依法履行职责，努力为残疾人服务。

● 行政法规及文件

3. 《无障碍环境建设条例》（2012 年 6 月 28 日）

第 6 条　国家鼓励、支持采用无障碍通用设计的技术和产品，推进残疾人专用的无障碍技术和产品的开发、应用和推广。

第 7 条　国家倡导无障碍环境建设理念，鼓励公民、法人和其他组织为无障碍环境建设提供捐助和志愿服务。

第十一条　表彰和奖励

对在无障碍环境建设工作中做出显著成绩的单位和个人，按照国家有关规定给予表彰和奖励。

● 法　律

1. 《老年人权益保障法》（2018 年 12 月 29 日）

第 10 条　各级人民政府和有关部门对维护老年人合法权益和敬老、养老、助老成绩显著的组织、家庭或者个人，对参与社会发展做出突出贡献的老年人，按照国家有关规定给予表彰或者奖励。

2. 《残疾人保障法》（2018 年 10 月 26 日）

第 13 条　对在社会主义建设中做出显著成绩的残疾人，对

维护残疾人合法权益、发展残疾人事业、为残疾人服务做出显著
成绩的单位和个人，各级人民政府和有关部门给予表彰和奖励。

● 行政法规及文件

3.《无障碍环境建设条例》（2012 年 6 月 28 日）

第 8 条　对在无障碍环境建设工作中作出显著成绩的单位和
个人，按照国家有关规定给予表彰和奖励。

第二章　无障碍设施建设

第十二条　无障碍设施工程建设

　　新建、改建、扩建的居住建筑、居住区、公共建筑、公
共场所、交通运输设施、城乡道路等，应当符合无障碍设施
工程建设标准。

　　无障碍设施应当与主体工程同步规划、同步设计、同步
施工、同步验收、同步交付使用，并与周边的无障碍设施有
效衔接、实现贯通。

　　无障碍设施应当设置符合标准的无障碍标识，并纳入周
边环境或者建筑物内部的引导标识系统。

● 法　律

1.《老年人权益保障法》（2018 年 12 月 29 日）

第 63 条　国家制定和完善涉及老年人的工程建设标准体系，
在规划、设计、施工、监理、验收、运行、维护、管理等环节加
强相关标准的实施与监督。

第 64 条　国家制定无障碍设施工程建设标准。新建、改建
和扩建道路、公共交通设施、建筑物、居住区等，应当符合国家
无障碍设施工程建设标准。

各级人民政府和有关部门应当按照国家无障碍设施工程建设标

准，优先推进与老年人日常生活密切相关的公共服务设施的改造。

无障碍设施的所有人和管理人应当保障无障碍设施正常使用。

2.《残疾人保障法》（2018年10月26日）

第53条　无障碍设施的建设和改造，应当符合残疾人的实际需要。

新建、改建和扩建建筑物、道路、交通设施等，应当符合国家有关无障碍设施工程建设标准。

各级人民政府和有关部门应当按照国家无障碍设施工程建设规定，逐步推进已建成设施的改造，优先推进与残疾人日常工作、生活密切相关的公共服务设施的改造。

对无障碍设施应当及时维修和保护。

● 行政法规及文件

3.《无障碍环境建设条例》（2012年6月28日）

第9条　城镇新建、改建、扩建道路、公共建筑、公共交通设施、居住建筑、居住区，应当符合无障碍设施工程建设标准。

乡、村庄的建设和发展，应当逐步达到无障碍设施工程建设标准。

第十三条　国家鼓励先进的理念技术

国家鼓励工程建设、设计、施工等单位采用先进的理念和技术，建设人性化、系统化、智能化并与周边环境相协调的无障碍设施。

● 法　律

1.《老年人权益保障法》（2018年12月29日）

第65条　国家推动老年宜居社区建设，引导、支持老年宜居住宅的开发，推动和扶持老年人家庭无障碍设施的改造，为老年人创造无障碍居住环境。

2. 《残疾人保障法》（2018 年 10 月 26 日）

第 52 条　国家和社会应当采取措施，逐步完善无障碍设施，推进信息交流无障碍，为残疾人平等参与社会生活创造无障碍环境。

各级人民政府应当对无障碍环境建设进行统筹规划，综合协调，加强监督管理。

● 行政法规及文件

3. 《无障碍环境建设条例》（2012 年 6 月 28 日）

第 10 条　无障碍设施工程应当与主体工程同步设计、同步施工、同步验收投入使用。新建的无障碍设施应当与周边的无障碍设施相衔接。

第十四条　建设经费与验收

工程建设单位应当将无障碍设施建设经费纳入工程建设项目概预算。

工程建设单位不得明示或者暗示设计、施工单位违反无障碍设施工程建设标准；不得擅自将未经验收或者验收不合格的无障碍设施交付使用。

● 部门规章及文件

《市场监管总局、中国残联关于推进无障碍环境认证工作的指导意见》（2021 年 12 月 3 日）

二、主要任务

（三）加强质量认证顶层设计。市场监管总局、中国残联共同建立分工明确、运作高效的工作指导机制。强化政府支持引导，优化无障碍环境认证制度设计，完善标准与认证衔接，推动无障碍环境认证结果采信应用，形成认证规范有效、服务作用凸显的无障碍环境认证工作局面，推动无障碍环境建设高标准、高质量发展。

（四）增加无障碍环境认证供给。以重点受益群体迫切需求为导向，积极开展无障碍环境相关设计、设施及服务认证，对急需规范和认证条件成熟的无障碍环境率先优先实施认证。结合无障碍环境建设实际需求，优化资源配置，加快研发覆盖全生命周期的认证项目，不断提升无障碍环境认证供给水平。

（五）鼓励认证结果采信。市场监管总局、中国残联协调相关部门结合实际制定无障碍环境认证应用方案，明确重点任务和保障措施，鼓励在市场采购、行业管理、社会治理等领域广泛采信无障碍环境认证结果，健全政府、行业、社会等多层面的认证采信机制。

（六）强化人才培养和认证机构能力建设。加强对无障碍环境建设相关领域人才培养，充分发挥相关高校、科研机构、专业团队的作用，与相关专业机构和团队紧密合作，为认证提供必要的人才储备。加强认证机构能力建设，不断提高无障碍环境认证的专业技术服务能力、创新能力、认证能力。

（七）完善基础研究。从推进标准制修订、设计研发、检测认证、应用推广等方面加强无障碍环境相关技术研究，为无障碍环境建设和认证提供必要的技术支撑，为持续优化无障碍环境"硬设施"和"软服务"提供保障。

（八）支持创新发展。以改革创新为动力，全面培育设计研发能力，通过融合运用新技术，加快推动认证技术、认证模式、认证流程的创新发展。对于新研发的认证领域和认证技术，在不违背认证相关原则前提下，积极支持开展无障碍环境认证知识产权、版权等核心技术保护。

（九）健全认证制度评估。市场监管总局、中国残联共同建立无障碍环境认证制度评估机制，定期评估、完善认证制度的适宜性和增长情况，了解认证制度实施情况，及时督促更新认证工作体系，不断提升无障碍环境认证质量。

（十）推动社会多元联动。畅通投诉举报通道，各相关部门应及时对无障碍环境认证中的违法违规行为进行调查处理。认证机构要主动公开认证依据标准、程序、方法、结果，自觉接受社会监督，加强行业自律，提升认证公信力。推动建立认证机构、认证人员、获证组织、消费者的关联制约机制和风险责任机制，实现多元共治。

第十五条　设计与审查

工程设计单位应当按照无障碍设施工程建设标准进行设计。

依法需要进行施工图设计文件审查的，施工图审查机构应当按照法律、法规和无障碍设施工程建设标准，对无障碍设施设计内容进行审查；不符合有关规定的，不予审查通过。

第十六条　施工和监理

工程施工、监理单位应当按照施工图设计文件以及相关标准进行无障碍设施施工和监理。

住房和城乡建设等主管部门对未按照法律、法规和无障碍设施工程建设标准开展无障碍设施验收或者验收不合格的，不予办理竣工验收备案手续。

● 法　律

1.《老年人权益保障法》（2018 年 12 月 29 日）

第 63 条　国家制定和完善涉及老年人的工程建设标准体系，在规划、设计、施工、监理、验收、运行、维护、管理等环节加强相关标准的实施与监督。

● 部门规章及文件

2.《创建全国无障碍建设示范城市（县）管理办法》（2022 年 7 月 22 日）

为贯彻落实《无障碍环境建设条例》要求，加强对创建全国无障碍建设示范城市（县）活动的指导监督，规范申报与认定管理，制定本办法。

一、总则

（一）本办法适用于创建全国无障碍建设示范城市（县）的申报、认定、动态管理及复查等工作。

（二）创建全国无障碍建设示范城市（县）遵循自愿申报、自主创建、科学认定、动态管理、持续建设和复查的原则。

（三）住房和城乡建设部、中国残联负责创建全国无障碍建设示范城市（县）的申报与认定管理工作，为创建工作提供政策指导，总结推广无障碍环境建设示范模式。

二、创建主体

城市（含直辖市的区）、县人民政府。

三、创建区域范围

城市（含直辖市的区）、县的建成区。

四、申报条件

申报创建全国无障碍建设示范城市（县）的地方（以下简称申报地方）应符合以下条件：

（一）对照《创建全国无障碍建设示范城市（县）考评标准》，提出创建目标、制定创建工作方案，编制无障碍环境建设发展规划，制定无障碍设施建设和改造计划，在创建周期内能够达到相应要求；

（二）建立无障碍环境建设工作协调机制，制定相应的地方性法规或规章制度；

（三）加强无障碍设施的运行维护管理，并广泛发挥社会监督作用；

（四）组织开展无障碍环境建设培训和宣传工作，形成良好的舆论氛围；

（五）积极推进信息无障碍建设，提供无障碍信息交流服务；

（六）对包括残疾人、老年人在内的社会成员开展满意度调查，满意度达到80%以上；

（七）近2年未发生严重违背无障碍环境建设的事件，未发生重大安全、污染、破坏生态环境、破坏历史文化资源等事件，未发生严重违背城乡发展规律的破坏性"建设"行为，未被省级以上人民政府或住房和城乡建设主管部门通报批评。

五、创建程序

创建全国无障碍建设示范城市（县）每2年开展一次评选，奇数年为申报年，偶数年为评选年。

（一）申报地方向省级住房和城乡建设主管部门报送创建申请报告，提出创建目标和方案。其中，直辖市作为申报地方的，由直辖市人民政府将创建申请报告报送住房和城乡建设部。

（二）省级住房和城乡建设主管部门、残联对申请报告进行初审，遴选出创建目标和方案科学合理的申报地方。由省级住房和城乡建设主管部门于申报年的6月30日前将申请报告报送住房和城乡建设部。

（三）住房和城乡建设部、中国残联于申报年的12月31日前审核确认申报地方名单，对名单中的申报地方创建全过程跟踪指导，给予政策和技术支持。

（四）省级住房和城乡建设主管部门、残联对照《创建全国无障碍建设示范城市（县）考评标准》组织对申报地方进行评估，对评估总分达80分（含）以上的申报地方，由省级住房和城乡建设主管部门于评选年的6月30日前将评选认定材料报送住房和城乡建设部。其中，直辖市作为申报地方的，自行组织评估达标后由直辖市人民政府将评选认定材料报送住房和城乡建设部。

（五）住房和城乡建设部、中国残联于评选年的 12 月 31 日前完成认定命名。

六、评选认定材料

申报地方采用线上线下相结合的方式提交评选认定材料。评选认定材料要真实准确、简明扼要，各项指标支撑材料的种类、出处及统计口径明确，有关资料和表格填写规范。

认定材料主要包括：

（一）创建申请报告；

（二）创建工作情况报告；

（三）创建范围示意地图；

（四）申报地方自体检报告（应包括《创建全国无障碍建设示范城市（县）考评标准》各项指标）；

（五）评估结果及有关依据资料；

（六）不少于 4 个能够体现本地无障碍环境建设成效和特色的示范项目相关资料。其中，城市（含直辖市的区）作为申报地方的，至少提供 2 个以上街道、社区级示范项目；县作为申报地方的，至少提供 2 个以上镇、村级示范项目。

（七）创建工作影像资料（5 分钟内）或图片资料；

（八）能够体现工作成效和特色的其他资料。

七、评选认定组织管理

（一）住房和城乡建设部、中国残联负责组建评选专家组（以下简称专家组），其成员从住房和城乡建设部城市奖项评选专家委员会中选取。专家组负责评选认定材料预审、现场考评及综合评议等具体工作。

参与申报地方所在省（自治区、直辖市）组织的省级评估工作，或为申报地方提供技术指导的专家，原则上不得参与住房和城乡建设部、中国残联组织的对该申报地方的评选工作。

（二）申报地方在评选认定材料或评选过程中有弄虚作假行为的，取消当年申报资格。

八、评选认定程序

（一）评选认定材料预审。

专家组负责评选认定材料预审，形成预审意见。

（二）第三方评价。

住房和城乡建设部、中国残联组织第三方机构，结合城市体检，对无障碍环境建设情况进行第三方评价。第三方评价结果作为评选认定的重要参考。

（三）社会满意度调查。

住房和城乡建设部、中国残联组织第三方机构，了解当地居民对申报地方无障碍环境建设工作的满意度。社会满意度调查结果作为评选认定的重要参考。

（四）现场考评。

根据预审意见、第三方评价和社会满意度调查结果，由专家组提出现场考评建议名单，报住房和城乡建设部、中国残联审核。对通过审核的申报地方，由专家组进行现场考评。

申报地方至少应在专家组抵达前两天，在当地不少于两个主要媒体上向社会公布专家组工作时间、联系电话等相关信息，便于专家组听取各方面的意见、建议，并组织包括残疾人、老年人在内的当地居民报名参与现场考评。

现场考评程序：

1. 听取申报地方的创建工作汇报；

2. 查阅评选认定材料及有关原始资料；

3. 随机抽查当地创建工作及示范项目应用情况（抽查的示范项目不少于2个），对群众举报和媒体曝光问题线索进行核查；

4. 专家组选定包括残疾人、老年人在内的当地居民代表参与现场考评，并将其意见作为现场考评意见的重要参考；

5. 专家组成员在独立提出意见和评分结果的基础上，经集体讨论，形成现场考评意见；

6. 专家组就现场考评中发现的问题及建议进行现场反馈；

7. 专家组将现场考评意见书面报住房和城乡建设部、中国残联。

（五）综合评议。

住房和城乡建设部、中国残联组织综合评议，形成综合评议意见，确定创建全国无障碍建设示范城市（县）建议名单。

（六）公示及命名。

创建全国无障碍建设示范城市（县）建议名单在住房和城乡建设部门户网站公示，公示期为 10 个工作日。公示无异议的，由住房和城乡建设部、中国残联正式命名。

九、动态管理及复查工作

创建全国无障碍建设示范城市（县）命名有效期为 5 年。

（一）已获创建全国无障碍建设示范城市（县）命名的地方（不含直辖市）应于有效期满前一年向省级住房和城乡建设主管部门提出复查申请，并提交自评报告。未申请复查的，称号不再保留。复查按照现行的管理办法和考评标准开展。

（二）省级住房和城乡建设主管部门、残联于有效期满前半年完成复查，并将复查报告报送住房和城乡建设部。获命名直辖市由直辖市人民政府将复查报告报送住房和城乡建设部。

（三）住房和城乡建设部受理省级住房和城乡建设主管部门和直辖市人民政府报送的复查报告，住房和城乡建设部、中国残联于有效期届满前组织完成抽查复核。

（四）复查通过的地方，继续保留其创建全国无障碍建设示范城市（县）称号；对于未通过复查且在一年内整改不到位的，撤销其称号。保留称号期间发生严重违背无障碍环境建设的事件，发生重大安全、污染、破坏生态环境、破坏历史文化资源等事件，违背城乡发展规律的破坏性"建设"行为的，给予警告直至撤销称号。被撤销创建全国无障碍建设示范城市（县）称号的，不得参加下一申报年度的申报与评选。

发现省级住房和城乡建设主管部门在复查过程中弄虚作假的，暂停受理该省（自治区、直辖市）下一申报年度创建全国无障碍建设示范城市（县）的申报。

十、附则

本办法由住房和城乡建设部、中国残联制定，由住房和城乡建设部负责解释。

第十七条　意见征询和体验试用

国家鼓励工程建设单位在新建、改建、扩建建设项目的规划、设计和竣工验收等环节，邀请残疾人、老年人代表以及残疾人联合会、老龄协会等组织，参加意见征询和体验试用等活动。

第十八条　无障碍设施改造

对既有的不符合无障碍设施工程建设标准的居住建筑、居住区、公共建筑、公共场所、交通运输设施、城乡道路等，县级以上人民政府应当根据实际情况，制定有针对性的无障碍设施改造计划并组织实施。

无障碍设施改造由所有权人或者管理人负责。所有权人、管理人和使用人之间约定改造责任的，由约定的责任人负责。

不具备无障碍设施改造条件的，责任人应当采取必要的替代性措施。

● **法　律**

1.《老年人权益保障法》（2018年12月29日）

第64条　国家制定无障碍设施工程建设标准。新建、改建和扩建道路、公共交通设施、建筑物、居住区等，应当符合国家无障碍设施工程建设标准。

各级人民政府和有关部门应当按照国家无障碍设施工程建设标准，优先推进与老年人日常生活密切相关的公共服务设施的改造。

无障碍设施的所有人和管理人应当保障无障碍设施正常使用。

● 行政法规及文件

2.《"十四五"残疾人保障和发展规划》（2021年7月8日）

（四）保障残疾人平等权利，为残疾人提供无障碍环境和便利化条件。

1. 提高残疾人事业法治化水平。落实宪法、民法典等法律法规关于保障残疾人权益的规定，健全残疾人权益保障法律法规体系，推动残疾人保障法等法律法规有效实施。涉及残疾人的立法应充分论证，开展反残疾歧视评估，广泛征询残疾人、残疾人组织和社会各方面意见。研究完善残疾人就业、无障碍环境建设法律制度，开展残疾人社会保障、残疾人成人监护等立法研究。将残疾人保障法等相关法律法规宣传教育纳入"八五"普法，认真落实"谁执法、谁普法"普法责任制，加大全媒体普法宣传力度。配合各级人大、政协开展残疾人保障法等法律法规执法检查、视察和调研。支持各地制定保护残疾人权益的地方性法规和优惠扶助规定。

2. 创新残疾人法律服务和权益维护。开展残疾人尊法学法守法用法专项行动。将残疾人作为公共法律服务的重点对象，完善公共法律服务平台无障碍功能，依据国家有关规定扩大残疾人法律援助覆盖面，重点提升残疾人法律援助质量。完善残疾人法律救助工作协调机制，培养助残公益律师队伍，开展法律援助志愿助残行动，为残疾人提供及时有效的法律救助服务。加强对残疾人的司法保护，方便残疾人诉讼。发挥"12385"残疾人服务热线和网络信访平台作用，建立健全残疾人权益维护应急处置机制。坚决打击侵害残疾人权益的违法犯罪行为。不断拓宽残疾人和残疾人组织民主参与、民主协商渠道，有效保障残疾人的知情权、参与权、表达权、监督权，支持更多残疾人、残疾人亲友和残疾人工作者进入各级人大、政协并提供履职便利。

3. 提升无障碍设施建设管理水平。新建设施严格执行无障碍相关标准规范。在乡村建设行动、城市更新行动、城镇老旧小区改造和居住社区建设中统筹推进无障碍设施建设和改造。城市道路、公共交通、社区服务设施、公共服务设施和残疾人服务设施、残疾人集中就业单位等加快开展无障碍设施建设和改造。提高残疾人家庭无障碍改造水平。加快推广无障碍公共厕所。探索传统无障碍设施设备数字化、智能化升级。开展无障碍市县村镇达标验收工作。提高无障碍设施规划建设管理水平，推进无障碍设计设施认证工作，提高全社会无障碍意识，加强无障碍监督，保障残疾人、老年人等通行安全和使用便利。

3. 《无障碍环境建设条例》（2012 年 6 月 28 日）

第 11 条　对城镇已建成的不符合无障碍设施工程建设标准的道路、公共建筑、公共交通设施、居住建筑、居住区，县级以上人民政府应当制定无障碍设施改造计划并组织实施。

无障碍设施改造由所有权人或者管理人负责。

● 部门规章及文件

4. 《住房城乡建设部等部门关于加强老年人家庭及居住区公共设施无障碍改造工作的通知》（2014 年 7 月 8 日）

一、提高对老年人家庭及居住区公共设施无障碍改造工作重要性的认识

为老年人提供安全、便利的无障碍设施，是改善民生、为老

服务的重要举措，也是完善以居家为基础、社区为依托、机构为支撑的社会养老服务体系的重要工作。各地积极推进无障碍环境建设，促进了老年人家庭和居住区公共设施无障碍改造，无障碍环境有效改善。但与养老服务业发展目标、养老服务需求等还有较大差距。各地住房城乡建设、民政、财政、残联、老龄等主管部门要高度重视，履职尽责，加强配合，认真贯彻落实《意见》提出的"推动和扶持老年人家庭无障碍设施改造，加快推进坡道、电梯等与老年人日常生活密切相关的公共设施改造"的工作任务。

二、切实推进老年人家庭及居住区公共设施无障碍改造

按照中央和省级人民政府要求，在推进老年人家庭和居住区公共服务设施无障碍改造工作中，要加强业务指导，积极筹措资金；要加强沟通协调，畅通意见反馈渠道。无障碍改造方案应征求受助家庭和相关居民意见。

（一）老年人家庭无障碍改造

各地住房城乡建设主管部门要会同民政、财政、残联、老龄等主管部门制定年度老年人家庭无障碍改造计划，明确目标任务、工作进度、质量标准和检查验收要求，并对改造完成情况进行汇总。老年人家庭无障碍改造应体现个性化需求，并重点解决居家生活基本需要。年度改造计划制定应遵循公平、公正、公开原则，优先安排贫困、病残、高龄、独居、空巢、失能等特殊困难老年人家庭。

对纳入年度改造计划的贫困老年人家庭，县级以上地方人民政府可以给予适当补助，由民政主管部门会同财政主管部门确定资金补助标准，并明确资金监管要求，财政主管部门要对补助资金使用进行审核和监管。

各地民政、老龄主管部门要明确老年人家庭无障碍改造的申请条件、审核、公示、监管、用户反馈等工作程序以及实施要

求，对拟纳入年度改造计划的老年人家庭情况进行复核。

各地残联要积极推进贫困残疾老年人家庭无障碍改造工作，并将改造完成情况纳入当地老年人家庭无障碍改造统计范围。

（二）居住区公共设施无障碍改造

各地住房城乡建设主管部门要会同民政、财政、残联、老龄等主管部门，制定年度居住区公共设施无障碍改造计划，明确责任单位、目标任务、工作进度、质量标准和检查验收要求，并对改造完成情况进行汇总。居住区公共设施无障碍改造计划可结合老（旧）居住（小）区整治、棚户区改造、建筑抗震加固等专项工作以及创建无障碍环境市县工作统筹安排。

居住区公共设施无障碍改造应严格执行无障碍设施建设相关标准规范，提高无障碍设施安全性和系统性，重点推进居住区缘石坡道、轮椅坡道、人行通道，以及建筑公共出入口、公共走道、地面、楼梯、电梯候梯厅及轿厢等设施和部位的无障碍改造。

居住区公共设施无障碍改造资金应列入地方政府财政预算，由民政主管部门会同财政主管部门确定资金补助标准，并明确资金监管要求，财政主管部门要对补助资金使用进行审核和监管。

三、加强老年人家庭及居住区公共设施无障碍改造标准规范宣贯培训和咨询服务

各地住房城乡建设主管部门要组织开展无障碍设施建设有关标准规范宣贯培训，从 2014 年起，将无障碍设施建设有关标准规范纳入相关专业注册执业人员继续教育培训内容，提高从业人员掌握标准和执行标准的能力；督促承担老年人家庭和居住区公共设施无障碍改造的单位与人员严格执行《无障碍设计规范》、《无障碍设施施工验收及维护规范》等工程建设标准，并参照《无障碍建设指南》和《家庭无障碍建设指南》的要求，提高设施无障碍改造的实效。

各地住房城乡建设主管部门要组织有关单位或组建技术指导

组，为老年人家庭和居住区公共设施无障碍改造提供技术指导、咨询和服务；可根据当地实际和工作需要，制定老年家庭和居住区公共设施无障碍改造地方标准。

四、开展老年人家庭及居住区公共设施无障碍改造情况监督检查

各地住房城乡建设主管部门要会同民政、财政、残联和老龄等主管部门，每年应至少开展一次老年人家庭和居住区公共设施无障碍改造情况全面监督检查。监督检查主要内容包括：年度改造计划执行情况、工程质量和标准实施情况、补助资金使用情况等。

住房城乡建设部将适时会同民政部、财政部、中国残联、全国老龄办，对各地老年人家庭和居住区公共设施无障碍改造情况进行抽查检查。

五、加强老年人家庭及居住区公共设施无障碍改造工作协作和宣传

各地住房城乡建设主管部门要加强与民政、财政、残联、老龄等主管部门沟通协调和工作协作，建立健全相关管理制度，并做好无障碍改造情况统计汇总。

各地民政、残联和老龄主管部门要加强老年人家庭和居住区公共设施无障碍改造的宣传，及时反映无障碍设施改造的需求、意见和建议，配合住房城乡建设主管部门做好无障碍设施改造宣贯培训、监督检查等工作，共同营造良好社会氛围。

各地住房城乡建设主管部门应将老年人家庭和居住区公共设施无障碍改造工作进展情况于每季度末、监督检查报告和全年工作总结于每年 12 月 15 日前，报送住房城乡建设部标准定额司。

第十九条　家庭无障碍设施改造

县级以上人民政府应当支持、指导家庭无障碍设施改造。对符合条件的残疾人、老年人家庭应当给予适当补贴。

居民委员会、村民委员会、居住区管理服务单位以及业主委员会应当支持并配合家庭无障碍设施改造。

● 法　律

1. 《老年人权益保障法》（2018 年 12 月 29 日）

第 65 条　国家推动老年宜居社区建设，引导、支持老年宜居住宅的开发，推动和扶持老年人家庭无障碍设施的改造，为老年人创造无障碍居住环境。

● 团体规定

2. 《关于"十四五"推进困难重度残疾人家庭无障碍改造工作的指导意见》（2021 年 10 月 28 日）

四、工作措施

（一）科学分解任务。

各地要坚持需求和问题导向，根据当地确定的困难家庭认定标准和办法，对"十四五"困难重度残疾人家庭无障碍改造任务（见附件）做进一步细化分解，编制资金预算，落实改造措施。

（二）纳入党委、政府工作大局。

各地要积极向党委、政府汇报"十四五"困难重度残疾人家庭无障碍改造需求，汇报家庭无障碍改造对于提高残疾人生活质量、促进残疾人共同富裕的重要意义和典型事例，推动将困难重度残疾人家庭无障碍改造纳入党委、政府工作大局，纳入本省（区、市）"十四五"残疾人保障和发展规划及相关规划，纳入党委、政府为民办实事工程等相关行动计划，切实加大改造力度。

（三）分级分类施策。

各地要根据区域经济水平和残疾人类别、程度、特点及需求，科学确定困难重度残疾人家庭无障碍改造内容，完善改造方案，杜绝以简单配发辅助器具代替家庭无障碍改造的情况，有条件的地方可研究丰富本地区改造项目，引入新技术、新材料，增加智能化改造内容；根据地域特点和改造规模，可采取集中改造、个人分散改造并行，通过政府采购法规定的采购方式确定改造承接单位或者发放补贴等多种形式，丰富改造工作模式，确保改造落到实处。

（四）加强工作考核。

各地要切实制定并落实困难重度残疾人家庭无障碍改造实施方案和年度计划；将困难重度残疾人家庭无障碍改造工作纳入各职能部门工作绩效评价和考核体系，加大督促检查力度；按照要求持续开展项目绩效评价，对项目完成时限、资金使用效益、残疾人满意度实施细化量化考核，根据考核结果及时调整项目方案，完善管理制度。

（五）录入汇总数据。

各地民政、住房和城乡建设、残联等部门在开展相关无障碍改造工作时，同步统计实施困难重度残疾人家庭无障碍改造数据，实现部门间数据共享互认。各省级残联要指导地方加强对一线数据库录入人员的培训，明确工作职责，规定完成时限，将"十四五"各渠道支持完成的改造数据一并准确录入、导入中国残联"困难重度残疾人家庭无障碍改造数据库系统"；要建立抽查验收制度，每年随机抽取数据库中的残疾人家庭进行回访和满意度调查，加强对数据库录入情况监督和检查。

● 案例指引

王某祥、王某进诉某某村民委员会、高某等相邻通行纠纷案①

修建居民点是为了改善人民群众生活条件，有积极意义，但不

---

① 《最高人民法院、中国残疾人联合会残疾人权益保护十大典型案例》，载最高人民法院网站，https：//www.court.gov.cn/zixun/xiangqing/334501.html，2023 年 6 月 30 日访问。

能以损害他人的合法权益为代价，特别是王某祥、王某进为老年人且身有残疾，其合法权益更应得到充分保护。切实依法保障残疾人的合法权益，是贯彻习近平新时代中国特色社会主义思想的重要举措，也是认真落实禁止歧视残疾人法律规定的具体表现。该判决充分发挥司法裁判对社会的重要示范引领作用，鼓励和支持残疾人自立、自强，让残疾人更多感受到全社会的温暖，树立残疾人生活的信心，使其对美好生活充满希望。

第二十条　就业场所无障碍设施建设

　　残疾人集中就业单位应当按照有关标准和要求，建设和改造无障碍设施。

　　国家鼓励和支持用人单位开展就业场所无障碍设施建设和改造，为残疾人职工提供必要的劳动条件和便利。

● 法　律

1.《老年人权益保障法》（2018 年 12 月 29 日）

　　第 69 条　国家为老年人参与社会发展创造条件。根据社会需要和可能，鼓励老年人在自愿和量力的情况下，从事下列活动：

　　（一）对青少年和儿童进行社会主义、爱国主义、集体主义和艰苦奋斗等优良传统教育；

　　（二）传授文化和科技知识；

　　（三）提供咨询服务；

　　（四）依法参与科技开发和应用；

　　（五）依法从事经营和生产活动；

　　（六）参加志愿服务、兴办社会公益事业；

　　（七）参与维护社会治安、协助调解民间纠纷；

　　（八）参加其他社会活动。

　　第 70 条　老年人参加劳动的合法收入受法律保护。

任何单位和个人不得安排老年人从事危害其身心健康的劳动或者危险作业。

2.《残疾人保障法》（2018 年 10 月 26 日）

第 30 条　国家保障残疾人劳动的权利。

各级人民政府应当对残疾人劳动就业统筹规划，为残疾人创造劳动就业条件。

第 31 条　残疾人劳动就业，实行集中与分散相结合的方针，采取优惠政策和扶持保护措施，通过多渠道、多层次、多种形式，使残疾人劳动就业逐步普及、稳定、合理。

第 32 条　政府和社会举办残疾人福利企业、盲人按摩机构和其他福利性单位，集中安排残疾人就业。

第 33 条　国家实行按比例安排残疾人就业制度。

国家机关、社会团体、企业事业单位、民办非企业单位应当按照规定的比例安排残疾人就业，并为其选择适当的工种和岗位。达不到规定比例的，按照国家有关规定履行保障残疾人就业义务。国家鼓励用人单位超过规定比例安排残疾人就业。

残疾人就业的具体办法由国务院规定。

第 34 条　国家鼓励和扶持残疾人自主择业、自主创业。

第 35 条　地方各级人民政府和农村基层组织，应当组织和扶持农村残疾人从事种植业、养殖业、手工业和其他形式的生产劳动。

第 36 条　国家对安排残疾人就业达到、超过规定比例或者集中安排残疾人就业的用人单位和从事个体经营的残疾人，依法给予税收优惠，并在生产、经营、技术、资金、物资、场地等方面给予扶持。国家对从事个体经营的残疾人，免除行政事业性收费。

县级以上地方人民政府及其有关部门应当确定适合残疾人生产、经营的产品、项目，优先安排残疾人福利性单位生产或者经营，并根据残疾人福利性单位的生产特点确定某些产品由其专产。

政府采购，在同等条件下应当优先购买残疾人福利性单位的产品或者服务。

地方各级人民政府应当开发适合残疾人就业的公益性岗位。

对申请从事个体经营的残疾人，有关部门应当优先核发营业执照。

对从事各类生产劳动的农村残疾人，有关部门应当在生产服务、技术指导、农用物资供应、农副产品购销和信贷等方面，给予帮助。

第37条　政府有关部门设立的公共就业服务机构，应当为残疾人免费提供就业服务。

残疾人联合会举办的残疾人就业服务机构，应当组织开展免费的职业指导、职业介绍和职业培训，为残疾人就业和用人单位招用残疾人提供服务和帮助。

第38条　国家保护残疾人福利性单位的财产所有权和经营自主权，其合法权益不受侵犯。

在职工的招用、转正、晋级、职称评定、劳动报酬、生活福利、休息休假、社会保险等方面，不得歧视残疾人。

残疾职工所在单位应当根据残疾职工的特点，提供适当的劳动条件和劳动保护，并根据实际需要对劳动场所、劳动设备和生活设施进行改造。

国家采取措施，保障盲人保健和医疗按摩人员从业的合法权益。

第39条　残疾职工所在单位应当对残疾职工进行岗位技术培训，提高其劳动技能和技术水平。

第40条　任何单位和个人不得以暴力、威胁或者非法限制人身自由的手段强迫残疾人劳动。

第二十一条　　配套建设无障碍设施

新建、改建、扩建公共建筑、公共场所、交通运输设施以及居住区的公共服务设施，应当按照无障碍设施工程建设标准，配套建设无障碍设施；既有的上述建筑、场所和设施不符合无障碍设施工程建设标准的，应当进行必要的改造。

● 行政法规及文件

《无障碍环境建设条例》（2012 年 6 月 28）

第 12 条　县级以上人民政府应当优先推进下列机构、场所的无障碍设施改造：

（一）特殊教育、康复、社会福利等机构；

（二）国家机关的公共服务场所；

（三）文化、体育、医疗卫生等单位的公共服务场所；

（四）交通运输、金融、邮政、商业、旅游等公共服务场所。

第二十二条　　老旧小区改造

国家支持城镇老旧小区既有多层住宅加装电梯或者其他无障碍设施，为残疾人、老年人提供便利。

县级以上人民政府及其有关部门应当采取措施、创造条件，并发挥社区基层组织作用，推动既有多层住宅加装电梯或者其他无障碍设施。

房屋所有权人应当弘扬中华民族与邻为善、守望相助等传统美德，加强沟通协商，依法配合既有多层住宅加装电梯或者其他无障碍设施。

● 团体规定

《中国残联关于在国家老旧小区改造试点中切实落实无障碍改造工作的通知》（2018 年 1 月 11 日）

一、充分认识做好老旧小区改造特别是老旧小区无障碍改造工作的重要意义

开展老旧小区改造，是贯彻落实党的十九大精神，解决城市发展不平衡不充分问题，在住有所居上取得新进展，满足老旧小区居民日益增长的美好生活需要的重要举措。无障碍改造是老旧小区改造的重要内容，开展老旧小区无障碍改造，对保障残疾人、老年人及全社会成员居住、出行、参与社会生活权益，促进共享改革发展具有重要意义，也是提升城市无障碍环境建设水平的重要契机。相关省（区）和试点城市残联要高度重视，充分认识开展老旧小区无障碍改造工作的重要意义，积极对接协调当地住房城乡建设部门，反映无障碍需求，提出工作建议，共同配合把这件好事做好、实事做实。

二、积极配合细化老旧小区无障碍改造方案和内容

住房城乡建设部通知中明确，老旧小区改造对象主要是 2000 年以前建成的环境条件较差、配套设施不全或破损严重、无障碍建设缺失、管理服务机制不健全、群众反映强烈的住宅小区。试点城市残联要协调当地住房城乡建设部门，积极配合细化老旧小区无障碍改造具体内容并推动纳入改造方案，要推进小区道路、绿地采取平整或坡化、重要部位设置提示盲道、设置无障碍标识等无障碍改造，推进停车场所设置无障碍停车位，推进小区公共服务场所完善无障碍出入口、地面、扶手、低位服务柜台、无障碍厕所或厕位等无障碍设施，与残疾人家庭无障碍改造工作相衔接，推进居住建筑完善无障碍出入口、有条件的增加无障碍电梯等设施。

三、推动建立开展老旧小区无障碍改造工作长效机制

改造实施过程中，试点城市残联要积极组织区、街道残联、

社区残协等参与，与业主、设计、施工人员加强对接，组织视力、听力、言语、肢体残疾人代表等开展体验活动，保障无障碍设计施工符合残疾人需求。要动员社会各方力量为老旧小区无障碍改造提供支持。要定期了解掌握老旧小区无障碍改造进展情况，推进问题解决。要推动运用科技、信息、辅具等措施，服务老旧小区无障碍改造。要配合对改造后无障碍设施管理维护情况开展监督，确保无障碍设施发挥效能。相关省区和试点城市残联要配合住房城乡建设部门总结推广老旧小区无障碍改造工作流程、规范等经验，推动建立长效工作机制。

省（区）残联要加强对试点城市残联工作的部署和督导，及时将配合住房城乡建设部门开展试点城市老旧小区无障碍改造总体情况、做法成效经验、存在的问题和建议等报中国残联。

第二十三条 **城市主干路、主要商业区无障碍设施建设**

新建、改建、扩建和具备改造条件的城市主干路、主要商业区和大型居住区的人行天桥和人行地下通道，应当按照无障碍设施工程建设标准，建设或者改造无障碍设施。

城市主干路、主要商业区等无障碍需求比较集中的区域的人行道，应当按照标准设置盲道；城市中心区、残疾人集中就业单位和集中就读学校周边的人行横道的交通信号设施，应当按照标准安装过街音响提示装置。

● **法 律**

1. **《老年人权益保障法》**（2018 年 12 月 29 日）

第 58 条 提倡与老年人日常生活密切相关的服务行业为老年人提供优先、优惠服务。

城市公共交通、公路、铁路、水路和航空客运，应当为老年人提供优待和照顾。

第 59 条　博物馆、美术馆、科技馆、纪念馆、公共图书馆、文化馆、影剧院、体育场馆、公园、旅游景点等场所,应当对老年人免费或者优惠开放。

2.《残疾人保障法》(2018 年 10 月 26 日)

第 53 条　无障碍设施的建设和改造,应当符合残疾人的实际需要。

新建、改建和扩建建筑物、道路、交通设施等,应当符合国家有关无障碍设施工程建设标准。

各级人民政府和有关部门应当按照国家无障碍设施工程建设规定,逐步推进已建成设施的改造,优先推进与残疾人日常工作、生活密切相关的公共服务设施的改造。

对无障碍设施应当及时维修和保护。

● 行政法规及文件

3.《无障碍环境建设条例》(2012 年 6 月 28)

第 13 条　城市的主要道路、主要商业区和大型居住区的人行天桥和人行地下通道,应当按照无障碍设施工程建设标准配备无障碍设施,人行道交通信号设施应当逐步完善无障碍服务功能,适应残疾人等社会成员通行的需要。

第二十四条　无障碍停车位

停车场应当按照无障碍设施工程建设标准,设置无障碍停车位,并设置显著标志标识。

无障碍停车位优先供肢体残疾人驾驶或者乘坐的机动车使用。优先使用无障碍停车位的,应当在显著位置放置残疾人车辆专用标志或者提供残疾人证。

在无障碍停车位充足的情况下,其他行动不便的残疾人、老年人、孕妇、婴幼儿等驾驶或者乘坐的机动车也可以使用。

● **法　律**

《残疾人保障法》（2018 年 10 月 26 日）

第 55 条　公共服务机构和公共场所应当创造条件，为残疾人提供语音和文字提示、手语、盲文等信息交流服务，并提供优先服务和辅助性服务。

公共交通工具应当逐步达到无障碍设施的要求。有条件的公共停车场应当为残疾人设置专用停车位。

第二十五条　公共交通运输工具无障碍改造

新投入运营的民用航空器、客运列车、客运船舶、公共汽电车、城市轨道交通车辆等公共交通运输工具，应当确保一定比例符合无障碍标准。

既有公共交通运输工具具备改造条件的，应当进行无障碍改造，逐步符合无障碍标准的要求；不具备改造条件的，公共交通运输工具的运营单位应当采取必要的替代性措施。

县级以上地方人民政府根据当地情况，逐步建立城市无障碍公交导乘系统，规划配置适量的无障碍出租汽车。

● **部门规章及文件**

1.《交通运输部办公厅关于印发 2023 年持续提升适老化无障碍交通出行服务等 5 件更贴近民生实事工作方案的通知》（2023 年 4 月 11 日）

附件 1

2023 年持续提升适老化无障碍交通出行服务工作方案

为进一步加强和改善老年人出行服务，不断满足广大老年人安全、便捷、舒适、温馨的无障碍出行服务需要，制定工作方案如下。

一、总体思路

全面贯彻积极应对人口老龄化国家战略，深入落实党的二十大关于提升基本公共服务均等化水平等决策部署，持续推进城市公共汽电车、城市轨道交通、出租汽车等领域适老化服务提升、车辆更新、设施改造，进一步巩固提升适老化无障碍交通出行服务成效。

二、目标任务

扩大出租汽车电召和网约车"一键叫车"服务覆盖面，新打造敬老爱老城市公共汽电车线路1000条，推动城市客运无障碍设施设备更新改造，加快低地板及低入口城市公共汽电车推广应用。开展城市轨道交通"爱心预约"乘车服务，通过微信公众号、小程序等渠道为老年人、残疾人等乘客提供预约服务。

三、进度安排

2023年4月底前，各省级交通运输主管部门要将提升适老化无障碍交通出行服务纳入年度重点工作，对照本方案确定的目标任务，结合实际，制定本省份工作方案并报部。针对城市轨道交通"爱心预约"乘车服务，要指导各地制定本城市工作方案。各项工作要明确时间节点、提出量化目标、细化进度安排，并明确责任部门和联系人。交通运输部将督促指导主要网约车平台公司进一步扩大服务覆盖城市数量，持续优化完善"一键叫车"功能。

2023年6月底前，各省级交通运输主管部门要在巩固前期工作成效的基础上，继续广泛动员本辖区内地级及以上城市特别是参与国家公交都市建设的城市持续提升适老化城市交通出行服务，统筹推进敬老爱老服务城市公共汽电车线路打造、低地板及低入口城市公共汽电车车辆推广、城市公共汽电车站台适老化改造等。要督促有关城市交通运输主管部门指导辖区城市轨道交通所有运营单位，以"一次预约、覆盖全网"为目标，通过微信公众号、小程序等渠道，增加"爱心预约"功能，完成软件开发、业务流程梳理、配套制度建设等工作。

2023 年 8 月底前，各省级交通运输主管部门要按照各自确定的量化目标，完成 80% 的敬老爱老服务城市公共汽电车线路、新增及更新低地板及低入口城市公共汽电车等目标任务。指导在本地运营服务的网约车平台公司进一步扩大服务覆盖城市数量，持续优化完善"一键叫车"功能，有效提高约车响应效率。各有关城市完成城市轨道交通"爱心预约"服务内部测试、软件迭代和制度磨合等工作，正式开通运行"爱心预约"服务。

2023 年 10 月底前，各城市实现城市轨道交通不同运营单位"一次预约、覆盖全网"。各省级交通运输主管部门要对本省份适老化城市交通出行相关工作进展及推广情况等开展调研督导，全面完成本省份适老化城市交通出行任务目标。督促在本地运营服务的网约车平台公司认真梳理本年度"一键叫车"服务覆盖拓展、功能完善等相关工作情况，形成报告报交通运输部。

2023 年 11 月底前，各省级交通运输主管部门要组织总结评估本省份适老化城市交通出行工作经验和成效，将总结材料报部。交通运输部将组织宣传推广各地典型经验做法。

四、相关要求

（一）各省份交通运输主管部门要在充分总结前期工作好经验、好做法的基础上，聚焦老年人在城市交通出行中面临的突出问题和迫切需求，加强统筹协调，在城市公共汽电车、出租汽车领域围绕服务提升、车辆更新、设施改造等方面，进一步提质扩面，持续巩固提升适老化无障碍交通出行服务成效。

（二）各省级交通运输主管部门要指导本辖区内开通运营城市轨道交通的城市通过"爱心预约"功能，为老年人等出行不便的乘客提供预约乘车服务。乘客单次预约范围包括本城市轨道交通运营线路的所有车站。乘客通过运营单位提供的预约方式提供出行时间、人群类型、联系方式、起始车站、目的车站等信息，相关车站根据乘客的预约信息，提前安排车站工作人员准备相关无障碍设施，为乘客提供乘车、换乘站接续服务。

（三）自 2023 年 5 月起，各省级交通运输主管部门要加强宣传，并于每月 10 日前向交通运输部报送工作进展情况（格式见附表），于 11 月 30 日前向交通运输部报送工作总结。

附表：　省（区、市）　　　月适老化交通出行服务工作进展情况表

附表

省（区、市）　　　月适老化交通出行服务工作进展情况表

填表人：　　　　联系方式：　　　　填报日期：

	便利老年人打车	打造敬老爱老城市公共汽电车线路	新增及更新低地板及低入口城市公共汽电车	公共汽电车站台适老化改造	城市轨道交通"爱心预约"服务
工作进展情况					
宣传推广情况					
困难和问题					
下一步工作计划					

2.《城市轨道交通运营管理规定》（2018 年 5 月 21 日）

第 6 条　城市轨道交通工程项目可行性研究报告和初步设计文件中应当设置运营服务专篇，内容应当至少包括：

（一）车站开通运营的出入口数量、站台面积、通道宽度、换乘条件、站厅容纳能力等设施、设备能力与服务需求和安全要

55

求的符合情况；

（二）车辆、通信、信号、供电、自动售检票等设施设备选型与线网中其他线路设施设备的兼容情况；

（三）安全应急设施规划布局、规模等与运营安全的适应性，与主体工程的同步规划和设计情况；

（四）与城市轨道交通线网运力衔接配套情况；

（五）其他交通方式的配套衔接情况；

（六）无障碍环境建设情况。

● 案例指引

于某某诉某公交客运公司侵权责任纠纷案①

残疾人在政治、经济、社会、文化和家庭生活方面享有的合法权益受法律保护。但实践中，一些地方性文件仍未能有效落实相关法律规定。本案中，在地方性文件未规定非本市户籍残疾人享受乘车优惠的情况下，人民法院依据《中华人民共和国残疾人保障法》和《江苏省残疾人保障条例》的规定依法作出裁判，充分保障了残疾人参与社会生活、共享社会物质文化成果的权益，将法律法规赋予残疾人的合法权益落到实处。同时，在本案审结后，玄武区法院还向乙市公交总公司发出司法建议，建议相关职能部门根据法律规定，在兼顾公交企业经济利益的同时，牵头制定更加便利残疾人免费乘车的相关制度及政策，通过司法建议进一步延伸对残疾人的司法服务。

---

① 《最高人民法院、中国残疾人联合会残疾人权益保护十大典型案例》，载最高人民法院网站，https://www.court.gov.cn/zixun/xiangqing/334501.html，2023年6月30日访问。

第二十六条 所有权人或管理人职责

无障碍设施所有权人或者管理人应当对无障碍设施履行以下维护和管理责任，保障无障碍设施功能正常和使用安全：

（一）对损坏的无障碍设施和标识进行维修或者替换；

（二）对需改造的无障碍设施进行改造；

（三）纠正占用无障碍设施的行为；

（四）进行其他必要的维护和保养。

所有权人、管理人和使用人之间有约定的，由约定的责任人负责维护和管理。

● **法　律**

1.《老年人权益保障法》（2018 年 12 月 29 日）

第 63 条　国家制定和完善涉及老年人的工程建设标准体系，在规划、设计、施工、监理、验收、运行、维护、管理等环节加强相关标准的实施与监督。

第 64 条　国家制定无障碍设施工程建设标准。新建、改建和扩建道路、公共交通设施、建筑物、居住区等，应当符合国家无障碍设施工程建设标准。

各级人民政府和有关部门应当按照国家无障碍设施工程建设标准，优先推进与老年人日常生活密切相关的公共服务设施的改造。

无障碍设施的所有人和管理人应当保障无障碍设施正常使用。

2.《残疾人保障法》（2018 年 10 月 26 日）

第 53 条　无障碍设施的建设和改造，应当符合残疾人的实际需要。

新建、改建和扩建建筑物、道路、交通设施等，应当符合国家有关无障碍设施工程建设标准。

各级人民政府和有关部门应当按照国家无障碍设施工程建设

规定，逐步推进已建成设施的改造，优先推进与残疾人日常工作、生活密切相关的公共服务设施的改造。

对无障碍设施应当及时维修和保护。

● **行政法规及文件**

3. 《无障碍环境建设条例》（2012 年 6 月 28 日）

第 17 条 无障碍设施的所有权人和管理人，应当对无障碍设施进行保护，有损毁或者故障及时进行维修，确保无障碍设施正常使用。

第二十七条 临时无障碍设施

因特殊情况设置的临时无障碍设施，应当符合无障碍设施工程建设标准。

第二十八条 不得擅自改变用途或者非法占用、损坏无障碍设施

任何单位和个人不得擅自改变无障碍设施的用途或者非法占用、损坏无障碍设施。

因特殊情况临时占用无障碍设施的，应当公告并设置护栏、警示标志或者信号设施，同时采取必要的替代性措施。临时占用期满，应当及时恢复原状。

第三章 无障碍信息交流

第二十九条 无障碍获取公共信息

各级人民政府及其有关部门应当为残疾人、老年人获取公共信息提供便利；发布涉及自然灾害、事故灾难、公共卫生事件、社会安全事件等突发事件信息时，条件具备的同步采取语音、大字、盲文、手语等无障碍信息交流方式。

● 法　律

1. 《残疾人保障法》（2018 年 10 月 26 日）

第 52 条　国家和社会应当采取措施，逐步完善无障碍设施，推进信息交流无障碍，为残疾人平等参与社会生活创造无障碍环境。

各级人民政府应当对无障碍环境建设进行统筹规划，综合协调，加强监督管理。

第 54 条　国家采取措施，为残疾人信息交流无障碍创造条件。

各级人民政府和有关部门应当采取措施，为残疾人获取公共信息提供便利。

国家和社会研制、开发适合残疾人使用的信息交流技术和产品。

国家举办的各类升学考试、职业资格考试和任职考试，有盲人参加的，应当为盲人提供盲文试卷、电子试卷或者由专门的工作人员予以协助。

第 55 条　公共服务机构和公共场所应当创造条件，为残疾人提供语音和文字提示、手语、盲文等信息交流服务，并提供优先服务和辅助性服务。

公共交通工具应当逐步达到无障碍设施的要求。有条件的公共停车场应当为残疾人设置专用停车位。

● 行政法规及文件

2. 《无障碍环境建设条例》（2012 年 6 月 28 日）

第 18 条　县级以上人民政府应当将无障碍信息交流建设纳入信息化建设规划，并采取措施推进信息交流无障碍建设。

第 19 条　县级以上人民政府及其有关部门发布重要政府信息和与残疾人相关的信息，应当创造条件为残疾人提供语音和文字提示等信息交流服务。

第 20 条　国家举办的升学考试、职业资格考试和任职考试，有视力残疾人参加的，应当为视力残疾人提供盲文试卷、电子试卷，或者由工作人员予以协助。

● 部门规章及文件

3.《工业和信息化部、中国残疾人联合会关于推进信息无障碍的指导意见》（2020 年 9 月 11 日）

二、主要任务

（一）加强信息无障碍法规制度建设。

1. 推进信息无障碍相关立法工作。贯彻依法治国方略，推动将信息无障碍纳入到相关法律法规的制修订工作中，为推进行业规范化、标准化发展提供法治保障。

（二）加快推广便利普惠的电信服务。

2. 完善网络及信息基础设施建设。加强偏远地区村镇中小学、卫生院（室）、图书馆、活动中心等信息基础设施建设，确保宽带网络服务稳定、高质。推动 5G 在无障碍领域的应用，加快联网智能产品研发推广，提升信息服务水平。

3. 推动电信服务无障碍。简化电信业务办理流程，推广线上办理、电话办理、上门办理等定制化服务。提升电信运营商网上营业厅、移动端服务渠道的无障碍化水平，鼓励电信运营商提供电子版大字账单、语音盲文账单等服务，推进电信经营场所无障碍设施建设与改造。

4. 鼓励推出电信资费优惠举措。支持电信运营商结合持证残疾人、60 周岁以上农村老年人等特殊群体需求，提供更大折扣的资费优惠，合理降低使用固定电话、移动电话、宽带网络等服务的费用。支持有关政府部门出台本地推动面向重点受益群体信息消费的相关政策。

（三）扩大信息无障碍终端产品供给。

5. 鼓励信息无障碍终端设备研发与无障碍化改造。培育一批科技水平高、产品性价比优的信息无障碍终端设备制造商，推动现有终端设备无障碍改造、优化，支持开发残健融合型无障碍智能终端产品，鼓励研发生产可穿戴、便携式监测、居家养老监护等智能养老设备。

6. 提升信息辅助器具智能化水平。针对残疾人、老年人功能康复和健康管理需求，加大沟通和信息辅助器具研发力度，提升产品的通用性、安全性和便利性。重点加快智能轮椅、智能导盲设备、文字语音转换、康复机器人等智能终端的设计开发，积极研发虚拟现实、头控、眼控、声控、盲用、带字幕等智能硬件配套产品。

7. 推进公共服务终端设备的无障碍改进。鼓励企业设计开发适应重点受益群体不同服务需求的自助公共服务设备，如银行ATM 机、机场自助值机设备、地铁自助检票设备、医院自助就医设备、自助售卖设备等。在城市范围内推进公共场所的无障碍自助公共服务设备的部署。

8. 支持新技术在信息无障碍领域的发展与应用。推进人工智能、5G、物联网、大数据、边缘计算、区块链等关键技术在信息无障碍领域的融合和科技成果转化，支持新兴技术在导盲、声控、肢体控制、图文识别、语音识别、语音合成等方面的实际应用。

9. 加强信息无障碍产品宣传与推广。搭建信息无障碍产品供给与需求对接平台，广泛利用残疾人组织、电子商务企业、电信运营商、医疗康复机构以及社团组织等渠道加强产品宣传与推广。

（四）加快推动互联网无障碍化普及。

10. 推进互联网网站无障碍建设。加快提升各级政府门户网站、政务服务平台及网上办事大厅的信息无障碍服务能力，鼓励公共企事业单位加入城市信息无障碍公共服务体系。引导新闻媒体、金融服务、电子商务等网站建设符合信息无障碍通用标准要求，鼓励从事公共服务的其他网站支持信息无障碍功能。支持网站接入服务商搭建互联网信息无障碍共性技术服务平台，为接入网站提供无障碍技术支持。

11. 推动移动互联网应用无障碍优化与研发。丰富满足重点受益群体需求的移动互联网应用（APP）种类和功能，加快无障碍地图产品开发和人工智能技术的融合应用，推进新闻资讯、社交通讯、生活购物、金融服务、旅游出行、工作教育、市政服务、医疗健康等领域移动互联网应用的无障碍改造。引导企业利用最新标准和技术对移动互联网应用进行无障碍优化，将无障碍优化纳入产品日常维护流程。

（五）提升信息技术无障碍服务水平。

12. 深入开展"互联网+科技助残"行动。进一步完善全国残疾人人口基础数据库和残疾人网上服务平台建设。支持电子商务助力残疾人创业就业，为残疾人士提供低成本、高效率、多方式创业的机会。

13. 加快推动智慧养老产业发展。推进社会养老、居家养老与信息无障碍有机结合。持续丰富智慧健康养老产品及服务推广目录，推动一批智慧健康养老服务品牌做优做强，推进智慧健康养老试点示范工作，鼓励试点企业、项目选拔向信息无障碍领域倾斜。

14. 推进公共服务信息无障碍优化。鼓励公共交通系统提供语音提示、信息屏幕系统、手语、盲文等信息无障碍服务。加快推进"互联网+医疗健康"向重点受益群体延伸覆盖，推进医疗服务系统的信息无障碍改造。支持利用信息技术加快推进食品药品信息识别无障碍。

（六）完善信息无障碍规范与标准体系建设。

15. 统筹推进信息无障碍规范与标准体系建设。建设完善包括总体性标准、通用性标准、应用标准及产品标准在内的标准体系，开展信息服务系统、应用软件、终端产品等信息服务载体无障碍要求的研究与制定，建立完善针对疫情、自然灾害等突发公共事件的信息无障碍应急服务规范。

16. 强化信息无障碍规范与标准落地实施。开展信息无障碍重点规范与标准宣贯工作，建立信息无障碍评测机制，指导第三方机构按照无障碍规范与标准进行符合性测试，发布评测认证结果，激励相关行业规范与标准落地应用。

17. 鼓励参与信息无障碍国际标准制定。鼓励支持行业协会、研究机构、高等学校、企业等积极参与国际标准制定，推动相关技术、标准等方面的国际化合作。

（七）营造良好信息无障碍发展环境。

18. 加强与城乡信息化建设融合衔接。支持将信息无障碍建设纳入智慧城市、数字乡村、无障碍环境等城乡信息化建设工作。在城市大数据中心、地理信息服务系统、突发事件管理系统等各类信息服务载体中融入新技术，满足各类群体的无障碍应用。

19. 深化国际交流与合作。积极开展信息无障碍领域国际交流与合作，扩大我国在相关国际事务与国际组织中的影响力。宣传我国信息无障碍发展理念和建设成果，为推动信息无障碍事业发展贡献中国智慧与中国方案。

20. 营造良好社会氛围。通过政府支持、企业联动、公益慈善补充，营造全社会共建信息无障碍的良好氛围。多渠道、多形式普及信息无障碍知识和通用设计理念，倡导爱心企业、社会组织通过捐款捐赠、志愿服务、设立基金等方式，支持和参与信息无障碍建设。

第三十条　同步字幕与手语节目

利用财政资金设立的电视台应当在播出电视节目时配备同步字幕，条件具备的每天至少播放一次配播手语的新闻节目，并逐步扩大配播手语的节目范围。

国家鼓励公开出版发行的影视类录像制品、网络视频节目加配字幕、手语或者口述音轨。

● **法　律**

1. 《残疾人保障法》（2018 年 10 月 26 日）

第 50 条　县级以上人民政府对残疾人搭乘公共交通工具，应当根据实际情况给予便利和优惠。残疾人可以免费携带随身必备的辅助器具。

盲人持有效证件免费乘坐市内公共汽车、电车、地铁、渡船等公共交通工具。盲人读物邮件免费寄递。

国家鼓励和支持提供电信、广播电视服务的单位对盲人、听力残疾人、言语残疾人给予优惠。

各级人民政府应当逐步增加对残疾人的其他照顾和扶助。

● **行政法规及文件**

2. 《无障碍环境建设条例》（2012 年 6 月 28 日）

第 21 条　设区的市级以上人民政府设立的电视台应当创造条件，在播出电视节目时配备字幕，每周播放至少一次配播手语的新闻节目。

公开出版发行的影视类录像制品应当配备字幕。

第 22 条　设区的市级以上人民政府设立的公共图书馆应当开设视力残疾人阅览室，提供盲文读物、有声读物，其他图书馆应当逐步开设视力残疾人阅览室。

第三十一条 无障碍格式版本

国家鼓励公开出版发行的图书、报刊配备有声、大字、盲文、电子等无障碍格式版本，方便残疾人、老年人阅读。

国家鼓励教材编写、出版单位根据不同教育阶段实际，编写、出版盲文版、低视力版教学用书，满足盲人和其他有视力障碍的学生的学习需求。

● 法　律

1.《残疾人保障法》（2018 年 10 月 26 日）

第 29 条　政府有关部门应当组织和扶持盲文、手语的研究和应用，特殊教育教材的编写和出版，特殊教育教学用具及其他辅助用品的研制、生产和供应。

第 43 条　政府和社会采取下列措施，丰富残疾人的精神文化生活：

（一）通过广播、电影、电视、报刊、图书、网络等形式，及时宣传报道残疾人的工作、生活等情况，为残疾人服务；

（二）组织和扶持盲文读物、盲人有声读物及其他残疾人读物的编写和出版，根据盲人的实际需要，在公共图书馆设立盲文读物、盲人有声读物图书室；

（三）开办电视手语节目，开办残疾人专题广播栏目，推进电视栏目、影视作品加配字幕、解说；

（四）组织和扶持残疾人开展群众性文化、体育、娱乐活动，举办特殊艺术演出和残疾人体育运动会，参加国际性比赛和交流；

（五）文化、体育、娱乐和其他公共活动场所，为残疾人提供方便和照顾。有计划地兴办残疾人活动场所。

● 行政法规及文件

2.《无障碍环境建设条例》（2012 年 6 月 28 日）

第 23 条　残疾人组织的网站应当达到无障碍网站设计标准，

设区的市级以上人民政府网站、政府公益活动网站，应当逐步达到无障碍网站设计标准。

第 24 条　公共服务机构和公共场所应当创造条件为残疾人提供语音和文字提示、手语、盲文等信息交流服务，并对工作人员进行无障碍服务技能培训。

第 25 条　举办听力残疾人集中参加的公共活动，举办单位应当提供字幕或者手语服务。

第 26 条　电信业务经营者提供电信服务，应当创造条件为有需求的听力、言语残疾人提供文字信息服务，为有需求的视力残疾人提供语音信息服务。

电信终端设备制造者应当提供能够与无障碍信息交流服务相衔接的技术、产品。

第三十二条　无障碍网站

利用财政资金建立的互联网网站、服务平台、移动互联网应用程序，应当逐步符合无障碍网站设计标准和国家信息无障碍标准。

国家鼓励新闻资讯、社交通讯、生活购物、医疗健康、金融服务、学习教育、交通出行等领域的互联网网站、移动互联网应用程序，逐步符合无障碍网站设计标准和国家信息无障碍标准。

国家鼓励地图导航定位产品逐步完善无障碍设施的标识和无障碍出行路线导航功能。

● 法　律

1.《残疾人保障法》（2018 年 10 月 26 日）

第 43 条　政府和社会采取下列措施，丰富残疾人的精神文化生活：

（一）通过广播、电影、电视、报刊、图书、网络等形式，及时宣传报道残疾人的工作、生活等情况，为残疾人服务；

（二）组织和扶持盲文读物、盲人有声读物及其他残疾人读物的编写和出版，根据盲人的实际需要，在公共图书馆设立盲文读物、盲人有声读物图书室；

（三）开办电视手语节目，开办残疾人专题广播栏目，推进电视栏目、影视作品加配字幕、解说；

（四）组织和扶持残疾人开展群众性文化、体育、娱乐活动，举办特殊艺术演出和残疾人体育运动会，参加国际性比赛和交流；

（五）文化、体育、娱乐和其他公共活动场所，为残疾人提供方便和照顾。有计划地兴办残疾人活动场所。

第55条　公共服务机构和公共场所应当创造条件，为残疾人提供语音和文字提示、手语、盲文等信息交流服务，并提供优先服务和辅助性服务。

公共交通工具应当逐步达到无障碍设施的要求。有条件的公共停车场应当为残疾人设置专用停车位。

● 行政法规及文件

2.《无障碍环境建设条例》（2012年6月28日）

第23条　残疾人组织的网站应当达到无障碍网站设计标准，设区的市级以上人民政府网站、政府公益活动网站，应当逐步达到无障碍网站设计标准。

● 部门规章及文件

3.《工业和信息化部办公厅关于进一步抓好互联网应用适老化及无障碍改造专项行动实施工作的通知》（2021年4月6日）

一、关于改造标准规范

（一）互联网网站。请参照《互联网网站适老化通用设计规范》（附件1）、国家标准 GB/T 37668-2019《信息技术 互联网内容无障碍可访问性技术要求与测试方法》和行业标准 YD/T1822-2008《信息无障碍 身体机能差异人群 网站无障碍评级测试方法》相关技术要求进行适老化及无障碍改造，由中国互联网协会负责具体指导和技术支撑等工作。（2021年9月30日前完成）

（二）移动互联网应用（APP）。请参照《移动互联网应用（APP）适老化通用设计规范》（附件2）和国家标准 GB/T 37668-2019《信息技术 互联网内容无障碍可访问性技术要求与测试方法》相关技术要求进行适老化及无障碍改造，由中国信息通信研究院负责具体指导和技术支撑等工作。（2021年9月30日前完成）

二、关于评测要求

相关互联网网站、APP完成适老化及无障碍改造后，可分别向中国互联网协会、中国信息通信研究院申请评测。评测要求及具体指标详见《互联网应用适老化及无障碍水平评测体系》（附件3）。工业和信息化部统一向社会公布评测结果。（2021年10月31日前完成）

三、关于标识授予

相关互联网网站、APP通过评测后，由中国互联网协会、中国信息通信研究院分别授予信息无障碍标识（ ♿ ），有效期为两年。各互联网网站、APP完成改造后要继续做好后续版本的维护优化工作。工业和信息化部将组织对最新版本的互联网网站、APP的适老化及无障碍改造情况进行抽查，授予单位根据抽查结果延续或撤销已授予的标识。（2021年11月30日前完成）

四、关于纳入企业信用评价

工业和信息化部与各地通信管理局按照"谁发证、谁备案、谁记分"的原则，依企业申请，根据互联网网站、APP的评测结果及标识授予情况，对在适老化及无障碍改造工作中表现突出的，在"企业信用评价"中予以信用加分。（2021年12月31日前完成）

五、关于成果宣传

请各单位积极运用多种渠道，向社会充分宣传互联网应用适老化及无障碍改造成果。鼓励有条件的单位开设专门宣传频道，普及信息无障碍知识和通用设计理念，共同助力营造良好舆论氛围，推动信息无障碍事业持续发展。

请各单位严格按照《行动方案》及本通知要求，加强协作，积极融合运用新技术，共同助力提升互联网应用适老化及无障碍化普及率，切实让重点受益群体在信息化发展中享受到更多的获得感、幸福感、安全感。

附件：1. 互联网网站适老化通用设计规范

2. 移动互联网应用（APP）适老化通用设计规范

3. 互联网应用适老化及无障碍水平评测体系

附件1：互联网网站适老化通用设计规范

一、适用范围

本规范规定了互联网网站适老化通用设计规范和技术要求，适用于各种终端的适老化网站设计，也适用于网站的适老化改造与技术开发。

二、服务原则

1. 以人为本的人机交互

应做到界面元素的简约化、服务形式的差异化、信息内容的扁平化、功能标识的统一化和操作流程的一致性，并符合《信息技术互联网内容无障碍可访问性技术要求与测试方法》等国家标准。

2. 提供多种的操作方式

计算机网站至少提供全程键盘和特大鼠标这两种操作方式，移动网站应增加快速定位、语音阅读等规范性的适老化智能手势。在兼容性方面，网页应为各类辅助技术和语音识别等人工智能技术的访问操作，规范相应的服务功能与对应的标识信息。

3. 实现多样的推送形式

在网页提供特大字体、背景色高对比、文字放大和语音阅读服务等辅助阅读的同时，应提供简约界面版本和信息影像化的人工智能推送形式，以支持老年人感知网页内容、获取服务。

4. 形成有效的服务闭环

提供适老化服务的计算机和移动网站，应在用户的操作系统桌面上，提供直接进入适老化服务快捷方式或客户端，以形成有效的适老化及无障碍服务的闭环。

三、技术要求

1 可感知性

1.1 标识与描述

1.1.1 整体信息。应设置描述当前页面整体服务类型、信息状况和信息结构的语音阅读引导操作机制，并易于老年用户辨识理解和操作。

1.1.2 区域信息。网页各信息区域应有服务类型和信息内容的描述与介绍，并提供对应的语音阅读服务，便利老年用户在访问过程中随时获得信息。

1.1.3 关联性操作。具有上下文关系或其他关联性关系界面组件的计算机网站、网页，应设有显著的操作引导文字或图片说明，以及相应的语音阅读服务。

1.2 视觉呈现

1.2.1 页面布局。网页布局设计应依照扁平化原则进行，避免阴影、透视、纹理等复杂装饰设计，也可独立提供内容简约的适老化大版块网页样式。

1.2.2 区域辨识。在展现服务信息的网页，对各信息服务区域以色彩差异进行区别，以方便老人用户辨识。

1.2.3 字体大小。在不依赖操作系统和浏览器的前提下，计算机适老化网页应提供网页的放大设置与大字屏幕服务，移动网页至少提供一种 18dp/pt 及以上的大字体。

1.2.4 焦点状态。鼠标，或指点，或键盘操作，或以其他方式聚焦到页面各组件时，该组件应有明显的状态提示。

1.3 听觉感知

1.3.1 语音阅读。适老化页面各组件和文本信息均应提供在线的语音阅读的适老化服务，至少要在正文页面中实现。

1.3.2 阅读控制。语音阅读服务应有开启和关闭阅读的设置，并可被辅助技术操作和控制，避免出现服务冲突。

说明：计算机网页的上述服务，应支持经过安全性和适配技术评估的第三方语音阅读技术，以及与操作系统适配好的第三方读屏软件。

1.4 非文本处理

1.4.1 非文本链接。以非文本形式的链接，应提供语音阅读其链接的目的或链接用途的适老化服务。

1.4.2 非文本控件。以非文本形式的控件或接受用户输入文本框，应提供语音阅读其目的或用途的适老化服务。

1.4.3 验证码

（1）验证码放大：如网页中存在非文本验证码，应提供相应的验证码放大服务，且验证码的放大倍数不低于 2 倍。包括字符、图形和各类拖拽形式的验证码。

（2）验证码替代：如网页中存在非文本验证码，至少提供一种视觉感官以外的验证码，如系统推送的语音验证码。

说明：以上两种形式需要同时存在。

1.4.4 验证码时效。有时效限制且不超过 3 分钟时长的验证码，应为用户提供语音告知时效的服务，并提供延长时效设置。时效延长设置时长不低于原时效的 2 倍以上。

2 可操作性

2.1 可操作性要求

在没有安全风险的条件下，适老化用户界面应开放组件访问接口，并可被语音控制或其他智能技术操作。

2.2 操作接口

2.2.1 结构数据。适老化界面组件应是层次清晰、信息完整的关系结构。

2.2.2 接口开放。无财务交易或用户信息完全风险的网页，应开放其内容的关系结构访问接口，支持语音控制等智能软件操作。

2.3 多媒体控制

多媒体播放控制。视频、音频等多媒体信息的播放控制，可通过键盘或智能手势完成。

2.4 广告插件及诱导类按键限制

2.4.1 禁止广告插件。提供适老化服务的网页或独立的适老化网站，网页中严禁出现广告内容及插件，也不能随机出现广告或临时性的广告弹窗。

2.4.2 禁止诱导类按键。提供适老化服务的网页或独立的适老化网站中无诱导下载、诱导付款等诱导式按键。

2.5 漂浮窗体控制

2.5.1 漂浮窗体时机。网页中如有漂浮窗体，尽可能在网页加载时与网页同步出现，并提供一个长期关闭的机制。

2.5.2 临时漂浮窗体。如网页需要临时出现漂浮窗体，应有一种告知方式，并提供一个长期关闭的机制。

说明：本要求是针对宣传类且无指向链接的漂浮窗要求，对面向当前用户办理业务的告知类窗体不做限制。

2.6 信息输入处理

2.6.1 错误预防。对于会导致使用者发生法律承诺或财务交易的网页，提交动作是可逆的，且提交可在10分钟内予以撤销，或在 10 分钟内支持修改和再次提交。

说明：该细则不包括对于商家促销且影响其他用户公平等形式的财务交易（如秒杀活动）。

2.6.2 区域辨识。网页中的各信息服务区域，任一表现形式（如纯文字、大版块等），应设有功能、目的和内容的语音告知服务，方便老年用户理解和进行下一步操作。

3 可理解性

3.1 信息及操作表达

3.1.1 专业词语与新词语。提供适老化服务的网站栏目或服务，避免采用专业词语或网络新词语作为访问目标和结果表达。如确有必要，应在用户操作前给予必要的提示。

3.1.2 交互的统一性。经适老化设计的网页界面，其组件的操作流程应与用户的常规操作流程认知保持一致。

3.1.3 识别的一致性。提供适老化服务的网站，避免修改公认的通用名称或功能标识，如确有必要，则应提供必要的说明机制。

3.1.4 位置告知和纠错。应提供告知当前状态、位置和组件关系的机制以指导用户操作，并设有撤销上一步操作的动作。

4 兼容性

4.1 兼容性要求

适老化版本应兼容各主流操作系统和各主流浏览器、盲用读屏等各种辅助软件，以及语音识别等智能技术的访问和操作。

4.2 界面组件

4.2.1 组件样式。适老化页面的组件样式应支持主流浏览器和主流操作系统，不应因用户使用的浏览器或操作系统不同而发生变化。

4.2.2 组件服务。适老化网页的组件服务数据内容，可以按照老年人生活实际需求情况进行提供。如在适老化网页上提供"社保查询、天气查询"等组件。

5 特别性要求

5.1 口述网页结构服务。应对当前网页的信息结构、区域组成和服务功能的整体描述提供语音阅读服务。

5.2 实时读屏服务。应提供用户操作一致的语音阅读服务，并提供开启和关闭切换设置，以避免与语音识别等智能软件冲突。

5.3 完整性服务。提供适老化服务的计算机网站和移动网站，应提供直接进入适老化服务的网站快捷通道或客户端。

附件2：移动互联网应用（APP）适老化通用设计规范

一、适用范围

各企业在提供适老化服务时，可根据实际情况，将适老版界面内嵌在 APP 中或开发单独的适老版 APP，并保障服务的可持续运营。本规范中所列条目，除特别说明适用范围（如适老版界面、单独的适老版 APP）外，其余条目为共性要求。

二、技术要求

1. 可感知性

1.1 字型大小调整

在移动应用中，建议使用无衬线字体，应可对字型大小进行调整（随系统设置调整，或移动应用内部具备字体大小设置选项），主要功能及主要界面的文字信息（不包含字幕、文本图像以及与移动应用功能效果相关的文本）最大字体不小于 30 dp/pt，适老版界面及单独的适老版 APP 中的主要文字信息不小于 18 dp/pt，同时兼顾移动应用适用场景和显示效果。

1.2 行间距

段落内文字的行距至少为 1.3 倍，且段落间距至少比行距大 1.3 倍，同时兼顾移动应用适用场景和显示效果。

1.3 对比度

文本/文本图像呈现方式、图标等元素间的对比度至少为 4.5：1（字号大于 18 dp/pt 时文本及文本图像对比度至少为 3：1）。

1.4 颜色用途

文本颜色不是作为传达信息、表明动作、提示响应等区分视觉元素的唯一手段。例如，在用户输入密码错误的情景下，可使用文字或语音形式直接提示用户输入有误，避免仅使用颜色作为提示手段。

1.5 验证码

如果移动应用中存在非文本验证码（如拼图类、选图类验证方式）等老年人不易理解的验证方式，则应提供可被不同类型感官（视觉、听觉等）接受的替代表现形式，例如文字或语音形式，以适应老年人的使用需求。

2. 可操作性

2.1 组件焦点大小

适老版界面中的主要组件可点击焦点区域尺寸不小于 60 × 60dp/pt，其他页面下的主要组件可点击焦点区域尺寸不小于 44 × 44dp/pt；单独的适老版 APP 中首页主要组件可点击焦点区域尺寸不小于 48 × 48dp/pt，其他页面下的主要组件可点击焦点区域尺寸不小于 44 × 44dp/pt。

2.2 手势操作

在移动应用中，应对用户进行手势导航或者操作的结果提供反馈提示；避免需 3 个或以上手指才能完成的复杂手势操作。

2.3 充足操作时间

在移动应用中，如果限时不是活动的必要部分或关键要素，且不会导致用户发生法律承诺或财务交易，则应为用户的操作留下充足时间，在用户操作完毕前界面不发生变化。

2.4 浮窗

在移动应用中，若内容产生新窗口（包含但不限于弹窗），应设置易于用户关闭窗口的按钮。关闭按钮只可在左上、右上、中央底部，且最小点击响应区域不能小于 44×44dp/pt dp/pt。

3. 可理解性

3.1 提示机制

在用户安装移动应用时，应为适老化设置、老年人常用功能提供显著的引导提示。

内嵌适老版界面的移动应用首页需具备显著入口，支持切换至适老版，或在首次进入时给予显著切换提示，且在"设置"中提供"长辈版"入口。具备搜索功能的移动应用应将"长辈版"作为标准功能名，用户可通过搜索功能直达，同时设置"亲情版"、"关爱版"、"关怀版"等别名作为搜索关键字。

4. 兼容性

4.1 辅助技术

移动应用程序不应禁止或限制终端厂商已适配好的辅助设备（如读屏软件等）的接入与使用。在辅助工具开启时，移动应用内容中所有功能性组件均能正常工作：按钮可正常访问；输入框能正常进行输入；多媒体能正常播放；在页面局部更新后，移动应用内容中新增的功能性组件也应能正常工作。

5. 安全性

5.1 广告插件及诱导类按键限制

5.1.1 禁止广告插件。适老版界面、单独的适老版 APP 中严禁出现广告内容及插件，也不能随机出现广告或临时性的广告弹窗。

5.1.2 禁止诱导类按键。移动应用程序中无诱导下载、诱导付款等诱导式按键。

5.2 保障老年用户个人信息安全

移动应用程序进行个人信息处理时应遵循最小必要原则，即处理个人信息应当有明确、合理的目的，并应当限于实现处理目的的最小范围，不得进行与处理目的无关的个人信息处理，以保障老年用户个人信息安全。具体收集信息（如位置信息、图片信息等）行为，应符合《常见类型移动互联网应用程序必要个人信息范围规定》《APP 收集使用个人信息最小必要评估规范》要求。

附件 3：互联网应用适老化及无障碍水平评测体系

根据《工业和信息化部关于印发互联网应用适老化及无障碍改造专项行动方案的通知》（工信部信管〔2020〕200 号）要求，按照"用户体验与技术手段并重"的原则，结合相关国家标准、行业标准及适老化通用设计规范，建立本评测体系。

互联网应用适老化及无障碍水平的评测体系由用户满意度评价、技术评价和自我评价三部分构成。总分值为 100 分，60 分以上为合格，即通过评测。

评测指标	权重	评测依据
用户满意度评价	40%	组织老年人、残疾人满意度评价团，以问卷调查、上手体验、电话访谈等方式开展满意度调查，形成用户满意度评价报告。其中，网站方面重点调查老年人、残疾人等重点受益群体对网页内容可访问性、访问操作效率性的满意度；APP 方面重点调查老年人残疾人等重点受益群体使用 APP 的主观感受，包括功能的可感知性、可操作性、可理解性。
技术评价	40%	网站方面，以 GB/T37668-2019《信息技术 互联网内容无障碍可访问性技术要求与测试方法》、YD/T1822-2008《信息无障碍 身体机能差异人群 网站无障碍评级测试方法》及《互联网网站适老化通用设计规范》为依据，通过自动化检测工具、人工检测等手段展开评测。
		APP 方面，以 GB/T37668-2019《信息技术 互联网内容无障碍可访问性技术要求与测试方法》《移动互联网应用（APP）适老化通用设计规范》为依据，通过自动化检测工具、人工检测等手段展开评测。

自我评价	20%	参与改造的企业、单位根据专项行动要求进行自我评价，并提交评价报告。

4.《互联网应用适老化及无障碍改造专项行动方案》（2020年12月24日）

二、重点工作

（一）开展互联网网站与移动互联网应用（APP）适老化及无障碍改造。工业和信息化部组织中国信息通信研究院、中国互联网协会，指导相关基础电信企业、互联网企业等单位开展互联网网站和移动互联网应用（APP）适老化及无障碍改造。

1. 开展互联网主要行业网站适老化及无障碍改造。紧密结合老年人、残疾人等群体的实际需求，对《工业和信息化部 中国残疾人联合会关于推进信息无障碍的指导意见》（工信部联信管〔2020〕146号）中提出的与老年人、残疾人等群体工作、生活密切相关的公共服务类网站开展适老化及无障碍改造。首批优先推动国家相关部委及省级人民政府、残疾人组织、新闻媒体、交通出行、金融服务、社交通讯、生活购物、搜索引擎等8大类、共115家网站进行改造（网站名单见附件1）。中国互联网协会协助基础电信企业及网站接入服务商加快互联网无障碍服务体系建设，持续推动互联网信息无障碍环境建设健康发展。

2. 开展老年人、残疾人常用移动互联网应用（APP）的适老化及无障碍改造。立足老年人、残疾人的实际生活体验，丰富满足其需求的移动互联网应用（APP）种类和功能，对《工业和信息化部 中国残疾人联合会关于推进信息无障碍的指导意见》（工信部联信管〔2020〕146号）中列出的移动互联网应用十大领域、注册用户数超过5000万人、同类产品中市场份额排名前5名的APP进行适老化及无障碍改造。首批优先推动新闻资讯、社交通讯、生活购物、金融服务、旅游出行、医疗健康等 6 大类、共 43 个 APP 进行适老化及无障碍改造（APP 名单见附件 2）。中国信息通信研究院协助各互联网企业，在开发设计移动互联网应用（APP）的过程中落实信息无障碍有关标准的要求，并将无障碍优化纳入产品及服务的日常维护流程。

（二）开展适老化及无障碍改造水平评测并纳入"企业信用评价"。

1. 建立评测体系并组织评测。工业和信息化部委托中国信息通信研究院、中国互联网协会等单位研究建立互联网应用适老化及无障碍水平评测体系，明确评测指标、各指标所占比重等，开展评测工作。

2. 公示评测结果并督促改进。向社会公开发布评测结果，对适老化及无障碍建设、改造、优化要求落实不到位的企业，及时指导、督促其进行改进。

3. 将信息无障碍评测情况纳入"企业信用评价"。明确信息无障碍在企业信用评价中的分值，将企业在推动信息无障碍方面的实际成效作为"企业信用评价"的加分依据。综合考虑相关互联网企业网站、移动互联网应用（APP）的适老化及无障碍水平、信息无障碍工作机制、企业助老助残行动等多方面的成效，对表现突出的予以加分。

（三）授予信息无障碍标识及公示工作。

1. 授予、延续或撤销信息无障碍标识。根据适老化及无障碍建设水平评测结果，对符合要求的互联网网站、移动互联网应用（APP），授予信息无障碍标识（ ♿ ），有效期两年。组织对最新版本的网站、APP 进行抽查，并根据结果延续或撤销已授予的标识。

2. 公示信息无障碍标识。各互联网网站、移动互联网应用（APP）需在网站及应用的显著位置显示信息无障碍标识。引导各大应用商店（市场）设立无障碍应用下载专区，将已取得信息无障碍标识的 APP 统一纳入专区，方便老年人、残疾人等重点受益群体下载使用。

三、工作进度安排

（一）动员部署阶段（2021 年 1 月–2 月）。组织召开专题会议，对专项行动进行安排部署。各相关单位按照本方案要求，结合实际制定具体实施方案。

（二）组织实施阶段（2021 年 3 月–10 月）。组织本方案所附名单的各相关单位开展并完成网站和 APP 适老化、无障碍改造工作。建立互联网应用适老化及无障碍水平评测体系，组织实施适老化及无障碍改造水平评测。

（三）总结评测阶段（2021 年 11 月–12 月）。及时总结工作成效，公开发布评测结果，授予符合要求的信息无障碍标识，督促不符合要求的予以改进，并纳入"企业信用评价"。

四、工作要求

（一）高度重视，落实责任。各单位要充分认识信息无障碍对增进人民群众福祉的重要意义，明确工作机构和责任人，制定优化改造方案，勇于担当、真抓实干，切实把各项工作落到实处。

（二）需求导向，务求实效。从老年人、残疾人等特殊群体的迫切需求入手，注重其实际体验，积极融合运用新技术，切实促进产品丰富多样和服务方便可及，提升互联网应用无障碍化普及率。

（三）强化宣传，社会参与。运用多种渠道及时宣传信息无障碍成果，树立标杆及典型案例，营造良好舆论环境。动员企业、高等学校、研究机构等多方力量，共同推动信息无障碍的持续发展。

第三十三条 音视频等语音、大字无障碍功能

音视频以及多媒体设备、移动智能终端设备、电信终端设备制造者提供的产品，应当逐步具备语音、大字等无障碍功能。

银行、医院、城市轨道交通车站、民用运输机场航站区、客运站、客运码头、大型景区等的自助公共服务终端设备，应当具备语音、大字、盲文等无障碍功能。

● 部门规章及文件

《关于深入推进智慧社区建设的意见》（2022 年 5 月 10 日）

（六）加强智慧社区基础设施建设改造。实施城乡社区综合服务设施智慧化改造工程，加快部署政务通用自助服务一体机，完善社区政务、便利店、智能快递柜等自助便民服务网络布局。合理布建社区公共安全视频监控点位，推进"雪亮+"智能化应用。加强社区信息交流无障碍建设，充分考虑未成年人、老年人、残疾人等群体的基本需求和使用习惯，提供适老化和无障碍服务。优化社区智慧电网、水网、气网和热网布局，推进小区智能感知设施建设，扩大智能感知设施和技术在安全管理、群防群治、机动车（自行车）管理、生活垃圾处理等领域应用。在维护公共安全等领域，依照相关法律法规稳妥慎重使用人脸识别技术。

第三十四条 无障碍电信服务

电信业务经营者提供基础电信服务时，应当为残疾人、老年人提供必要的语音、大字信息服务或者人工服务。

第三十五条 紧急呼救系统无障碍功能

政务服务便民热线和报警求助、消防应急、交通事故、医疗急救等紧急呼叫系统，应当逐步具备语音、大字、盲文、一键呼叫等无障碍功能。

《无障碍环境建设条例》（2012 年 6 月 28 日）

第 27 条　社区公共服务设施应当逐步完善无障碍服务功能，为残疾人等社会成员参与社区生活提供便利。

第 28 条　地方各级人民政府应当逐步完善报警、医疗急救等紧急呼叫系统，方便残疾人等社会成员报警、呼救。

第三十六条　无障碍公共文化服务

提供公共文化服务的图书馆、博物馆、文化馆、科技馆等应当考虑残疾人、老年人的特点，积极创造条件，提供适合其需要的文献信息、无障碍设施设备和服务等。

● 法　律

1. 《残疾人保障法》（2018 年 10 月 26 日）

第 54 条　国家采取措施，为残疾人信息交流无障碍创造条件。

各级人民政府和有关部门应当采取措施，为残疾人获取公共信息提供便利。

国家和社会研制、开发适合残疾人使用的信息交流技术和产品。

国家举办的各类升学考试、职业资格考试和任职考试，有盲人参加的，应当为盲人提供盲文试卷、电子试卷或者由专门的工作人员予以协助。

● 行政法规及文件

2. 《无障碍环境建设条例》（2012 年 6 月 28 日）

第 24 条　公共服务机构和公共场所应当创造条件为残疾人提供语音和文字提示、手语、盲文等信息交流服务，并对工作人员进行无障碍服务技能培训。

第 25 条　举办听力残疾人集中参加的公共活动，举办单位应当提供字幕或者手语服务。

第 26 条　电信业务经营者提供电信服务，应当创造条件为有需求的听力、言语残疾人提供文字信息服务，为有需求的视力残疾人提供语音信息服务。

电信终端设备制造者应当提供能够与无障碍信息交流服务相衔接的技术、产品。

第三十七条　无障碍格式版本标签、说明书

国务院有关部门应当完善药品标签、说明书的管理规范，要求药品生产经营者提供语音、大字、盲文、电子等无障碍格式版本的标签、说明书。

国家鼓励其他商品的生产经营者提供语音、大字、盲文、电子等无障碍格式版本的标签、说明书，方便残疾人、老年人识别和使用。

第三十八条　手语和盲文

国家推广和使用国家通用手语、国家通用盲文。

基本公共服务使用手语、盲文以及各类学校开展手语、盲文教育教学时，应当采用国家通用手语、国家通用盲文。

● 法　律

1. 《残疾人保障法》（2018 年 10 月 26 日）

第 29 条　政府有关部门应当组织和扶持盲文、手语的研究和应用，特殊教育教材的编写和出版，特殊教育教学用具及其他辅助用品的研制、生产和供应。

第 43 条　政府和社会采取下列措施，丰富残疾人的精神文化生活：

（一）通过广播、电影、电视、报刊、图书、网络等形式，及时宣传报道残疾人的工作、生活等情况，为残疾人服务；

（二）组织和扶持盲文读物、盲人有声读物及其他残疾人读物的编写和出版，根据盲人的实际需要，在公共图书馆设立盲文读物、盲人有声读物图书室；

（三）开办电视手语节目，开办残疾人专题广播栏目，推进电视栏目、影视作品加配字幕、解说；

（四）组织和扶持残疾人开展群众性文化、体育、娱乐活动，举办特殊艺术演出和残疾人体育运动会，参加国际性比赛和交流；

（五）文化、体育、娱乐和其他公共活动场所，为残疾人提供方便和照顾。有计划地兴办残疾人活动场所。

第 54 条　国家采取措施，为残疾人信息交流无障碍创造条件。

各级人民政府和有关部门应当采取措施，为残疾人获取公共信息提供便利。

国家和社会研制、开发适合残疾人使用的信息交流技术和产品。

国家举办的各类升学考试、职业资格考试和任职考试，有盲人参加的，应当为盲人提供盲文试卷、电子试卷或者由专门的工作人员予以协助。

第 55 条　公共服务机构和公共场所应当创造条件，为残疾人提供语音和文字提示、手语、盲文等信息交流服务，并提供优先服务和辅助性服务。

公共交通工具应当逐步达到无障碍设施的要求。有条件的公共停车场应当为残疾人设置专用停车位。

● 行政法规及文件

2.《残疾人教育条例》（2017 年 2 月 1 日）

第 42 条　专门从事残疾人教育工作的教师（以下称特殊教育教师）应当符合下列条件：

（一）依照《中华人民共和国教师法》的规定取得教师资格；

（二）特殊教育专业毕业或者经省、自治区、直辖市人民政府教育行政部门组织的特殊教育专业培训并考核合格。

从事听力残疾人教育的特殊教育教师应当达到国家规定的手语等级标准，从事视力残疾人教育的特殊教育教师应当达到国家规定的盲文等级标准。

第54条　国家鼓励开展残疾人教育的科学研究，组织和扶持盲文、手语的研究和应用，支持特殊教育教材的编写和出版。

第四章　无障碍社会服务

第三十九条　公共服务场所无障碍设施

公共服务场所应当配备必要的无障碍设备和辅助器具，标注指引无障碍设施，为残疾人、老年人提供无障碍服务。

公共服务场所涉及医疗健康、社会保障、金融业务、生活缴费等服务事项的，应当保留现场指导、人工办理等传统服务方式。

● 法　律

1. 《老年人权益保障法》（2018 年 12 月 29 日）

第57条　医疗机构应当为老年人就医提供方便，对老年人就医予以优先。有条件的地方，可以为老年人设立家庭病床，开展巡回医疗、护理、康复、免费体检等服务。

提倡为老年人义诊。

第58条　提倡与老年人日常生活密切相关的服务行业为老年人提供优先、优惠服务。

城市公共交通、公路、铁路、水路和航空客运，应当为老年人提供优待和照顾。

第 59 条　博物馆、美术馆、科技馆、纪念馆、公共图书馆、文化馆、影剧院、体育场馆、公园、旅游景点等场所，应当对老年人免费或者优惠开放。

2.《残疾人保障法》（2018 年 10 月 26 日）

第 52 条　国家和社会应当采取措施，逐步完善无障碍设施，推进信息交流无障碍，为残疾人平等参与社会生活创造无障碍环境。

各级人民政府应当对无障碍环境建设进行统筹规划，综合协调，加强监督管理。

第 55 条　公共服务机构和公共场所应当创造条件，为残疾人提供语音和文字提示、手语、盲文等信息交流服务，并提供优先服务和辅助性服务。

公共交通工具应当逐步达到无障碍设施的要求。有条件的公共停车场应当为残疾人设置专用停车位。

第 57 条　国家鼓励和扶持无障碍辅助设备、无障碍交通工具的研制和开发。

第四十条　低位服务台或者无障碍服务窗口

行政服务机构、社区服务机构以及供水、供电、供气、供热等公共服务机构，应当设置低位服务台或者无障碍服务窗口，配备电子信息显示屏、手写板、语音提示等设备，为残疾人、老年人提供无障碍服务。

● 法　律

1.《老年人权益保障法》（2018 年 12 月 29 日）

第 3 条　国家保障老年人依法享有的权益。

老年人有从国家和社会获得物质帮助的权利，有享受社会服务和社会优待的权利，有参与社会发展和共享发展成果的权利。

禁止歧视、侮辱、虐待或者遗弃老年人。

第 5 条　国家建立多层次的社会保障体系，逐步提高对老年人的保障水平。

国家建立和完善以居家为基础、社区为依托、机构为支撑的社会养老服务体系。

倡导全社会优待老年人。

第 7 条　保障老年人合法权益是全社会的共同责任。

国家机关、社会团体、企业事业单位和其他组织应当按照各自职责，做好老年人权益保障工作。

基层群众性自治组织和依法设立的老年人组织应当反映老年人的要求，维护老年人合法权益，为老年人服务。

提倡、鼓励义务为老年人服务。

第 37 条　地方各级人民政府和有关部门应当采取措施，发展城乡社区养老服务，鼓励、扶持专业服务机构及其他组织和个人，为居家的老年人提供生活照料、紧急救援、医疗护理、精神慰藉、心理咨询等多种形式的服务。

对经济困难的老年人，地方各级人民政府应当逐步给予养老服务补贴。

第 39 条　各级人民政府应当根据经济发展水平和老年人服务需求，逐步增加对养老服务的投入。

各级人民政府和有关部门在财政、税费、土地、融资等方面采取措施，鼓励、扶持企业事业单位、社会组织或者个人兴办、运营养老、老年人日间照料、老年文化体育活动等设施。

2.《残疾人保障法》（2018 年 10 月 26 日）

第 8 条　中国残疾人联合会及其地方组织，代表残疾人的共同利益，维护残疾人的合法权益，团结教育残疾人，为残疾人服务。

中国残疾人联合会及其地方组织依照法律、法规、章程或者接受政府委托，开展残疾人工作，动员社会力量，发展残疾人事业。

● 行政法规及文件

3. 《无障碍环境建设条例》（2012 年 6 月 28 日）

第 27 条　社区公共服务设施应当逐步完善无障碍服务功能，为残疾人等社会成员参与社区生活提供便利。

第 28 条　地方各级人民政府应当逐步完善报警、医疗急救等紧急呼叫系统，方便残疾人等社会成员报警、呼救。

第 29 条　对需要进行无障碍设施改造的贫困家庭，县级以上地方人民政府可以给予适当补助。

第 30 条　组织选举的部门应当为残疾人参加选举提供便利，为视力残疾人提供盲文选票。

第四十一条　无障碍法律服务

司法机关、仲裁机构、法律援助机构应当依法为残疾人、老年人参加诉讼、仲裁活动和获得法律援助提供无障碍服务。

国家鼓励律师事务所、公证机构、司法鉴定机构、基层法律服务所等法律服务机构，结合所提供的服务内容提供无障碍服务。

● 法　律

1. 《法律援助法》（2021 年 8 月 20 日）

第 25 条　刑事案件的犯罪嫌疑人、被告人属于下列人员之一，没有委托辩护人的，人民法院、人民检察院、公安机关应当通知法律援助机构指派律师担任辩护人：

（一）未成年人；

（二）视力、听力、言语残疾人；

（三）不能完全辨认自己行为的成年人；

（四）可能被判处无期徒刑、死刑的人；

（五）申请法律援助的死刑复核案件被告人；

（六）缺席审判案件的被告人；

（七）法律法规规定的其他人员。

其他适用普通程序审理的刑事案件，被告人没有委托辩护人的，人民法院可以通知法律援助机构指派律师担任辩护人。

第 42 条　法律援助申请人有材料证明属于下列人员之一的，免予核查经济困难状况：

（一）无固定生活来源的未成年人、老年人、残疾人等特定群体；

（二）社会救助、司法救助或者优抚对象；

（三）申请支付劳动报酬或者请求工伤事故人身损害赔偿的进城务工人员；

（四）法律、法规、规章规定的其他人员。

第 45 条　法律援助机构为老年人、残疾人提供法律援助服务的，应当根据实际情况提供无障碍设施设备和服务。

法律法规对向特定群体提供法律援助有其他特别规定的，依照其规定。

第 68 条　工会、共产主义青年团、妇女联合会、残疾人联合会等群团组织开展法律援助工作，参照适用本法的相关规定。

2.《老年人权益保障法》（2018 年 12 月 29 日）

第 56 条　老年人因其合法权益受侵害提起诉讼交纳诉讼费确有困难的，可以缓交、减交或者免交；需要获得律师帮助，但无力支付律师费用的，可以获得法律援助。

鼓励律师事务所、公证处、基层法律服务所和其他法律服务机构为经济困难的老年人提供免费或者优惠服务。

第四十二条　无障碍交通运输服务

交通运输设施和公共交通运输工具的运营单位应当根据各类运输方式的服务特点，结合设施设备条件和所提供的服务内容，为残疾人、老年人设置无障碍服务窗口、专用等候区域、绿色通道和优先坐席，提供辅助器具、咨询引导、字幕报站、语音提示、预约定制等无障碍服务。

● 部门规章及文件

《交通运输部、住房城乡建设部、国家铁路局、中国民用航空局、国家邮政局、中国残疾人联合会、全国老龄工作委员会办公室关于进一步加强和改善老年人残疾人出行服务的实施意见》（2018年1月8日）

二、加快无障碍交通基础设施建设和改造

（四）完善设施布局。各级交通运输主管部门要充分考虑人口老龄化发展因素，根据人口老龄化发展趋势、老年人口和残疾人口分布特点，加强无障碍建设和适老化改造，在综合交通运输体系规划及各专项规划中，明确铁路、公路、水路（含港口）、民航、邮政、城市客运等各领域无障碍交通基础设施建设和改造的重点任务和配套政策。积极会同有关部门，将无障碍交通基础设施改造纳入无障碍环境建设发展规划，不断完善无障碍交通基础设施布局。

（五）加大建设改造力度。各地新建、改建、扩建铁路客运站、高速公路服务区、二级及以上汽车客运站、客运码头（含水路客运站，下同）、民用运输机场、城市轨道交通车站、城市公共交通枢纽等，应落实《无障碍环境建设条例》相关要求，并符合《无障碍设计规范》《铁路旅客车站无障碍设计规范》《民用机场旅客航站区无障碍设施设备配置》等有关标准规范。加大高速公路服务区、普通国省干线公路服务区无障碍服务设施建设改造。完善陆岛交通客运码头、轮渡渡口和客运船舶无障碍设施设备和标志标识。因地制宜逐步推进现有二级及以上汽车客运站、有条件的邮政营业场所等设施无障碍改造。推进客运列车、客运船舶、民用航空器、公共汽电车、城市轨道交通车辆等交通运输工具逐步完善无障碍设备配置。

三、提升出行服务品质

（六）创新服务模式。加大为老年、残疾乘客的贴心服务力度，加快服务模式创新，进一步提升服务的系统化、精细化水平。具备条件的地区，要在铁路客运站、汽车客运站、客运码头、民用运输机场等人流密集场所为老年人、残疾人设立优先无障碍购票窗口、专用等候区域和绿色通道，提供礼貌友好服务。在醒目位置设置老年人、残疾人等服务标志，鼓励采取专人全程陪护、预约定制服务、允许亲属接送站等措施，提供服务车、轮椅等便民辅助设备，保障行动不便乘客安全、便捷出行。要充分考虑不同交通运输方式的无障碍衔接换乘，做好点对点服务配套。鼓励对老年人、残疾人实行快递门到门服务，有条件的地区开行服务老年人、残疾人的康复巴士。

（七）建设出行信息服务体系。加强无障碍信息通用产品、技术的研发与推广应用。在铁路客运站、汽车客运站、客运码头、民用运输机场、城市轨道交通车站、城市公共交通枢纽等场所及交通运输工具上提供便于老年和残疾乘客识别的语音报站和电子报站服务，依据相关标准要求完善站场、枢纽、车辆设施的盲文标志标识配置、残疾人通讯系统、语音导航和导盲系统建设，积极推广应用微信、微博、手机 APP、便民热线预约服务等创新方式，为老年人、残疾人提供多样化、便利化的无障碍出行信息服务。

（八）提高服务水平。鼓励运营企业制定完善老年人、残疾人等乘坐交通运输工具的服务细则。组织开展从业人员面向老年人、残疾人服务技能培训，提升服务标准化水平。鼓励地方残联、老龄委牵头会同交通运输主管部门，组建志愿者团队，组织开展专题培训和宣传教育活动，建立服务老年人、残疾人出行的预约门到门志愿服务团队。坚持用心服务、优先服务，积极鼓励社会力量参与，开展专业化、多元化无障碍出行服务，使老年人、残疾人等行动不便的乘客能够安全出行，便利出行。

（九）保障安全出行。各地交通运输主管部门要强化部门联动，密切分工协作，督促运营企业严格落实安全生产主体责任，提高安全出行服务保障水平。引导老年人、残疾人合理安排出行计划，鼓励错峰出行，避免客流拥挤对行动不便乘客出行造成安全隐患。加强无障碍交通设施安全运行维护和管理，提升信息化和智能化管理水平，做好对无障碍交通设施设备使用的合理引导，建立完善无障碍交通设施安全检查制度，及时发现安全隐患，妥善处理，为老年人、残疾人提供安全可靠的无障碍出行服务。

第四十三条　无障碍教育服务

教育行政部门和教育机构应当加强教育场所的无障碍环境建设，为有残疾的师生、员工提供无障碍服务。

国家举办的教育考试、职业资格考试、技术技能考试、招录招聘考试以及各类学校组织的统一考试，应当为有残疾的考生提供便利服务。

● 法　律

1.《残疾人保障法》（2018 年 10 月 26 日）

第 21 条　国家保障残疾人享有平等接受教育的权利。

各级人民政府应当将残疾人教育作为国家教育事业的组成部分，统一规划，加强领导，为残疾人接受教育创造条件。

政府、社会、学校应当采取有效措施，解决残疾儿童、少年就学存在的实际困难，帮助其完成义务教育。

各级人民政府对接受义务教育的残疾学生、贫困残疾人家庭的学生提供免费教科书，并给予寄宿生活费等费用补助；对接受义务教育以外其他教育的残疾学生、贫困残疾人家庭的学生按照国家有关规定给予资助。

第22条　残疾人教育，实行普及与提高相结合、以普及为重点的方针，保障义务教育，着重发展职业教育，积极开展学前教育，逐步发展高级中等以上教育。

第23条　残疾人教育应当根据残疾人的身心特性和需要，按照下列要求实施：

（一）在进行思想教育、文化教育的同时，加强身心补偿和职业教育；

（二）依据残疾类别和接受能力，采取普通教育方式或者特殊教育方式；

（三）特殊教育的课程设置、教材、教学方法、入学和在校年龄，可以有适度弹性。

第24条　县级以上人民政府应当根据残疾人的数量、分布状况和残疾类别等因素，合理设置残疾人教育机构，并鼓励社会力量办学、捐资助学。

第25条　普通教育机构对具有接受普通教育能力的残疾人实施教育，并为其学习提供便利和帮助。

普通小学、初级中等学校，必须招收能适应其学习生活的残疾儿童、少年入学；普通高级中等学校、中等职业学校和高等学校，必须招收符合国家规定的录取要求的残疾考生入学，不得因其残疾而拒绝招收；拒绝招收的，当事人或者其亲属、监护人可以要求有关部门处理，有关部门应当责令该学校招收。

普通幼儿教育机构应当接收能适应其生活的残疾幼儿。

第 26 条　残疾幼儿教育机构、普通幼儿教育机构附设的残疾儿童班、特殊教育机构的学前班、残疾儿童福利机构、残疾儿童家庭，对残疾儿童实施学前教育。

初级中等以下特殊教育机构和普通教育机构附设的特殊教育班，对不具有接受普通教育能力的残疾儿童、少年实施义务教育。

高级中等以上特殊教育机构、普通教育机构附设的特殊教育班和残疾人职业教育机构，对符合条件的残疾人实施高级中等以上文化教育、职业教育。

提供特殊教育的机构应当具备适合残疾人学习、康复、生活特点的场所和设施。

第 27 条　政府有关部门、残疾人所在单位和有关社会组织应当对残疾人开展扫除文盲、职业培训、创业培训和其他成人教育，鼓励残疾人自学成才。

第 28 条　国家有计划地举办各级各类特殊教育师范院校、专业，在普通师范院校附设特殊教育班，培养、培训特殊教育师资。普通师范院校开设特殊教育课程或者讲授有关内容，使普通教师掌握必要的特殊教育知识。

特殊教育教师和手语翻译，享受特殊教育津贴。

第 29 条　政府有关部门应当组织和扶持盲文、手语的研究和应用，特殊教育教材的编写和出版，特殊教育教学用具及其他辅助用品的研制、生产和供应。

第 54 条　国家采取措施，为残疾人信息交流无障碍创造条件。

各级人民政府和有关部门应当采取措施，为残疾人获取公共信息提供便利。

国家和社会研制、开发适合残疾人使用的信息交流技术和产品。

国家举办的各类升学考试、职业资格考试和任职考试，有盲人参加的，应当为盲人提供盲文试卷、电子试卷或者由专门的工作人员予以协助。

● 行政法规及文件

2.《残疾人教育条例》（2017 年 2 月 1 日）

第 36 条　县级以上人民政府教育行政部门以及其他有关部门、学校应当充分利用现代信息技术，以远程教育等方式为残疾人接受成人高等教育、高等教育自学考试等提供便利和帮助，根据实际情况开设适合残疾人学习的专业、课程，采取灵活开放的教学和管理模式，支持残疾人顺利完成学业。

第 52 条　残疾人参加国家教育考试，需要提供必要支持条件和合理便利的，可以提出申请。教育考试机构、学校应当按照国家有关规定予以提供。

● 部门规章及文件

3.《残疾人参加普通高等学校招生全国统一考试管理规定》（2017 年 4 月 7 日）

第 1 条　为维护残疾人的合法权益，保障残疾人平等参加普通高等学校招生全国统一考试（以下简称高考），根据《中华人民共和国教育法》《中华人民共和国残疾人保障法》《残疾人教育条例》和《无障碍环境建设条例》以及国家相关规定，制定本规定。

第 2 条　各级教育考试机构应遵循《残疾人教育条例》和高考组织规则，为残疾人参加高考提供必要支持条件和合理便利。

教育部考试中心负责牵头协调有关部门，研究、提升和完善合理便利的种类及技术水平；省级教育考试机构负责本行政区域残疾人参加高考的组织管理和实施工作。

第 3 条　符合高考报名条件、通过报名资格审查，需要教育考试机构提供合理便利予以支持、帮助的残疾人（以下简称残疾考生）参加高考，适用本规定。

第4条　有关残疾考生参加高考的考务管理工作，除依本规定提供合理便利外，其他应按照教育部《普通高等学校招生全国统一考试考务工作规定》和省级教育考试机构制定的考务工作实施细则的规定执行。

第5条　教育考试机构应在保证考试安全和考场秩序的前提下，根据残疾考生的残疾情况和需要以及各地实际，提供以下一种或几种必要条件和合理便利：

（一）为视力残疾考生提供现行盲文试卷、大字号试卷（含大字号答题卡）或普通试卷。

（二）为听力残疾考生免除外语听力考试。

（三）允许视力残疾考生携带答题所需的盲文笔、盲文手写板、盲文作图工具、橡胶垫、无存储功能的盲文打字机、无存储功能的电子助视器、盲杖、台灯、光学放大镜等辅助器具或设备。

（四）允许听力残疾考生携带助听器、人工耳蜗等助听辅听设备。

（五）允许行动不便的残疾考生使用轮椅、助行器等，有特殊需要的残疾考生可以自带特殊桌椅参加考试。

（六）适当延长考试时间：使用盲文试卷的视力残疾考生的考试时间，在该科目规定考试总时长的基础上延长50%；使用大字号试卷或普通试卷的视力残疾考生、因脑瘫或其他疾病引起的上肢无法正常书写或无上肢考生等书写特别困难考生的考试时间，在该科目规定考试总时长的基础上延长30%。

（七）优先进入考点、考场。

（八）设立环境整洁安静、采光适宜、便于出入的单独标准化考场，配设单独的外语听力播放设备。

（九）考点、考场配备专门的工作人员（如引导辅助人员、手语翻译人员等）予以协助。

（十）考点、考场设置文字指示标识、交流板等。

（十一）考点提供能够完成考试所需、数量充足的盲文纸和普通白纸。

（十二）其他必要且能够提供的合理便利。

第6条　省级教育考试机构应将残疾人报考办法、途径、针对残疾考生的合理便利措施等纳入当年普通高等学校招生考试报名办法，并提前向社会公布。

第7条　申请合理便利的一般程序应包括：

（一）报名参加高考并申请提供合理便利的残疾考生，应按省级教育考试机构规定的时间、地点、方式提出正式书面申请。申请内容应包括本人基本信息、残疾情况、所申请的合理便利以及需自带物品等，并提供本人的第二代及以上《中华人民共和国残疾人证》以及省级教育考试机构规定的有效身份证件的原件和复印件（扫描件）。

（二）教育考试机构负责受理并审核在本地参加考试的残疾考生提出的正式申请，并牵头组织由有关教育考试机构、残联、卫生等相关部门专业人员组成的专家组，对残疾考生身份及残疾情况进行现场确认，结合残疾考生的残疾程度、日常学习情况、提出的合理便利申请以及考试组织条件等因素进行综合评估，并形成书面评估报告。

（三）省级教育考试机构根据专家组评估意见，形成《普通高等学校招生全国统一考试残疾考生申请结果告知书》（以下简称《告知书》），在规定的时限内将《告知书》送达残疾考生，由残疾考生或法定监护人确认、签收。《告知书》内容应包含残疾考生申请基本情况、考试机构决定的详细内容以及决定的理由与依据、救济途径等。

第 8 条　残疾考生对《告知书》内容有异议，可按《告知书》规定的受理时限，向省级教育行政部门提出书面复核申请。

省级教育行政部门的复核意见应按相关程序及时送达残疾考生。

第 9 条　经申请批准后免除外语听力考试残疾考生的外语科成绩，按"笔试成绩×外语科总分值/笔试部分总分值"计算。

外语听力免考的残疾考生，听力考试部分作答无效。其他考生进行外语听力考试期间，外语听力免考的残疾考生不得翻看试卷和作答。听力考试结束后，方可答题。

第 10 条　涉及制作盲文试卷、大字号试卷等特殊制卷的，原则上由负责制卷的教育考试机构联合当地残联，提前协调特殊教育学校（院）、盲文出版社等机构，选聘遵纪守法，熟悉业务，工作认真负责，身体健康，且无直系亲属或利害关系人参加当年高考的盲文专业技术人员参加入闱制卷工作。

教育考试机构应当指定专职的盲文专业技术人员分别负责试卷的翻译、校对和制卷工作。盲文试卷制作过程应始终实行双岗或多岗监督。盲文试卷、大字号试卷的包装应有明显区别于其他试卷的标识。

第 11 条　省级教育考试机构应当将已确定为其提供合理便利的残疾考生情况提前通知其所在地教育考试机构。当地相关教育考试机构及考点应提前做好相应的准备和专项技能培训工作，并按照省级教育考试机构确定的合理便利做好残疾考生的服务、检查、施考工作。考试过程应全程录音、录像并建档备查。

第 12 条　所有获得合理便利服务的残疾考生，每科目考试开始时间与最早交卷离场时间按省级教育考试机构的规定执行。

第 13 条　省级教育考试机构应组织专门的学科评卷小组，对无法扫描成电子格式实施网上评卷的残疾考生答卷进行单独评阅，评卷工作严格按照教育部考试中心发布的高考评卷工作有关规定执行。

涉及盲文试卷的，省级教育考试机构应组织具有盲文翻译经验、水平较高且熟悉学科内容的专业人员（每科目不少于 2 人），将盲文答卷翻译成明眼文答卷，在互相校验确认翻译无误后，交由各科评卷组进行单独评阅。盲文答卷的翻译工作应在评卷场所完成，并按照高考评卷工作的有关规定进行管理。

第 14 条　省级教育考试机构应在已有的突发事件应急预案基础上，制定具有适用于残疾考生特点的专项预案，并对相关考务工作人员进行必要的培训和演练。

第 15 条　在组织残疾人参加考试过程中违规行为的认定与处理，按照《国家教育考试违规处理办法》及相关的法律法规执行。

第 16 条　省级教育考试机构可依据本规定，结合当地的实际制订工作实施细则。

第 17 条　本规定由教育部负责解释，并自发布之日起施行。

第 18 条　残疾人参加其他国家教育考试需要提供合理便利的，可参照本规定执行。

第四十四条　**无障碍医疗服务**

医疗卫生机构应当结合所提供的服务内容，为残疾人、老年人就医提供便利。

与残疾人、老年人相关的服务机构应当配备无障碍设备，在生活照料、康复护理等方面提供无障碍服务。

● 法　律

1.《基本医疗卫生与健康促进法》（2019 年 12 月 28 日）

第 26 条　国家发展残疾预防和残疾人康复事业，完善残疾预防和残疾人康复及其保障体系，采取措施为残疾人提供基本康复服务。

县级以上人民政府应当优先开展残疾儿童康复工作，实行康复与教育相结合。

第 28 条 国家发展精神卫生事业，建设完善精神卫生服务体系，维护和增进公民心理健康，预防、治疗精神障碍。

国家采取措施，加强心理健康服务体系和人才队伍建设，促进心理健康教育、心理评估、心理咨询与心理治疗服务的有效衔接，设立为公众提供公益服务的心理援助热线，加强未成年人、残疾人和老年人等重点人群心理健康服务。

2. 《老年人权益保障法》（2018 年 12 月 29 日）

第 29 条 国家通过基本医疗保险制度，保障老年人的基本医疗需要。享受最低生活保障的老年人和符合条件的低收入家庭中的老年人参加新型农村合作医疗和城镇居民基本医疗保险所需个人缴费部分，由政府给予补贴。

有关部门制定医疗保险办法，应当对老年人给予照顾。

第 37 条 地方各级人民政府和有关部门应当采取措施，发展城乡社区养老服务，鼓励、扶持专业服务机构及其他组织和个人，为居家的老年人提供生活照料、紧急救援、医疗护理、精神慰藉、心理咨询等多种形式的服务。

对经济困难的老年人，地方各级人民政府应当逐步给予养老服务补贴。

第 50 条 各级人民政府和有关部门应当将老年医疗卫生服务纳入城乡医疗卫生服务规划，将老年人健康管理和常见病预防等纳入国家基本公共卫生服务项目。鼓励为老年人提供保健、护理、临终关怀等服务。

国家鼓励医疗机构开设针对老年病的专科或者门诊。

医疗卫生机构应当开展老年人的健康服务和疾病防治工作。

第 57 条 医疗机构应当为老年人就医提供方便，对老年人就医予以优先。有条件的地方，可以为老年人设立家庭病床，开展巡回医疗、护理、康复、免费体检等服务。

提倡为老年人义诊。

第 62 条　各级人民政府在制定城乡规划时，应当根据人口老龄化发展趋势、老年人口分布和老年人的特点，统筹考虑适合老年人的公共基础设施、生活服务设施、医疗卫生设施和文化体育设施建设。

3.《残疾人保障法》（2018 年 10 月 26 日）

第 17 条　各级人民政府鼓励和扶持社会力量兴办残疾人康复机构。

地方各级人民政府和有关部门，应当组织和指导城乡社区服务组织、医疗预防保健机构、残疾人组织、残疾人家庭和其他社会力量，开展社区康复工作。

残疾人教育机构、福利性单位和其他为残疾人服务的机构，应当创造条件，开展康复训练活动。

残疾人在专业人员的指导和有关工作人员、志愿工作者及亲属的帮助下，应当努力进行功能、自理能力和劳动技能的训练。

第 18 条　地方各级人民政府和有关部门应当根据需要有计划地在医疗机构设立康复医学科室，举办残疾人康复机构，开展康复医疗与训练、人员培训、技术指导、科学研究等工作。

● 行政法规及文件

4.《残疾预防和残疾人康复条例》（2018 年 9 月 18 日）

第一章　总　　则

第 1 条　为了预防残疾的发生、减轻残疾程度，帮助残疾人恢复或者补偿功能，促进残疾人平等、充分地参与社会生活，发展残疾预防和残疾人康复事业，根据《中华人民共和国残疾人保障法》，制定本条例。

第 2 条　本条例所称残疾预防，是指针对各种致残因素，采取有效措施，避免个人心理、生理、人体结构上某种组织、功能的丧失或者异常，防止全部或者部分丧失正常参与社会活动的能力。

本条例所称残疾人康复，是指在残疾发生后综合运用医学、教育、职业、社会、心理和辅助器具等措施，帮助残疾人恢复或者补偿功能，减轻功能障碍，增强生活自理和社会参与能力。

第3条　残疾预防和残疾人康复工作应当坚持以人为本，从实际出发，实行预防为主、预防与康复相结合的方针。

国家采取措施为残疾人提供基本康复服务，支持和帮助其融入社会。禁止基于残疾的歧视。

第4条　县级以上人民政府领导残疾预防和残疾人康复工作，将残疾预防和残疾人康复工作纳入国民经济和社会发展规划，完善残疾预防和残疾人康复服务和保障体系，建立政府主导、部门协作、社会参与的工作机制，实行工作责任制，对有关部门承担的残疾预防和残疾人康复工作进行考核和监督。乡镇人民政府和街道办事处根据本地区的实际情况，组织开展残疾预防和残疾人康复工作。

县级以上人民政府负责残疾人工作的机构，负责残疾预防和残疾人康复工作的组织实施与监督。县级以上人民政府有关部门在各自的职责范围内做好残疾预防和残疾人康复有关工作。

第5条　中国残疾人联合会及其地方组织依照法律、法规、章程或者接受政府委托，开展残疾预防和残疾人康复工作。

工会、共产主义青年团、妇女联合会、红十字会等依法做好残疾预防和残疾人康复工作。

第6条　国家机关、社会组织、企业事业单位和城乡基层群众性自治组织应当做好所属范围内的残疾预防和残疾人康复工作。从事残疾预防和残疾人康复工作的人员应当依法履行职责。

第7条　社会各界应当关心、支持和参与残疾预防和残疾人康复事业。

新闻媒体应当积极开展残疾预防和残疾人康复的公益宣传。

国家鼓励和支持组织、个人提供残疾预防和残疾人康复服务，捐助残疾预防和残疾人康复事业，兴建相关公益设施。

第8条　国家鼓励开展残疾预防和残疾人康复的科学研究和应用，提高残疾预防和残疾人康复的科学技术水平。

国家鼓励开展残疾预防和残疾人康复领域的国际交流与合作。

第9条　对在残疾预防和残疾人康复工作中作出显著成绩的组织和个人，按照国家有关规定给予表彰、奖励。

第二章　残疾预防

第10条　残疾预防工作应当覆盖全人群和全生命周期，以社区和家庭为基础，坚持普遍预防和重点防控相结合。

第11条　县级以上人民政府组织有关部门、残疾人联合会等开展下列残疾预防工作：

（一）实施残疾监测，定期调查残疾状况，分析致残原因，对遗传、疾病、药物、事故等主要致残因素实施动态监测；

（二）制定并实施残疾预防工作计划，针对主要致残因素实施重点预防，对致残风险较高的地区、人群、行业、单位实施优先干预；

（三）做好残疾预防宣传教育工作，普及残疾预防知识。

第12条　卫生主管部门在开展孕前和孕产期保健、产前筛查、产前诊断以及新生儿疾病筛查，传染病、地方病、慢性病、精神疾病等防控，心理保健指导等工作时，应当做好残疾预防工作，针对遗传、疾病、药物等致残因素，采取相应措施消除或者降低致残风险，加强临床早期康复介入，减少残疾的发生。

公安、安全生产监督管理、食品安全监督管理、药品监督管理、生态环境、防灾减灾救灾等部门在开展交通安全、生产安全、食品安全、药品安全、生态环境保护、防灾减灾救灾等工作时，应当针对事故、环境污染、灾害等致残因素，采取相应措施，减少残疾的发生。

第13条　国务院卫生、教育、民政等有关部门和中国残疾人联合会在履行职责时应当收集、汇总残疾人信息，实现信息共享。

第14条　承担新生儿疾病和未成年人残疾筛查、诊断的医疗卫生机构应当按照规定将残疾和患有致残性疾病的未成年人信息，向所在地县级人民政府卫生主管部门报告。接到报告的卫生主管部门应当按照规定及时将相关信息与残疾人联合会共享，并共同组织开展早期干预。

第15条　具有高度致残风险的用人单位应当对职工进行残疾预防相关知识培训，告知作业场所和工作岗位存在的致残风险，并采取防护措施，提供防护设施和防护用品。

第16条　国家鼓励公民学习残疾预防知识和技能，提高自我防护意识和能力。

未成年人的监护人应当保证未成年人及时接受政府免费提供的疾病和残疾筛查，努力使有出生缺陷或者致残性疾病的未成年人及时接受治疗和康复服务。未成年人、老年人的监护人或者家庭成员应当增强残疾预防意识，采取有针对性的残疾预防措施。

第三章　康复服务

第17条　县级以上人民政府应当组织卫生、教育、民政等部门和残疾人联合会整合从事残疾人康复服务的机构（以下称康复机构）、设施和人员等资源，合理布局，建立和完善以社区康复为基础、康复机构为骨干、残疾人家庭为依托的残疾人康复服务体系，以实用、易行、受益广的康复内容为重点，为残疾人提供综合性的康复服务。

县级以上人民政府应当优先开展残疾儿童康复工作，实行康复与教育相结合。

第18条　县级以上人民政府根据本行政区域残疾人数量、分布状况、康复需求等情况，制定康复机构设置规划，举办公益性康复机构，将康复机构设置纳入基本公共服务体系规划。

县级以上人民政府支持社会力量投资康复机构建设，鼓励多种形式举办康复机构。

社会力量举办的康复机构和政府举办的康复机构在准入、执业、专业技术人员职称评定、非营利组织的财税扶持、政府购买服务等方面执行相同的政策。

第19条　康复机构应当具有符合无障碍环境建设要求的服务场所以及与所提供康复服务相适应的专业技术人员、设施设备等条件，建立完善的康复服务管理制度。

康复机构应当依照有关法律、法规和标准、规范的规定，为残疾人提供安全、有效的康复服务。鼓励康复机构为所在区域的社区、学校、家庭提供康复业务指导和技术支持。

康复机构的建设标准、服务规范、管理办法由国务院有关部门商中国残疾人联合会制定。

县级以上人民政府有关部门应当依据各自职责，加强对康复机构的监督管理。残疾人联合会应当及时汇总、发布康复机构信息，为残疾人接受康复服务提供便利，各有关部门应当予以支持。残疾人联合会接受政府委托对康复机构及其服务质量进行监督。

第20条　各级人民政府应当将残疾人社区康复纳入社区公共服务体系。

县级以上人民政府有关部门、残疾人联合会应当利用社区资源，根据社区残疾人数量、类型和康复需求等设立康复场所，或者通过政府购买服务方式委托社会组织，组织开展康复指导、日常生活能力训练、康复护理、辅助器具配置、信息咨询、知识普及和转介等社区康复工作。

城乡基层群众性自治组织应当鼓励和支持残疾人及其家庭成员参加社区康复活动，融入社区生活。

第21条　提供残疾人康复服务，应当针对残疾人的健康、日常活动、社会参与等需求进行评估，依据评估结果制定个性化康复方案，并根据实施情况对康复方案进行调整优化。制定、实施康复方案，应当充分听取、尊重残疾人及其家属的意见，告知康复措施的详细信息。

提供残疾人康复服务，应当保护残疾人隐私，不得歧视、侮辱残疾人。

第22条　从事残疾人康复服务的人员应当具有人道主义精神，遵守职业道德，学习掌握必要的专业知识和技能并能够熟练运用；有关法律、行政法规规定需要取得相应资格的，还应当依法取得相应的资格。

第23条　康复机构应当对其工作人员开展在岗培训，组织学习康复专业知识和技能，提高业务水平和服务能力。

第24条　各级人民政府和县级以上人民政府有关部门、残疾人联合会以及康复机构等应当为残疾人及其家庭成员学习掌握康复知识和技能提供便利条件，引导残疾人主动参与康复活动，残疾人的家庭成员应当予以支持和帮助。

第四章　保障措施

第25条　各级人民政府应当按照社会保险的有关规定将残疾人纳入基本医疗保险范围，对纳入基本医疗保险支付范围的医疗康复费用予以支付；按照医疗救助的有关规定，对家庭经济困难的残疾人参加基本医疗保险给予补贴，并对经基本医疗保险、大病保险和其他补充医疗保险支付医疗费用后仍有困难的给予医疗救助。

第26条　国家建立残疾儿童康复救助制度，逐步实现0-6

岁视力、听力、言语、肢体、智力等残疾儿童和孤独症儿童免费得到手术、辅助器具配置和康复训练等服务；完善重度残疾人护理补贴制度；通过实施重点康复项目为城乡贫困残疾人、重度残疾人提供基本康复服务，按照国家有关规定对基本型辅助器具配置给予补贴。具体办法由国务院有关部门商中国残疾人联合会根据经济社会发展水平和残疾人康复需求等情况制定。

国家多渠道筹集残疾人康复资金，鼓励、引导社会力量通过慈善捐赠等方式帮助残疾人接受康复服务。工伤保险基金、残疾人就业保障金等按照国家有关规定用于残疾人康复。

有条件的地区应当根据本地实际情况提高保障标准，扩大保障范围，实施高于国家规定水平的残疾人康复保障措施。

第 27 条　各级人民政府应当根据残疾预防和残疾人康复工作需要，将残疾预防和残疾人康复工作经费列入本级政府预算。

从事残疾预防和残疾人康复服务的机构依法享受有关税收优惠政策。县级以上人民政府有关部门对相关机构给予资金、设施设备、土地使用等方面的支持。

第 28 条　国家加强残疾预防和残疾人康复专业人才的培养；鼓励和支持高等学校、职业学校设置残疾预防和残疾人康复相关专业或者开设相关课程，培养专业技术人员。

县级以上人民政府卫生、教育等有关部门应当将残疾预防和残疾人康复知识、技能纳入卫生、教育等相关专业技术人员的继续教育。

第 29 条　国务院人力资源社会保障部门应当会同国务院有关部门和中国残疾人联合会，根据残疾预防和残疾人康复工作需要，完善残疾预防和残疾人康复专业技术人员职业能力水平评价体系。

第 30 条　省级以上人民政府及其有关部门应当积极支持辅助器具的研发、推广和应用。

辅助器具研发、生产单位依法享受有关税收优惠政策。

第31条 各级人民政府和县级以上人民政府有关部门按照国家有关规定，保障残疾预防和残疾人康复工作人员的待遇。县级以上人民政府人力资源社会保障等部门应当在培训进修、表彰奖励等方面，对残疾预防和残疾人康复工作人员予以倾斜。

第五章 法律责任

第32条 地方各级人民政府和县级以上人民政府有关部门未依照本条例规定履行残疾预防和残疾人康复工作职责，或者滥用职权、玩忽职守、徇私舞弊的，依法对负有责任的领导人员和直接责任人员给予处分。

各级残疾人联合会有违反本条例规定的情形的，依法对负有责任的领导人员和直接责任人员给予处分。

第33条 医疗卫生机构、康复机构及其工作人员未依照本条例规定开展残疾预防和残疾人康复工作的，由有关主管部门按照各自职责分工责令改正，给予警告；情节严重的，责令暂停相关执业活动，依法对负有责任的领导人员和直接责任人员给予处分。

第34条 具有高度致残风险的用人单位未履行本条例第十五条规定的残疾预防义务，违反安全生产、职业病防治等法律、行政法规规定的，依照有关法律、行政法规的规定给予处罚；有关法律、行政法规没有规定的，由有关主管部门按照各自职责分工责令改正，给予警告；拒不改正的，责令停产停业整顿。用人单位还应当依法承担救治、保障等义务。

第35条 违反本条例规定，构成犯罪的，依法追究刑事责任；造成人身、财产损失的，依法承担赔偿责任。

第六章 附 则

第36条 本条例自2017年7月1日起施行。

第四十五条　服务场所无障碍服务

国家鼓励文化、旅游、体育、金融、邮政、电信、交通、商业、餐饮、住宿、物业管理等服务场所结合所提供的服务内容，为残疾人、老年人提供辅助器具、咨询引导等无障碍服务。

国家鼓励邮政、快递企业为行动不便的残疾人、老年人提供上门收寄服务。

● 部门规章及文件

1.《有线广播电视运营服务管理暂行规定》（2021 年 3 月 23 日）

第 12 条　有线广播电视运营服务提供者应当根据网络规模和用户分布情况设置服务网店，合理安排服务时间，方便用户办理有关事项。

有线广播电视运营服务提供者应当按照当地人民政府的要求，向残疾人和行动不便的老年人等用户提供便捷的服务，对低保户、特困人群等用户给予资费减免等优惠。

2.《国家邮政局、中国残疾人联合会关于进一步加强邮政行业无障碍环境建设等相关工作的通知》（2017 年 7 月 19 日）

一、提升邮政行业服务残疾人事业理念

（一）做好邮政行业服务残疾人工作，是贯彻落实《中华人民共和国残疾人保障法》《中华人民共和国邮政法》《无障碍环境建设条例》《无障碍设计规范》等法律法规、标准的必然要求，是保障残疾人等特殊群体方便就近办理业务、公平获得邮政服务的重要措施，是提高邮政行业服务水平和质量、履行社会责任、实现邮政行业可持续发展的组成部分。各地要高度重视，充分认识做好邮政行业无障碍环境建设等相关工作的重要意义，把这件利国利民的实事抓实、好事抓好。

二、落实邮政设施无障碍建设与改造

（二）各地新建、改建、扩建邮政营业场所等邮政基础设施

109

时，应符合《无障碍环境建设条例》要求，参照《无障碍设计规范》进行无障碍设计和建设。

（三）对现有邮政营业场所等设施，各地要因地制宜，逐步推进无障碍改造。在改造过程中应力争场所出入口、柜台等达到无障碍标准，如有电梯、卫生间等设施，也宜进行无障碍改造。

三、完善信息交流无障碍措施

（四）邮政营业场所应逐步完善语音提示、盲文、电子信息显示屏幕、配备手写板、无障碍设施标识等信息交流无障碍措施，方便残疾人办理业务。

四、提高无障碍服务水平。

（五）邮政企业应按照相关规定和根据残疾人的特点及需求，丰富服务内容，改进服务方式。邮政企业应执行视力残疾人携带导盲犬出入公共场所的相关规定；试情为重度残疾人客户提供上门服务等相关特殊服务；定期对员工开展手语、助残服务知识和技能的培训，提高为残疾人客户服务的能力和水平。

（六）各级邮政管理部门要加强对快递企业的指导，推进快递企业完善无障碍措施，利用移动客户端、智能快件箱等技术，为用户提供更加便捷和高效的快递服务，鼓励为听力言语残疾人客户接快件提供短信沟通等个性化服务，保障听力言语残疾人客户权益。

五、积极发展残疾人公益事业

（七）邮政企业应积极落实《中华人民共和国残疾人保障法》等相关规定，对盲人读物给予免费寄递。

（八）邮政企业应积极落实《残疾人保障法》、《残疾人就业条例》等相关规定，积极创造条件安排残疾人就业。

（九）在残疾人事业重大节日、重大活动之际，深入研究利用以残疾人事业为主题发行纪念邮资凭证或纪念封等，加大残疾人事业宣传力度，扩大社会影响。

（十）邮政、快递企业应进一步倡导扶残助残的良好社会风尚，履行企业社会责任，积极关心关爱残疾人公益事业，为残疾人提供捐助和志愿服务。

六、加强对无障碍环境建设工作的领导

（十一）各级邮政管理部门、残联要建立工作协调机制，加强沟通合作，制定计划，定期研讨推进本地邮政行业无障碍环境建设工作。

（十二）邮政、快递企业应加强政策落实情况的监督检查，推进无障碍环境建设工作持续发展。

（十三）各级残联要切实代表残疾人利益，向邮政管理部门和邮政、快递企业反映残疾人的特点、困难和需求，积极开展残疾人体验、座谈等多种活动，提出工作建议，配合做好无障碍设施改造、完善信息交流无障碍、助残服务知识和技能培训等相关工作。

第四十六条　服务犬

公共场所经营管理单位、交通运输设施和公共交通运输工具的运营单位应当为残疾人携带导盲犬、导听犬、辅助犬等服务犬提供便利。

残疾人携带服务犬出入公共场所、使用交通运输设施和公共交通运输工具的，应当遵守国家有关规定，为服务犬佩戴明显识别装备，并采取必要的防护措施。

● 法　律

1.《残疾人保障法》（2018 年 10 月 26 日）

第 58 条　盲人携带导盲犬出入公共场所，应当遵守国家有关规定。

● **行政法规及文件**

2.《无障碍环境建设条例》（2012 年 6 月 28 日）

　　第 16 条　视力残疾人携带导盲犬出入公共场所，应当遵守国家有关规定，公共场所的工作人员应当按照国家有关规定提供无障碍服务。

第四十七条　应急避难场所无障碍服务

　　应急避难场所的管理人在制定以及实施工作预案时，应当考虑残疾人、老年人的无障碍需求，视情况设置语音、大字、闪光等提示装置，完善无障碍服务功能。

● **行政法规及文件**

《无障碍环境建设条例》（2012 年 6 月 28 日）

　　第 28 条　地方各级人民政府应当逐步完善报警、医疗急救等紧急呼叫系统，方便残疾人等社会成员报警、呼救。

第四十八条　无障碍选举服务

　　组织选举的部门和单位应当采取措施，为残疾人、老年人选民参加投票提供便利和必要协助。

● **法　律**

1.《残疾人保障法》（2018 年 10 月 26 日）

　　第 56 条　组织选举的部门应当为残疾人参加选举提供便利；有条件的，应当为盲人提供盲文选票。

● **行政法规及文件**

2.《无障碍环境建设条例》（2012 年 6 月 28 日）

　　第 30 条　组织选举的部门应当为残疾人参加选举提供便利，为视力残疾人提供盲文选票。

第四十九条 无障碍信息服务平台建设

国家鼓励和支持无障碍信息服务平台建设，为残疾人、老年人提供远程实时无障碍信息服务。

● 法 律

1. 《数据安全法》（2021 年 6 月 10 日）

第 15 条 国家支持开发利用数据提升公共服务的智能化水平。提供智能化公共服务，应当充分考虑老年人、残疾人的需求，避免对老年人、残疾人的日常生活造成障碍。

● 部门规章及文件

2. 《工业和信息化部关于切实解决老年人运用智能技术困难便利老年人使用智能化产品和服务的通知》

二、重点工作

（一）为老年人提供更优质的电信服务。

1. 保留线下传统电信服务渠道，持续完善营业厅"面对面"服务。各基础电信企业要保留一定比例的线下营业厅及"面对面"服务模式，优先接待老年人，设立老年人爱心通道及无障碍设施，不断优化业务办理流程，简化办理手续，为老年人做好引导、解释工作。（部内信息通信管理局，各省、自治区、直辖市通信管理局，各基础电信企业）

2. 持续优化电信客服语音服务，提供针对老年人的定制化电信服务。各基础电信企业要优化电话业务办理流程，实现并完善针对老年人增设的"一键进入"人工客服功能，为老年人提供优先接入服务。鼓励各基础电信企业为老年人聚集生活区提供上门办理业务、专属大字账单等定制化服务。（部内信息通信管理局，各省、自治区、直辖市通信管理局，各基础电信企业）

3. 持续完善网络覆盖，精准降费惠及老年人。继续深入实施电信普遍服务，持续提升老年人聚居的农村及偏远地区宽带网络覆盖水平，具备为农村老年人聚集生活的各类公共场所提供宽带服务能力。各基础电信企业要结合实际情况，推出适合老年人特点的专属优惠资费方案，精准定向惠及广大老年人。（部内信息通信发展司、信息通信管理局，各省、自治区、直辖市通信管理局，各基础电信企业）

4. 推广完善"通信行程卡"服务。重点加强面对老年群体的"通信行程卡"推广工作，持续优化配套服务机制，提升查询服务的稳定性，为没有智能手机的老年人提供方便、快捷的行程验证服务。（部内信息通信管理局，各省、自治区、直辖市通信管理局，各基础电信企业，中国信息通信研究院）

5. 加强电信行业从业人员培训。各基础电信企业要组织培训机构和行业专家对电信行业从业人员开展有针对性的专题培训，从老年人客户的服务难点入手，提升电信行业从业人员服务能力，为老年人提供热心、诚心、耐心地优质电信服务。（部内信息通信管理局，各省、自治区、直辖市通信管理局，各基础电信企业）

（二）开展互联网适老化及无障碍改造专项行动。

6. 抓好《互联网应用适老化及无障碍改造专项行动方案》实施。组织首批 115 个公共服务类网站和 43 个手机 APP 完成适老化及无障碍改造，围绕老年人获取信息的需求，优化界面交互、内容朗读、操作提示、语音辅助等功能，切实改善老年用户在使用互联网服务时的体验，提高信息无障碍水平，助力老年人等特殊群体跨过"数字鸿沟"。（部内信息通信管理局，中国信息通信研究院、中国互联网协会，各有关互联网企业、终端设备企业等）

（三）扩大适老化智能终端产品供给。

7. 推动手机等智能终端产品适老化改造。各终端制造企业要充分考虑老年人使用手机等智能终端产品的使用需求，使智能终端产品具备大屏幕、大字体、大音量、大电池容量、操作简单等更多方便老年人使用的特点，方便老年人看得见、听得清、用得了，更好地获取信息服务。（部内电子信息司、信息通信管理局，各省、自治区、直辖市及新疆生产建设兵团工业和信息化主管部门，各有关行业协会，各有关互联网企业、终端设备企业等）

8. 开展智慧健康养老应用试点示范工作。推进智能辅具、智能家居、健康监测、养老照护等智能化终端产品在示范街道（乡镇）、基地中应用，编制《智慧健康养老产品及服务推广目录》，方便机构养老、社区养老、居家养老等选购使用。研究"十四五"时期智慧健康养老产业发展政策，扩大智慧健康养老产品供给，深化信息技术支撑健康养老事业发展。（部内电子信息司，各省、自治区、直辖市及新疆生产建设兵团工业和信息化主管部门，各有关行业协会，各有关互联网企业、终端设备企业等）

9. 推进面向智慧健康养老终端设备的标准及检测公共服务平台项目建设。开展智慧健康养老标准体系研究及重点标准制定、检测评估、知识产权分析、应用推广和培训等公共服务，形成智慧健康养老终端设备领域一站式公共服务能力，进一步提高老年服务科技化、信息化水平，加大老年健康科技支撑力度。（部内电子信息司，各平台建设机构、终端设备企业等）

10. 加快实施《关于促进老年用品产业发展的指导意见》。支持老年用品关键技术和产品的研发、成果转化、服务创新及应用推广，培育壮大骨干企业。优先将具有独特功能或使用价值的老年用品纳入升级和创新消费品指南。加快有关标准制修订，指导电商平台利用网络连接线上线下的优势，继续开展老年用品购物活动，为老年人的生活提供便利。（部内消费品工业司，各省、自治区、直辖市及新疆生产建设兵团工业和信息化主管部门，各有关行业协会，各有关互联网企业、终端设备企业）

（四）切实保障老年人安全使用智能化产品和服务。

11. 规范智能化产品和服务中的个人信息收集、使用等活动，降低老年人个人信息泄露风险。研究制定加强个人信息保护的规范性文件，推动制定《APP 收集使用个人信息最小必要评估规范》系列相关标准。继续开展 APP 侵害用户权益专项整治，持续优化、高效推进全国 APP 技术检测平台建设，加大对违法违规行为的处置曝光力度，切实保障老年人使用手机 APP 时的信息安全。（部内信息通信管理局，各有关互联网企业、终端设备企业等）

12. 严厉打击电信网络诈骗等违法行为，确保老年人安全享受智能化服务。通过短信、彩信、网络等多种形式发送诈骗风险提醒，重点提高老年人群体的风险防范意识。充分发挥全国诈骗电话防范系统作用，加强对涉诈电话、短信的监测处置。丰富互联网、手机 APP、电话等举报受理渠道，及时受理处置老年用户举报。（部内网络安全管理局，各省、自治区、直辖市通信管理局，各基础电信企业，中国互联网协会）

第五章　保障措施

第五十条　理念宣传

国家开展无障碍环境理念的宣传教育，普及无障碍环境知识，传播无障碍环境文化，提升全社会的无障碍环境意识。

新闻媒体应当积极开展无障碍环境建设方面的公益宣传。

● 法　律

1.《老年人权益保障法》（2018 年 12 月 29 日）

第 8 条　国家进行人口老龄化国情教育，增强全社会积极应对人口老龄化意识。

全社会应当广泛开展敬老、养老、助老宣传教育活动，树立尊重、关心、帮助老年人的社会风尚。

青少年组织、学校和幼儿园应当对青少年和儿童进行敬老、养老、助老的道德教育和维护老年人合法权益的法制教育。

广播、电影、电视、报刊、网络等应当反映老年人的生活，开展维护老年人合法权益的宣传，为老年人服务。

2. 《残疾人保障法》（2018 年 10 月 26 日）

第 11 条　国家有计划地开展残疾预防工作，加强对残疾预防工作的领导，宣传、普及母婴保健和预防残疾的知识，建立健全出生缺陷预防和早期发现、早期治疗机制，针对遗传、疾病、药物、事故、灾害、环境污染和其他致残因素，组织和动员社会力量，采取措施，预防残疾的发生，减轻残疾程度。

国家建立健全残疾人统计调查制度，开展残疾人状况的统计调查和分析。

第 43 条　政府和社会采取下列措施，丰富残疾人的精神文化生活：

（一）通过广播、电影、电视、报刊、图书、网络等形式，及时宣传报道残疾人的工作、生活等情况，为残疾人服务；

（二）组织和扶持盲文读物、盲人有声读物及其他残疾人读物的编写和出版，根据盲人的实际需要，在公共图书馆设立盲文读物、盲人有声读物图书室；

（三）开办电视手语节目，开办残疾人专题广播栏目，推进电视栏目、影视作品加配字幕、解说；

（四）组织和扶持残疾人开展群众性文化、体育、娱乐活动，举办特殊艺术演出和残疾人体育运动会，参加国际性比赛和交流；

（五）文化、体育、娱乐和其他公共活动场所，为残疾人提供方便和照顾。有计划地兴办残疾人活动场所。

第 45 条　政府和社会促进残疾人与其他公民之间的相互理解和交流，宣传残疾人事业和扶助残疾人的事迹，弘扬残疾人自强不息的精神，倡导团结、友爱、互助的社会风尚。

● 行政法规及文件

3.《无障碍环境建设条例》（2012 年 6 月 28 日）

第 7 条　国家倡导无障碍环境建设理念，鼓励公民、法人和其他组织为无障碍环境建设提供捐助和志愿服务。

| 第五十一条 | 无障碍环境建设标准体系 |

国家推广通用设计理念，建立健全国家标准、行业标准、地方标准，鼓励发展具有引领性的团体标准、企业标准，加强标准之间的衔接配合，构建无障碍环境建设标准体系。

地方结合本地实际制定的地方标准不得低于国家标准的相关技术要求。

● 部门规章及文件

1.《加强消费品标准化建设行动方案》（2023 年 5 月 22 日）

（二）强化新消费标准供给。

5. 着力强化智能、跨行业跨领域组合组装产品标准制定。研究信息技术、网络安全、生物技术与传统消费品融合发展标准化需求，加快新技术新产品新业态标准研制。强化智能产品标准制定，不断拓展人工智能技术在消费品领域的应用。不断健全适老宜小用品、残疾人辅助器具标准体系，在保障特殊消费群体健康安全的基础上，提高消费体验。

2.《2023 年全国标准化工作要点》（2023 年 3 月 21 日）

34. 实施养老和家政服务标准化专项行动，加快适老化改造标准制定，完善老年人交通出行、消费、办事等高频事项服务标准。

36. 组织实施基本公共服务标准体系建设工程，加快社会保险、公共文化、残疾人服务等领域标准制定。

第五十二条 制定标准征求意见

制定或者修改涉及无障碍环境建设的标准，应当征求残疾人、老年人代表以及残疾人联合会、老龄协会等组织的意见。残疾人联合会、老龄协会等组织可以依法提出制定或者修改无障碍环境建设标准的建议。

第五十三条 认证与评测制度

国家建立健全无障碍设计、设施、产品、服务的认证和无障碍信息的评测制度，并推动结果采信应用。

● 部门规章及文件

1.《无障碍环境认证实施方案》（2022 年 11 月 1 日）

二、制度建设

（一）无障碍环境认证目录由市场监管总局、中国残联根据社会发展需要，共同确定并发布。认证规则由市场监管总局商中国残联后发布。

（二）从事无障碍环境认证的认证机构应当依法设立，符合《中华人民共和国认证认可条例》《认证机构管理办法》规定的基本条件，具备从事无障碍环境认证相应的技术能力。经市场监管总局征求中国残联意见后批准，方可从事无障碍环境认证。

（三）无障碍环境实施分级认证，使用以下图案作为认证标志。①

---

① 本书因印刷色彩限制，不显示该标志原色。

三、认证实施

（一）认证委托人可自愿向认证机构提出无障碍环境认证委托，对认证机构的认证工作和认证决定有异议的，可以向作出决定的认证机构提出申诉。

（二）认证机构依据无障碍环境认证规则开展认证工作，并采取适当方式和频次，对获得认证的无障碍环境实施有效跟踪检查，以验证其持续符合认证要求。

（三）认证机构应当公开认证收费标准和认证证书有效、暂停、注销或者撤销的状态等信息，接受社会的查询和监督，并按照有关规定报送无障碍环境认证实施情况及认证信息。

四、推广应用

（一）中国残联、市场监管总局积极推动社会治理、行业管理、市场采购等领域广泛采信无障碍环境认证结果，及时总结经验、培训典型、抓好示范，推动无障碍环境认证普及覆盖。

（二）各级残联、市场监管部门协调推动本地无障碍环境认证及推广应用工作，推动将无障碍环境认证结果纳入各类公共建筑质量评奖、评价或考核。

五、监督管理

（一）各级市场监管部门、残联发挥各自职能作用，对无障碍环境认证及采信应用等活动与结果进行监督管理。

（二）对认证活动中出现的违法违规行为依法进行处罚，符合条件的列入严重违法失信名单，并将行政处罚、严重违法失信名单等涉企信息通过国家企业信用信息公示系统及国家平台依法公示。

● 团体规定

2.《辅助器具进校园工程实施方案》（2022 年 8 月 9 日）

二、主要措施和流程

（一）加强政策宣传。各级残联组织会同教育行政部门做好政策宣传和解读，推动辅助器具适配有关政策进校园、进家庭，提高学校、学生、家长对辅具适配服务的认识。

（二）做好需求统计。秋季学期开学一个月内，各相关学校统计残疾学生辅助器具适配需求，特别关注农村地区残疾学生需求，10月底前报县（市、区）教育行政部门，统计审核后汇总形成需求信息清单。

（三）开展科学评估。根据县（市、区）教育行政部门提供的需求信息清单，县级残联安排所属或指定的残疾人辅助器具服务机构，于11月底前进入学校或残疾人家庭，针对残疾学生的身体功能、学习生活环境及对辅具的个性化需求，开展初始评估及复评，形成评估档案。

（四）提供适配服务。残疾人辅助器具服务机构根据评估档案，开展辅具配置、使用训练、回访、辅具维修等工作，确保辅具服务的质量和有效性，提升辅具的使用率。

（五）加强培训指导。各方共同推动以融合教育、辅助器具日常调试等相关知识为主要内容，通过多种形式开展面向特殊教育学校教师、随班就读普通学校教师、残疾学生家长的培训，促进家校合作。

三、工作要求

（一）加强组织领导。各级残联组织和教育行政部门要将"辅助器具进校园"工程纳入年度工作计划，予以推动落实。省级残联组织和教育行政部门要加强组织指导，做好相关工作总结并上报年度工作开展情况。县级残联组织、教育行政部门、辅助器具服务机构、教育装备中心、相关学校各司其职、形成合力，做好需求统计、审核、辅助器具适配、教师和家长培训、必要的无障碍环境改造等工作。

（二）加大经费投入。各地要加大残疾人辅具适配服务投入，相关资源和工作经费优先支持残疾学生辅助器具适配。鼓励有条件的地方实施公益性残疾学生辅助器具适配项目，为家庭经济困难的残疾学生适配大额辅助器具提供补贴。

（三）强化规范服务。承担辅助器具适配服务的机构要将义务教育阶段残疾学生作为重点服务人群，规范做好需求确认、评估、辅助器具选配、训练和服务档案管理、设施无障碍改造等工作。特别要注重对残疾学生的随访和适配效果评价，切实提高残疾学生辅具适配服务质量，保障适配安全与效果。

（四）注重信息安全。工作中要切实保护残疾学生隐私，坚决防止信息泄露。每年12月底前，县级残联联合教育行政部门填写本年度残疾学生辅具适配信息汇总表（见附件1），省级残联康复部门汇总后，填写数据统计表（见附件2），由教育就业部对接省级教育行政部门基础教育处确认，以加密光盘形式同时报送中国残联教育就业部和教育部基础教育司。

（五）做好总结指导。各地教育行政部门要主动协调当地残联组织，加强对"辅助器具进校园"的跟踪指导，做好典型案例和经验的宣传推广，提高医疗康复和特殊教育融合的针对性和有效性，助力推动特殊教育高质量发展。

附件：1."辅助器具进校园"工程实施信息汇总表
2."辅助器具进校园"工程实施情况统计表

"辅助器具进校园"工程实施信息汇总表

填报单位：　　　　　实施年份：　　　　　填表日期：

序号	姓名	性别	籍贯	残疾证号	残疾类型	学校、年级	家长联系方式	适配辅具名称	适配辅具数量

122

注：1. 残疾类型：视力残疾、听力残疾、言语残疾、肢体残疾、多重残疾、其他残疾。

2. 区县级残联组织填写此汇总表，以 Excel 形式上报。

"辅助器具进校园"工程实施情况统计表

实施年份：　　　　　　　填表日期：

省份	辅具适配人数	类别					
		视力残疾	听力残疾	言语残疾	肢体残疾	多重残疾	其他

第五十四条 　科技成果的运用

国家通过经费支持、政府采购、税收优惠等方式，促进新科技成果在无障碍环境建设中的运用，鼓励无障碍技术、产品和服务的研发、生产、应用和推广，支持无障碍设施、信息和服务的融合发展。

● **法　律**

1. 《残疾人保障法》（2018 年 10 月 26 日）

第 16 条　康复工作应当从实际出发，将现代康复技术与我国传统康复技术相结合；以社区康复为基础，康复机构为骨干，残疾人家庭为依托；以实用、易行、受益广的康复内容为重点，优先开展残疾儿童抢救性治疗和康复；发展符合康复要求的科学技术，鼓励自主创新，加强康复新技术的研究、开发和应用，为残疾人提供有效的康复服务。

● **行政法规及文件**

2. 《无障碍环境建设条例》（2012 年 6 月 28 日）

第 6 条　国家鼓励、支持采用无障碍通用设计的技术和产

123

品，推进残疾人专用的无障碍技术和产品的开发、应用和推广。

第五十五条 人才培养机制

国家建立无障碍环境建设相关领域人才培养机制。

国家鼓励高等学校、中等职业学校等开设无障碍环境建设相关专业和课程，开展无障碍环境建设理论研究、国际交流和实践活动。

建筑、交通运输、计算机科学与技术等相关学科专业应当增加无障碍环境建设的教学和实践内容，相关领域职业资格、继续教育以及其他培训的考试内容应当包括无障碍环境建设知识。

● **行政法规及文件**

《残疾人教育条例》（2017 年 2 月 1 日）

第一章 总 则

第 1 条 为了保障残疾人受教育的权利，发展残疾人教育事业，根据《中华人民共和国教育法》和《中华人民共和国残疾人保障法》，制定本条例。

第 2 条 国家保障残疾人享有平等接受教育的权利，禁止任何基于残疾的教育歧视。

残疾人教育应当贯彻国家的教育方针，并根据残疾人的身心特性和需要，全面提高其素质，为残疾人平等地参与社会生活创造条件。

第 3 条 残疾人教育是国家教育事业的组成部分。

发展残疾人教育事业，实行普及与提高相结合、以普及为重点的方针，保障义务教育，着重发展职业教育，积极开展学前教育，逐步发展高级中等以上教育。

残疾人教育应当提高教育质量，积极推进融合教育，根据残疾人的残疾类别和接受能力，采取普通教育方式或者特殊教育方式，优先采取普通教育方式。

第4条　县级以上人民政府应当加强对残疾人教育事业的领导，将残疾人教育纳入教育事业发展规划，统筹安排实施，合理配置资源，保障残疾人教育经费投入，改善办学条件。

第5条　国务院教育行政部门主管全国的残疾人教育工作，统筹规划、协调管理全国的残疾人教育事业；国务院其他有关部门在国务院规定的职责范围内负责有关的残疾人教育工作。

县级以上地方人民政府教育行政部门主管本行政区域内的残疾人教育工作；县级以上地方人民政府其他有关部门在各自的职责范围内负责有关的残疾人教育工作。

第6条　中国残疾人联合会及其地方组织应当积极促进和开展残疾人教育工作，协助相关部门实施残疾人教育，为残疾人接受教育提供支持和帮助。

第7条　学前教育机构、各级各类学校及其他教育机构应当依照本条例以及国家有关法律、法规的规定，实施残疾人教育；对符合法律、法规规定条件的残疾人申请入学，不得拒绝招收。

第8条　残疾人家庭应当帮助残疾人接受教育。

残疾儿童、少年的父母或者其他监护人应当尊重和保障残疾儿童、少年接受教育的权利，积极开展家庭教育，使残疾儿童、少年及时接受康复训练和教育，并协助、参与有关教育机构的教育教学活动，为残疾儿童、少年接受教育提供支持。

第9条　社会各界应当关心和支持残疾人教育事业。残疾人所在社区、相关社会组织和企事业单位，应当支持和帮助残疾人平等接受教育、融入社会。

第10条　国家对为残疾人教育事业作出突出贡献的组织和个人，按照有关规定给予表彰、奖励。

第11条　县级以上人民政府负责教育督导的机构应当将残疾人教育实施情况纳入督导范围，并可以就执行残疾人教育法律法规情况、残疾人教育教学质量以及经费管理和使用情况等实施专项督导。

第二章 义务教育

第12条 各级人民政府应当依法履行职责，保障适龄残疾儿童、少年接受义务教育的权利。

县级以上人民政府对实施义务教育的工作进行监督、指导、检查，应当包括对残疾儿童、少年实施义务教育工作的监督、指导、检查。

第13条 适龄残疾儿童、少年的父母或者其他监护人，应当依法保证其残疾子女或者被监护人入学接受并完成义务教育。

第14条 残疾儿童、少年接受义务教育的入学年龄和年限，应当与当地儿童、少年接受义务教育的入学年龄和年限相同；必要时，其入学年龄和在校年龄可以适当提高。

第15条 县级人民政府教育行政部门应当会同卫生行政部门、民政部门、残疾人联合会，根据新生儿疾病筛查和学龄前儿童残疾筛查、残疾人统计等信息，对义务教育适龄残疾儿童、少年进行入学前登记，全面掌握本行政区域内义务教育适龄残疾儿童、少年的数量和残疾情况。

第16条 县级人民政府应当根据本行政区域内残疾儿童、少年的数量、类别和分布情况，统筹规划，优先在部分普通学校中建立特殊教育资源教室，配备必要的设备和专门从事残疾人教育的教师及专业人员，指定其招收残疾儿童、少年接受义务教育；并支持其他普通学校根据需要建立特殊教育资源教室，或者安排具备相应资源、条件的学校为招收残疾学生的其他普通学校提供必要的支持。

县级人民政府应当为实施义务教育的特殊教育学校配备必要的残疾人教育教学、康复评估和康复训练等仪器设备，并加强九年一贯制义务教育特殊教育学校建设。

第17条 适龄残疾儿童、少年能够适应普通学校学习生活、接受普通教育的，依照《中华人民共和国义务教育法》的规定就近到普通学校入学接受义务教育。

适龄残疾儿童、少年能够接受普通教育，但是学习生活需要特别支持的，根据身体状况就近到县级人民政府教育行政部门在一定区域内指定的具备相应资源、条件的普通学校入学接受义务教育。

适龄残疾儿童、少年不能接受普通教育的，由县级人民政府教育行政部门统筹安排进入特殊教育学校接受义务教育。

适龄残疾儿童、少年需要专人护理，不能到学校就读的，由县级人民政府教育行政部门统筹安排，通过提供送教上门或者远程教育等方式实施义务教育，并纳入学籍管理。

第18条 在特殊教育学校学习的残疾儿童、少年，经教育、康复训练，能够接受普通教育的，学校可以建议残疾儿童、少年的父母或者其他监护人将其转入或者升入普通学校接受义务教育。

在普通学校学习的残疾儿童、少年，难以适应普通学校学习生活的，学校可以建议残疾儿童、少年的父母或者其他监护人将其转入指定的普通学校或者特殊教育学校接受义务教育。

第19条 适龄残疾儿童、少年接受教育的能力和适应学校学习生活的能力应当根据其残疾类别、残疾程度、补偿程度以及学校办学条件等因素判断。

第20条 县级人民政府教育行政部门应当会同卫生行政部门、民政部门、残疾人联合会，建立由教育、心理、康复、社会工作等方面专家组成的残疾人教育专家委员会。

残疾人教育专家委员会可以接受教育行政部门的委托，对适龄残疾儿童、少年的身体状况、接受教育的能力和适应学校学习生活的能力进行评估，提出入学、转学建议；对残疾人义务教育问题提供咨询，提出建议。

依照前款规定作出的评估结果属于残疾儿童、少年的隐私，仅可被用于对残疾儿童、少年实施教育、康复。教育行政部门、残疾人教育专家委员会、学校及其工作人员对在工作中了解的残疾儿童、少年评估结果及其他个人信息负有保密义务。

第21条　残疾儿童、少年的父母或者其他监护人与学校就入学、转学安排发生争议的，可以申请县级人民政府教育行政部门处理。

接到申请的县级人民政府教育行政部门应当委托残疾人教育专家委员会对残疾儿童、少年的身体状况、接受教育的能力和适应学校学习生活的能力进行评估并提出入学、转学建议，并根据残疾人教育专家委员会的评估结果和提出的入学、转学建议，综合考虑学校的办学条件和残疾儿童、少年及其父母或者其他监护人的意愿，对残疾儿童、少年的入学、转学安排作出决定。

第22条　招收残疾学生的普通学校应当将残疾学生合理编入班级；残疾学生较多的，可以设置专门的特殊教育班级。

招收残疾学生的普通学校应当安排专门从事残疾人教育的教师或者经验丰富的教师承担随班就读或者特殊教育班级的教育教学工作，并适当缩减班级学生数额，为残疾学生入学后的学习、生活提供便利和条件，保障残疾学生平等参与教育教学和学校组织的各项活动。

第23条　在普通学校随班就读残疾学生的义务教育，可以适用普通义务教育的课程设置方案、课程标准和教材，但是对其学习要求可以有适度弹性。

第24条　残疾儿童、少年特殊教育学校（班）应当坚持思想教育、文化教育、劳动技能教育与身心补偿相结合，并根据学生残疾状况和补偿程度，实施分类教学；必要时，应当听取残疾学生父母或者其他监护人的意见，制定符合残疾学生身心特性和需要的个别化教育计划，实施个别教学。

第 25 条　残疾儿童、少年特殊教育学校（班）的课程设置方案、课程标准和教材，应当适合残疾儿童、少年的身心特性和需要。

残疾儿童、少年特殊教育学校（班）的课程设置方案、课程标准由国务院教育行政部门制订；教材由省级以上人民政府教育行政部门按照国家有关规定审定。

第 26 条　县级人民政府教育行政部门应当加强对本行政区域内的残疾儿童、少年实施义务教育工作的指导。

县级以上地方人民政府教育行政部门应当统筹安排支持特殊教育学校建立特殊教育资源中心，在一定区域内提供特殊教育指导和支持服务。特殊教育资源中心可以受教育行政部门的委托承担以下工作：

（一）指导、评价区域内的随班就读工作；

（二）为区域内承担随班就读教育教学任务的教师提供培训；

（三）派出教师和相关专业服务人员支持随班就读，为接受送教上门和远程教育的残疾儿童、少年提供辅导和支持；

（四）为残疾学生父母或者其他监护人提供咨询；

（五）其他特殊教育相关工作。

第三章　职业教育

第 27 条　残疾人职业教育应当大力发展中等职业教育，加快发展高等职业教育，积极开展以实用技术为主的中期、短期培训，以提高就业能力为主，培养技术技能人才，并加强对残疾学生的就业指导。

第 28 条　残疾人职业教育由普通职业教育机构和特殊职业教育机构实施，以普通职业教育机构为主。

县级以上地方人民政府应当根据需要，合理设置特殊职业教育机构，改善办学条件，扩大残疾人中等职业学校招生规模。

第 29 条　普通职业学校不得拒绝招收符合国家规定的录取标准的残疾人入学，普通职业培训机构应当积极招收残疾人入学。

县级以上地方人民政府应当采取措施，鼓励和支持普通职业教育机构积极招收残疾学生。

第 30 条　实施残疾人职业教育的学校和培训机构，应当根据社会需要和残疾人的身心特性合理设置专业，并与企业合作设立实习实训基地，或者根据教学需要和条件办好实习基地。

第四章　学前教育

第 31 条　各级人民政府应当积极采取措施，逐步提高残疾幼儿接受学前教育的比例。

县级人民政府及其教育行政部门、民政部门等有关部门应当支持普通幼儿园创造条件招收残疾幼儿；支持特殊教育学校和具备办学条件的残疾儿童福利机构、残疾儿童康复机构等实施学前教育。

第 32 条　残疾幼儿的教育应当与保育、康复结合实施。

招收残疾幼儿的学前教育机构应当根据自身条件配备必要的康复设施、设备和专业康复人员，或者与其他具有康复设施、设备和专业康复人员的特殊教育机构、康复机构合作对残疾幼儿实施康复训练。

第 33 条　卫生保健机构、残疾幼儿的学前教育机构、儿童福利机构和家庭，应当注重对残疾幼儿的早期发现、早期康复和早期教育。

卫生保健机构、残疾幼儿的学前教育机构、残疾儿童康复机构应当就残疾幼儿的早期发现、早期康复和早期教育为残疾幼儿家庭提供咨询、指导。

第五章　普通高级中等以上教育及继续教育

第 34 条　普通高级中等学校、高等学校、继续教育机构应当招收符合国家规定的录取标准的残疾考生入学，不得因其残疾而拒绝招收。

第 35 条　设区的市级以上地方人民政府可以根据实际情况举办实施高级中等以上教育的特殊教育学校，支持高等学校设置特殊教育学院或者相关专业，提高残疾人的受教育水平。

第 36 条　县级以上人民政府教育行政部门以及其他有关部门、学校应当充分利用现代信息技术，以远程教育等方式为残疾人接受成人高等教育、高等教育自学考试等提供便利和帮助，根据实际情况开设适合残疾人学习的专业、课程，采取灵活开放的教学和管理模式，支持残疾人顺利完成学业。

第 37 条　残疾人所在单位应当对本单位的残疾人开展文化知识教育和技术培训。

第 38 条　扫除文盲教育应当包括对年满 15 周岁以上的未丧失学习能力的文盲、半文盲残疾人实施的扫盲教育。

第 39 条　国家、社会鼓励和帮助残疾人自学成才。

第六章　教　师

第 40 条　县级以上人民政府应当重视从事残疾人教育的教师培养、培训工作，并采取措施逐步提高他们的地位和待遇，改善他们的工作环境和条件，鼓励教师终身从事残疾人教育事业。

县级以上人民政府可以采取免费教育、学费减免、助学贷款代偿等措施，鼓励具备条件的高等学校毕业生到特殊教育学校或者其他特殊教育机构任教。

第 41 条　从事残疾人教育的教师，应当热爱残疾人教育事业，具有社会主义的人道主义精神，尊重和关爱残疾学生，并掌握残疾人教育的专业知识和技能。

第 42 条　专门从事残疾人教育工作的教师（以下称特殊教育教师）应当符合下列条件：

（一）依照《中华人民共和国教师法》的规定取得教师资格；

（二）特殊教育专业毕业或者经省、自治区、直辖市人民政府教育行政部门组织的特殊教育专业培训并考核合格。

从事听力残疾人教育的特殊教育教师应当达到国家规定的手语等级标准，从事视力残疾人教育的特殊教育教师应当达到国家规定的盲文等级标准。

第43条　省、自治区、直辖市人民政府可以根据残疾人教育发展的需求，结合当地实际为特殊教育学校和指定招收残疾学生的普通学校制定教职工编制标准。

县级以上地方人民政府教育行政部门应当会同其他有关部门，在核定的编制总额内，为特殊教育学校配备承担教学、康复等工作的特殊教育教师和相关专业人员；在指定招收残疾学生的普通学校设置特殊教育教师等专职岗位。

第44条　国务院教育行政部门和省、自治区、直辖市人民政府应当根据残疾人教育发展的需要有计划地举办特殊教育师范院校，支持普通师范院校和综合性院校设置相关院系或者专业，培养特殊教育教师。

普通师范院校和综合性院校的师范专业应当设置特殊教育课程，使学生掌握必要的特殊教育的基本知识和技能，以适应对随班就读的残疾学生的教育教学需要。

第45条　县级以上地方人民政府教育行政部门应当将特殊教育教师的培训纳入教师培训计划，以多种形式组织在职特殊教育教师进修提高专业水平；在普通教师培训中增加一定比例的特殊教育内容和相关知识，提高普通教师的特殊教育能力。

第46条　特殊教育教师和其他从事特殊教育的相关专业人员根据国家有关规定享受特殊岗位补助津贴及其他待遇；普通学校的教师承担残疾学生随班就读教学、管理工作的，应当将其承担的残疾学生教学、管理工作纳入其绩效考核内容，并作为核定工资待遇和职务评聘的重要依据。

县级以上人民政府教育行政部门、人力资源社会保障部门在职务评聘、培训进修、表彰奖励等方面，应当为特殊教育教师制定优惠政策、提供专门机会。

第七章　条件保障

第47条　省、自治区、直辖市人民政府应当根据残疾人教育的特殊情况，依据国务院有关行政主管部门的指导性标准，制定本行政区域内特殊教育学校的建设标准、经费开支标准、教学仪器设备配备标准等。

义务教育阶段普通学校招收残疾学生，县级人民政府财政部门及教育行政部门应当按照特殊教育学校生均预算内公用经费标准足额拨付费用。

第48条　各级人民政府应当按照有关规定安排残疾人教育经费，并将所需经费纳入本级政府预算。

县级以上人民政府根据需要可以设立专项补助款，用于发展残疾人教育。

地方各级人民政府用于义务教育的财政拨款和征收的教育费附加，应当有一定比例用于发展残疾儿童、少年义务教育。

地方各级人民政府可以按照有关规定将依法征收的残疾人就业保障金用于特殊教育学校开展各种残疾人职业教育。

第49条　县级以上地方人民政府应当根据残疾人教育发展的需要统筹规划、合理布局，设置特殊教育学校，并按照国家有关规定配备必要的残疾人教育教学、康复评估和康复训练等仪器设备。

特殊教育学校的设置，由教育行政部门按照国家有关规定审批。

第50条　新建、改建、扩建各级各类学校应当符合《无障碍环境建设条例》的要求。

县级以上地方人民政府及其教育行政部门应当逐步推进各级

各类学校无障碍校园环境建设。

第51条　招收残疾学生的学校对经济困难的残疾学生，应当按照国家有关规定减免学费和其他费用，并按照国家资助政策优先给予补助。

国家鼓励有条件的地方优先为经济困难的残疾学生提供免费的学前教育和高中教育，逐步实施残疾学生高中阶段免费教育。

第52条　残疾人参加国家教育考试，需要提供必要支持条件和合理便利的，可以提出申请。教育考试机构、学校应当按照国家有关规定予以提供。

第53条　国家鼓励社会力量举办特殊教育机构或者捐资助学；鼓励和支持民办学校或者其他教育机构招收残疾学生。

县级以上地方人民政府及其有关部门对民办特殊教育机构、招收残疾学生的民办学校，应当按照国家有关规定予以支持。

第54条　国家鼓励开展残疾人教育的科学研究，组织和扶持盲文、手语的研究和应用，支持特殊教育教材的编写和出版。

第55条　县级以上人民政府及其有关部门应当采取优惠政策和措施，支持研究、生产残疾人教育教学专用仪器设备、教具、学具、软件及其他辅助用品，扶持特殊教育机构兴办和发展福利企业和辅助性就业机构。

第八章　法律责任

第56条　地方各级人民政府及其有关部门违反本条例规定，未履行残疾人教育相关职责的，由上一级人民政府或者其有关部门责令限期改正；情节严重的，予以通报批评，并对直接负责的主管人员和其他直接责任人员依法给予处分。

第57条　学前教育机构、学校、其他教育机构及其工作人员违反本条例规定，有下列情形之一的，由其主管行政部门责令改正，对直接负责的主管人员和其他直接责任人员依法给予处分；构成违反治安管理行为的，由公安机关依法给予治安管理处罚；构成犯罪的，依法追究刑事责任：

（一）拒绝招收符合法律、法规规定条件的残疾学生入学的；

（二）歧视、侮辱、体罚残疾学生，或者放任对残疾学生的歧视言行，对残疾学生造成身心伤害的；

（三）未按照国家有关规定对经济困难的残疾学生减免学费或者其他费用的。

第九章　附　　则

第58条　本条例下列用语的含义：

融合教育是指将对残疾学生的教育最大程度地融入普通教育。

特殊教育资源教室是指在普通学校设置的装备有特殊教育和康复训练设施设备的专用教室。

第59条　本条例自2017年5月1日起施行。

第五十六条　知识与技能培训

国家鼓励机关、企业事业单位、社会团体以及其他社会组织，对工作人员进行无障碍服务知识与技能培训。

● 法　律

1.《老年人权益保障法》（2018年12月29日）

第47条　国家建立健全养老服务人才培养、使用、评价和激励制度，依法规范用工，促进从业人员劳动报酬合理增长，发展专职、兼职和志愿者相结合的养老服务队伍。

国家鼓励高等学校、中等职业学校和职业培训机构设置相关专业或者培训项目，培养养老服务专业人才。

第51条　国家采取措施，加强老年医学的研究和人才培养，提高老年病的预防、治疗、科研水平，促进老年病的早期发现、诊断和治疗。

国家和社会采取措施，开展各种形式的健康教育，普及老年保健知识，增强老年人自我保健意识。

2.《残疾人保障法》（2018 年 10 月 26 日）

第 17 条　各级人民政府鼓励和扶持社会力量兴办残疾人康复机构。

地方各级人民政府和有关部门，应当组织和指导城乡社区服务组织、医疗预防保健机构、残疾人组织、残疾人家庭和其他社会力量，开展社区康复工作。

残疾人教育机构、福利性单位和其他为残疾人服务的机构，应当创造条件，开展康复训练活动。

残疾人在专业人员的指导和有关工作人员、志愿工作者及亲属的帮助下，应当努力进行功能、自理能力和劳动技能的训练。

第 18 条　地方各级人民政府和有关部门应当根据需要有计划地在医疗机构设立康复医学科室，举办残疾人康复机构，开展康复医疗与训练、人员培训、技术指导、科学研究等工作。

第 19 条　医学院校和其他有关院校应当有计划地开设康复课程，设置相关专业，培养各类康复专业人才。

政府和社会采取多种形式对从事康复工作的人员进行技术培训；向残疾人、残疾人亲属、有关工作人员和志愿工作者普及康复知识，传授康复方法。

● 部门规章及文件

3.《中国银监会办公厅关于银行业金融机构加强残疾人客户金融服务工作的通知》（2012 年 5 月 8 日）

一、银行业金融机构应当充分认识到，做好残疾人客户金融服务工作，是提高银行业服务水平和质量、履行社会责任、实现自身可持续发展的重要组成部分。

二、银行业金融机构应当牢固树立公平对待金融消费者的观念，总行（总公司）应当统一建立健全为残疾人客户提供金融服务的管理制度和业务流程。在制定内部管理制度和业务流程、风险控制、提供金融产品和服务、新设营业网点等方面，应当针对残疾人客户的特殊情况和实际需求做出统筹考虑，充分尊重和保障残疾人客户公平获得银行业金融服务的合法权利。

三、银行业金融机构应当考虑残疾人客户的具体困难，为其提供更加细致和人性化的服务。有条件的营业网点应当开设残疾人客户服务通道，为其提供服务便利。

四、银行业金融机构应当在有效控制风险和确保残疾人客户人身财产安全和隐私安全的前提下，不断完善营业场所、自助机具设备、网站和服务热线等方面的无障碍设施建设和改造，更好地适应残疾人客户日常金融服务需求。

五、银行业金融机构应当为残疾人客户投诉提供必要的便利，认真研究残疾人客户对金融服务工作提出的意见和建议，高度重视和妥善处理残疾人客户的投诉，切实保障残疾人客户合法权益。

六、银行业金融机构应当积极为残疾人客户普及金融知识，提升其防范金融风险的能力，安全用好相关金融产品和服务。

七、银行业金融机构应当加强对员工的日常培训，提升员工为残疾人客户服务的意识，普及无障碍服务知识。营业网点应当配备掌握无障碍服务方法和技能的员工，满足残疾人客户办理业务的基本需要。

八、行业协会应当在银行业金融机构提高残疾人客户服务水平方面发挥积极作用，推动银行业金融机构不断优化服务流程和服务标准，保障残疾人客户合法权益，促进社会和谐和银行业可持续发展。

请各银监局将本通知转发至辖内银行业金融机构。各银监局和银行业金融机构在执行中遇有问题，请及时向银监会报告。

第五十七条　文明城市等创建活动

文明城市、文明村镇、文明单位、文明社区、文明校园等创建活动，应当将无障碍环境建设情况作为重要内容。

第六章　监　督　管　理

第五十八条　监督检查

县级以上人民政府及其有关主管部门依法对无障碍环境建设进行监督检查，根据工作需要开展联合监督检查。

第五十九条　考核评价制度

国家实施无障碍环境建设目标责任制和考核评价制度。县级以上地方人民政府根据本地区实际，制定具体考核办法。

第六十条　定期评估

县级以上地方人民政府有关主管部门定期委托第三方机构开展无障碍环境建设评估，并将评估结果向社会公布，接受社会监督。

第六十一条　信息公示制度

县级以上人民政府建立无障碍环境建设信息公示制度，定期发布无障碍坏境建设情况。

第六十二条　意见和建议

任何组织和个人有权向政府有关主管部门提出加强和改进无障碍环境建设的意见和建议，对违反本法规定的行为进行投诉、举报。县级以上人民政府有关主管部门接到涉及无障碍环境建设的投诉和举报，应当及时处理并予以答复。

残疾人联合会、老龄协会等组织根据需要，可以聘请残疾人、老年人代表以及具有相关专业知识的人员，对无障碍环境建设情况进行监督。

新闻媒体可以对无障碍环境建设情况开展舆论监督。

第六十三条　公益诉讼

对违反本法规定损害社会公共利益的行为，人民检察院可以提出检察建议或者提起公益诉讼。

● 司法解释及文件

1. 《人民检察院公益诉讼办案规则》（2021 年 6 月 29 日）

第 24 条　公益诉讼案件线索的来源包括：

（一）自然人、法人和非法人组织向人民检察院控告、举报的；

（二）人民检察院在办案中发现的；

（三）行政执法信息共享平台上发现的；

（四）国家机关、社会团体和人大代表、政协委员等转交的；

（五）新闻媒体、社会舆论等反映的；

（六）其他在履行职责中发现的。

第 25 条　人民检察院对公益诉讼案件线索实行统一登记备案管理制度。重大案件线索应当向上一级人民检察院备案。

人民检察院其他部门发现公益诉讼案件线索的，应当将有关材料及时移送负责公益诉讼检察的部门。

第 28 条　人民检察院经过评估，认为国家利益或者社会公共利益受到侵害，可能存在违法行为的，应当立案调查。

第 29 条　对于国家利益或者社会公共利益受到严重侵害，人民检察院经初步调查仍难以确定不依法履行监督管理职责的行政机关或者违法行为人的，也可以立案调查。

第 46 条　人民检察院对于符合起诉条件的公益诉讼案件，应当依法向人民法院提起诉讼。

人民检察院提起公益诉讼，应当向人民法院提交公益诉讼起诉书和相关证据材料。起诉书的主要内容包括：

（一）公益诉讼起诉人；

（二）被告的基本信息；

（三）诉讼请求及所依据的事实和理由。

公益诉讼起诉书应当自送达人民法院之日起五日内报上一级人民检察院备案。

第 75 条　经调查，人民检察院认为行政机关不依法履行职责，致使国家利益或者社会公共利益受到侵害的，应当报检察长决定向行政机关提出检察建议，并于《检察建议书》送达之日起五日内向上一级人民检察院备案。

《检察建议书》应当包括以下内容：

（一）行政机关的名称；

（二）案件来源；

（三）国家利益或者社会公共利益受到侵害的事实；

（四）认定行政机关不依法履行职责的事实和理由；

（五）提出检察建议的法律依据；

（六）建议的具体内容；

（七）行政机关整改期限；

（八）其他需要说明的事项。

《检察建议书》的建议内容应当与可能提起的行政公益诉讼请求相衔接。

2. 《人民检察院刑事诉讼规则》（2019 年 12 月 30 日）

第 330 条　人民检察院审查移送起诉的案件，应当查明：

（一）犯罪嫌疑人身份状况是否清楚，包括姓名、性别、国籍、出生年月日、职业和单位等；单位犯罪的，单位的相关情况是否清楚；

（二）犯罪事实、情节是否清楚；实施犯罪的时间、地点、手段、危害后果是否明确；

（三）认定犯罪性质和罪名的意见是否正确；有无法定的从重、从轻、减轻或者免除处罚情节及酌定从重、从轻情节；共同犯罪案件的犯罪嫌疑人在犯罪活动中的责任认定是否恰当；

（四）犯罪嫌疑人是否认罪认罚；

（五）证明犯罪事实的证据材料是否随案移送；证明相关财产系违法所得的证据材料是否随案移送；不宜移送的证据的清单、复制件、照片或者其他证明文件是否随案移送；

（六）证据是否确实、充分，是否依法收集，有无应当排除非法证据的情形；

（七）采取侦查措施包括技术侦查措施的法律手续和诉讼文书是否完备；

（八）有无遗漏罪行和其他应当追究刑事责任的人；

（九）是否属于不应当追究刑事责任的；

（十）有无附带民事诉讼；对于国家财产、集体财产遭受损失的，是否需要由人民检察院提起附带民事诉讼；对于破坏生态环境和资源保护，食品药品安全领域侵害众多消费者合法权益，侵害英雄烈士的姓名、肖像、名誉、荣誉等损害社会公共利益的行为，是否需要由人民检察院提起附带民事公益诉讼；

（十一）采取的强制措施是否适当，对于已经逮捕的犯罪嫌疑人，有无继续羁押的必要；

（十二）侦查活动是否合法；

（十三）涉案财物是否查封、扣押、冻结并妥善保管，清单是否齐备；对被害人合法财产的返还和对违禁品或者不宜长期保存的物品的处理是否妥当，移送的证明文件是否完备。

第339条　人民检察院对案件进行审查后，应当依法作出起诉或者不起诉以及是否提起附带民事诉讼、附带民事公益诉讼的决定。

第358条　人民检察院决定起诉的，应当制作起诉书。

起诉书的主要内容包括：

（一）被告人的基本情况，包括姓名、性别、出生年月日、出生地和户籍地、公民身份号码、民族、文化程度、职业、工作单位及职务、住址，是否受过刑事处分及处分的种类和时间，采取强制措施的情况等；如果是单位犯罪，应当写明犯罪单位的名称和组织机构代码、所在地址、联系方式，法定代表人和诉讼代表人的姓名、职务、联系方式；如果还有应当负刑事责任的直接负责的主管人员或其他直接责任人员，应当按上述被告人基本情况的内容叙写；

（二）案由和案件来源；

（三）案件事实，包括犯罪的时间、地点、经过、手段、动机、目的、危害后果等与定罪量刑有关的事实要素。起诉书叙述的指控犯罪事实的必备要素应当明晰、准确。被告人被控有多项犯罪事实的，应当逐一列举，对于犯罪手段相同的同一犯罪可以概括叙写；

（四）起诉的根据和理由，包括被告人触犯的刑法条款、犯罪的性质及认定的罪名、处罚条款、法定从轻、减轻或者从重处罚的情节，共同犯罪各被告人应负的罪责等；

（五）被告人认罪认罚情况，包括认罪认罚的内容、具结书签署情况等。

被告人真实姓名、住址无法查清的，可以按其绰号或者自报的姓名、住址制作起诉书，并在起诉书中注明。被告人自报的姓名可能造成损害他人名誉、败坏道德风俗等不良影响的，可以对被告人编号并按编号制作起诉书，附具被告人的照片，记明足以确定被告人面貌、体格、指纹以及其他反映被告人特征的事项。

起诉书应当附有被告人现在处所，证人、鉴定人、需要出庭的有专门知识的人的名单，需要保护的被害人、证人、鉴定人的化名名单，查封、扣押、冻结的财物及孳息的清单，附带民事诉讼、附带民事公益诉讼情况以及其他需要附注的情况。

证人、鉴定人、有专门知识的人的名单应当列明姓名、性别、年龄、职业、住址、联系方式，并注明证人、鉴定人是否出庭。

第七章　法律责任

第六十四条　违法建设、设计、施工、监理的责任

工程建设、设计、施工、监理单位未按照本法规定进行建设、设计、施工、监理的，由住房和城乡建设、民政、交通运输等相关主管部门责令限期改正；逾期未改正的，依照相关法律法规的规定进行处罚。

第六十五条　未依法维护和使用责任

违反本法规定，有下列情形之一的，由住房和城乡建设、民政、交通运输等相关主管部门责令限期改正；逾期未改正的，对单位处一万元以上三万元以下罚款，对个人处一百元以上五百元以下罚款：

（一）无障碍设施责任人不履行维护和管理职责，无法保

障无障碍设施功能正常和使用安全；

（二）设置临时无障碍设施不符合相关规定；

（三）擅自改变无障碍设施的用途或者非法占用、损坏无障碍设施。

● **行政法规及文件**

《无障碍环境建设条例》（2012 年 6 月 28 日）

第 31 条 城镇新建、改建、扩建道路、公共建筑、公共交通设施、居住建筑、居住区，不符合无障碍设施工程建设标准的，由住房和城乡建设主管部门责令改正，依法给予处罚。

| 第六十六条 | 未依法履行无障碍信息交流义务责任 |

违反本法规定，不依法履行无障碍信息交流义务的，由网信、工业和信息化、电信、广播电视、新闻出版等相关主管部门责令限期改正；逾期未改正的，予以通报批评。

| 第六十七条 | 未依法提供无障碍信息服务责任 |

电信业务经营者不依法提供无障碍信息服务的，由电信主管部门责令限期改正；逾期未改正的，处一万元以上十万元以下罚款。

| 第六十八条 | 未依法提供无障碍社会服务责任 |

负有公共服务职责的部门和单位未依法提供无障碍社会服务的，由本级人民政府或者上级主管部门责令限期改正；逾期未改正的，对直接负责的主管人员和其他直接责任人员依法给予处分。

第六十九条　未依法向有残疾的考生提供便利服务责任

考试举办者、组织者未依法向有残疾的考生提供便利服务的，由本级人民政府或者上级主管部门予以批评并责令改正；拒不改正的，对直接负责的主管人员和其他直接责任人员依法给予处分。

● **法　律**

1.《残疾人保障法》（2018 年 10 月 26 日）

第 54 条　国家采取措施，为残疾人信息交流无障碍创造条件。

各级人民政府和有关部门应当采取措施，为残疾人获取公共信息提供便利。

国家和社会研制、开发适合残疾人使用的信息交流技术和产品。

国家举办的各类升学考试、职业资格考试和任职考试，有盲人参加的，应当为盲人提供盲文试卷、电子试卷或者由专门的工作人员予以协助。

● **行政法规及文件**

2.《无障碍环境建设条例》（2012 年 6 月 28 日）

第 20 条　国家举办的升学考试、职业资格考试和任职考试，有视力残疾人参加的，应当为视力残疾人提供盲文试卷、电子试卷，或者由工作人员予以协助。

第七十条　滥用职权、玩忽职守的责任

无障碍环境建设相关主管部门、有关组织的工作人员滥用职权、玩忽职守、徇私舞弊的，依法给予处分。

● **法　律**

1.《刑法》（2020 年 12 月 26 日）

第 397 条　国家机关工作人员滥用职权或者玩忽职守，致使

无障碍环境建设法　第七章

145

公共财产、国家和人民利益遭受重大损失的，处三年以下有期徒刑或者拘役；情节特别严重的，处三年以上七年以下有期徒刑。本法另有规定的，依照规定。

国家机关工作人员徇私舞弊，犯前款罪的，处五年以下有期徒刑或者拘役；情节特别严重的，处五年以上十年以下有期徒刑。本法另有规定的，依照规定。

2. 《老年人权益保障法》（2018 年 12 月 29 日）

第 80 条　对养老机构负有管理和监督职责的部门及其工作人员滥用职权、玩忽职守、徇私舞弊的，对直接负责的主管人员和其他直接责任人员依法给予处分；构成犯罪的，依法追究刑事责任。

第七十一条　造成人身损害、财产损失的责任

违反本法规定，造成人身损害、财产损失的，依法承担民事责任；构成犯罪的，依法追究刑事责任。

● 法　律

1. 《老年人权益保障法》（2018 年 12 月 29 日）

第 74 条　不履行保护老年人合法权益职责的部门或者组织，其上级主管部门应当给予批评教育，责令改正。

国家工作人员违法失职，致使老年人合法权益受到损害的，由其所在单位或者上级机关责令改正，或者依法给予处分；构成犯罪的，依法追究刑事责任。

第 76 条　干涉老年人婚姻自由，对老年人负有赡养义务、扶养义务而拒绝赡养、扶养，虐待老年人或者对老年人实施家庭暴力的，由有关单位给予批评教育；构成违反治安管理行为的，依法给予治安管理处罚；构成犯罪的，依法追究刑事责任。

第 77 条　家庭成员盗窃、诈骗、抢夺、侵占、勒索、故意损毁老年人财物，构成违反治安管理行为的，依法给予治安管理处罚；构成犯罪的，依法追究刑事责任。

第78条　侮辱、诽谤老年人，构成违反治安管理行为的，依法给予治安管理处罚；构成犯罪的，依法追究刑事责任。

第79条　养老机构及其工作人员侵害老年人人身和财产权益，或者未按照约定提供服务的，依法承担民事责任；有关主管部门依法给予行政处罚；构成犯罪的，依法追究刑事责任。

第82条　涉及老年人的工程不符合国家规定的标准或者无障碍设施所有人、管理人未尽到维护和管理职责的，由有关主管部门责令改正；造成损害的，依法承担民事责任；对有关单位、个人依法给予行政处罚；构成犯罪的，依法追究刑事责任。

2.《残疾人保障法》（2018年10月26日）

第67条　违反本法规定，侵害残疾人的合法权益，其他法律、法规规定行政处罚的，从其规定；造成财产损失或者其他损害的，依法承担民事责任；构成犯罪的，依法追究刑事责任。

第八章　附　　则

第七十二条 ▎ 时效

本法自2023年9月1日起施行。

中华人民共和国残疾人保障法

(1990 年 12 月 28 日第七届全国人民代表大会常务委员会第十七次会议通过　2008 年 4 月 24 日第十一届全国人民代表大会常务委员会第二次会议修订　根据 2018 年 10 月 26 日第十三届全国人民代表大会常务委员会第六次会议《关于修改〈中华人民共和国野生动物保护法〉等十五部法律的决定》修正)

目　　录

第一章　总　　则

第一条　立法目的和依据

为了维护残疾人的合法权益，发展残疾人事业，保障残疾人平等地充分参与社会生活，共享社会物质文化成果，根据宪法，制定本法。

● 法　律

《老年人权益保障法》（2018 年 12 月 29 日）

　　第 1 条　为了保障老年人合法权益，发展老龄事业，弘扬中华民族敬老、养老、助老的美德，根据宪法，制定本法。

第二条　概念、类别和标准

　　残疾人是指在心理、生理、人体结构上，某种组织、功能丧失或者不正常，全部或者部分丧失以正常方式从事某种活动能力的人。

　　残疾人包括视力残疾、听力残疾、言语残疾、肢体残疾、智力残疾、精神残疾、多重残疾和其他残疾的人。

　　残疾标准由国务院规定。

第三条　权益保护

　　残疾人在政治、经济、文化、社会和家庭生活等方面享有同其他公民平等的权利。

　　残疾人的公民权利和人格尊严受法律保护。

　　禁止基于残疾的歧视。禁止侮辱、侵害残疾人。禁止通过大众传播媒介或者其他方式贬低损害残疾人人格。

● 宪　法

1.《宪法》（2018 年 3 月 11 日）

　　第 38 条　中华人民共和国公民的人格尊严不受侵犯。禁止用任何方法对公民进行侮辱、诽谤和诬告陷害。

● 法　律

2.《个人信息保护法》（2021 年 8 月 20 日）

　　第 28 条　敏感个人信息是一旦泄露或者非法使用，容易导致自然人的人格尊严受到侵害或者人身、财产安全受到危害的个人信息，包括生物识别、宗教信仰、特定身份、医疗健康、金融账户、行踪轨迹等信息，以及不满十四周岁未成年人的个人信息。

只有在具有特定的目的和充分的必要性，并采取严格保护措施的情形下，个人信息处理者方可处理敏感个人信息。

3.《刑法》（2020年12月26日）

第246条　以暴力或者其他方法公然侮辱他人或者捏造事实诽谤他人，情节严重的，处三年以下有期徒刑、拘役、管制或者剥夺政治权利。

前款罪，告诉的才处理，但是严重危害社会秩序和国家利益的除外。

通过信息网络实施第一款规定的行为，被害人向人民法院告诉，但提供证据确有困难的，人民法院可以要求公安机关提供协助。

● 案例指引

1. 刘某某诉某景观工程公司、李某某姓名权纠纷案①

如《残疾人权利公约》序言第十三款所指出的，残疾人对其社区的全面福祉和多样性作出了宝贵贡献。残疾人作为特殊困难的群体，更需要给予特别的保护。保护残疾人合法权益是整个社会的义务和责任，也是社会文明进步的重要标志。随着个人信息领域的立法完善，社会普遍提高了对个人信息的保护力度。残疾人作为社会公众中的一员，其姓名作为个人信息的重要组成部分，是个体区分的主要标志，承载着经济意义和社会意义。侵犯残疾人个人信息的行为应当承担相应的法律责任。本案判决较好地保护了残疾人的人格权益，向社会彰显残疾人权益应当得到全方位保障的价值理念。

---

① 《最高人民法院、中国残疾人联合会残疾人权益保护十大典型案例》，载最高人民法院网站，https://www.court.gov.cn/zixun/xiangqing/334501.html，2023年6月30日访问。

2. 宋某某诉某银行人格权纠纷案①

《中华人民共和国残疾人保障法》第三条第二款规定："残疾人的公民权利和人格尊严受法律保护。"残疾人在社会适应力、心理承受力方面弱于普通人，更加需要社会的理解与关怀。保障残疾人的人格尊严，需要全社会的共同参与。在民事活动中，更应弘扬社会主义核心价值观，充分关心、理解、尊重残疾人，消除偏见和歧视。尤其是社会服务行业，在工作环境设置和办理业务过程中应为残疾人充分提供便利。该案在残疾人参加社会活动受到歧视时给予充分保护，切实保障残疾人合法权益，判决结果在当地产生了积极影响，充分彰显了司法的公正性，凸显了新时代司法为民主题，有力弘扬了社会主义核心价值观。

第四条　特别扶助

国家采取辅助方法和扶持措施，对残疾人给予特别扶助，减轻或者消除残疾影响和外界障碍，保障残疾人权利的实现。

● 行政法规及文件

《"十四五"残疾人保障和发展规划》（2021 年 7 月 8 日）

二、总体要求

（一）指导思想。

高举中国特色社会主义伟大旗帜，深入贯彻党的十九大和十九届二中、三中、四中、五中全会精神，坚持以习近平新时代中国特色社会主义思想为指导，贯彻落实习近平总书记关于残疾人事业的重要指示批示精神和党中央、国务院决策部署，立足新发展阶段、贯彻新发展理念、构建新发展格局，坚持弱有所扶，以

---

① 《最高人民法院、中国残疾人联合会残疾人权益保护十大典型案例》，载最高人民法院网站，https://www.court.gov.cn/zixun/xiangqing/334501.html，2023 年 6 月 30 日访问。

推动残疾人事业高质量发展为主题，以巩固拓展残疾人脱贫攻坚成果、促进残疾人全面发展和共同富裕为主线，保障残疾人平等权利，增进残疾人民生福祉，增强残疾人自我发展能力，推动残疾人事业向着现代化迈进，不断满足残疾人美好生活需要。

（二）基本原则。

坚持党的全面领导。健全党委领导、政府负责的残疾人工作领导体制，为残疾人保障和发展提供坚强的政治保障、组织保障。

坚持以人民为中心。坚持对残疾人格外关心、格外关注，解决好残疾人最关心、最直接、最现实的利益问题。激发残疾人的积极性、主动性、创造性，不断增强残疾人的获得感、幸福感、安全感。

坚持保基本、兜底线。着力完善残疾人社会福利制度和关爱服务体系，织密扎牢残疾人民生保障安全网，堵漏洞、补短板、强弱项，改善残疾人生活品质，促进残疾人共享经济社会发展成果。

坚持固根基、提质量。深化残疾人服务供给侧改革，强化残疾人事业人才培养、科技应用、信息化、智能化等基础保障条件，推动残疾人事业高质量发展，满足残疾人多层次、多样化的发展需要。

坚持统筹协调、形成合力。发挥政府主导作用和社会力量、市场主体协同作用，发挥地方优势和基层首创精神，集成政策、整合资源、优化服务，促进残疾人事业与经济社会协调发展，推动城乡、区域残疾人事业均衡发展。

（三）主要目标。

到2025年，残疾人脱贫攻坚成果巩固拓展，生活品质得到新改善，民生福祉达到新水平。多层次的残疾人社会保障制度基本建立，残疾人基本民生得到稳定保障，重度残疾人得到更好照护。多形式的残疾人就业支持体系基本形成，残疾人实现较为充分较高质量的就业。均等化的残疾人基本公共服务体系更加完备，残疾人思想道德素养、科学文化素质和身心健康水平明显提高。无障碍环境持续优化，残疾人在政治、经济、文化、社会、家庭生活等各方面平等权利得到更好实现。残疾人事业基础保障条件明显改善，质量效益不断提升。

到 2035 年，残疾人事业与经济社会协调发展，与国家基本实现现代化目标相适应。残疾人物质生活更为宽裕，精神生活更为丰富，与社会平均水平的差距显著缩小。平等包容的社会氛围更加浓厚，残疾人充分享有平等参与、公平发展的权利，残疾人的全面发展和共同富裕取得更为明显的实质性进展。

专栏 1　"十四五"残疾人保障和发展主要指标				
类别	指　标	2020 年	2025 年	属性
收入和就业	1. 残疾人家庭人均收入年均增长（%）	——	与国内生产总值增长基本同步	预期性
	2. 城乡残疾人职业技能培训人数（人）	——	200 万	预期性
社会保障和基本公共服务	3. 符合条件的残疾人纳入最低生活保障比例（%）	100	100	约束性
	4. 困难残疾人生活补贴覆盖率（%）	100	100	约束性
	5. 重度残疾人护理补贴覆盖率（%）	100	100	约束性
	6. 残疾人城乡居民基本养老保险参保率（%）	90	>90	预期性
	7. 残疾人城乡居民基本医疗保险参保率（%）	>95	>95	预期性

社会保障和基本公共服务	8. 残疾儿童少年义务教育入学率（%）	95	97	预期性
	9. 残疾人基本康复服务覆盖率（%）	>80	85	约束性
	10. 残疾人辅助器具适配率（%）	>80	85	约束性
	11. 困难重度残疾人家庭无障碍改造数（户）	——	110万	约束性

三、重点任务

（一）完善残疾人社会保障制度，为残疾人提供更加稳定更高水平的民生保障。

1. 巩固拓展残疾人脱贫攻坚成果。健全易返贫致贫人口动态监测预警和帮扶机制，将符合条件的残疾人及时纳入易返贫致贫监测范围，对易返贫致贫残疾人及时给予有效帮扶。对脱贫人口中完全丧失劳动能力或部分丧失劳动能力且无法通过产业就业获得稳定收入的残疾人，按规定纳入农村低保或特困人员救助供养范围，做到应保尽保、应兜尽兜。做好易地搬迁残疾人后续帮扶工作。按照巩固拓展脱贫攻坚成果同乡村振兴有效衔接要求，持续做好农村低收入残疾人家庭帮扶工作。继续把残疾人帮扶作为东西部协作工作重要内容，持续动员社会力量参与残疾人帮扶。依法保障农村残疾人的土地承包经营权、宅基地使用权、集体收益分配权等权益。在深化农村集体产权制度改革中帮助残疾人共享集体经济发展成果。扶持农村残疾人参与乡村富民产业，分享产业链增值收益。充分发挥基层党组织在扶残助残中的重要作用，组织协调各方面资源力量加强对残疾人的关心关爱。

2. 强化残疾人社会救助保障。为符合条件的残疾人和残疾人家庭提供特困人员救助供养或最低生活保障。加强对生活无着流浪乞讨残疾人的救助安置和寻亲服务。做好对符合条件残疾人的医疗救助，强化医疗救助与基本医疗保险、大病保险的互补衔接，减轻困难残疾人医疗费用负担。加强临时救助，在重大疫情等突发公共事件中做好对困难残疾人的急难救助。

3. 加快发展残疾人托养和照护服务。积极发展服务类社会救助，推动开展残疾人长期照护服务。着力增强县级特困人员救助供养服务机构对残疾人特困对象的照护服务能力。鼓励通过政府购买服务对社会救助家庭中生活不能自理的残疾人提供必要的访视、照护服务。落实托养服务机构扶持政策，继续实施"阳光家园计划"，为就业年龄段（16—59周岁）智力、精神和重度肢体残疾人等提供托养服务，支持中西部地区残疾人托养服务发展。研究探索老年人能力评估标准、长期护理保险失能等级评估标准等与国家残疾人残疾分类和分级标准的衔接，支持养老服务机构完善服务功能，接收符合条件的盲人、聋人等老年残疾人。研究制定低收入重度残疾人照护服务指导意见，为符合条件的重度残疾人提供集中照护、日间照料、居家服务、邻里互助等多种形式的社会化照护服务。

4. 提高残疾人保险覆盖率和待遇水平。落实地方政府为重度残疾人代缴城乡居民基本养老保险费、资助符合条件的残疾人参加城乡居民基本医疗保险、对残疾人个体工商户和安置残疾人就业单位社会保险进行补贴等政策，帮助残疾人按规定参加基本养老和基本医疗保险，实现应保尽保。研究制定职工基本养老保险参保人员病残津贴政策。落实好29项符合条件的残疾人医疗康复项目纳入基本医保支付范围的政策，按规定做好重性精神病药物维持治疗参保患者门诊保障工作。支持就业残疾人依法参加失业保险，享受失业保险待遇。推进用人单位依法参加工伤保险，按规定支付工伤保险待遇，加强工伤预防和工伤职工康复工作。开展长期护理保险试点的地区，按规定将符合条件的残疾人纳入保障范围。鼓励残疾人参加意外伤害、补充养老等商业保险。鼓励商业保险机构开发残疾人商业保险产品、财产信托等服务。

5. 完善残疾人社会福利制度和社会优待政策。全面落实困难残疾人生活补贴和重度残疾人护理补贴制度，普遍建立补贴标准动态调整机制，有条件的地方可按规定扩大对象范围。有条件的地方可以对城乡困难残疾人、重度残疾人基本型辅助器具适配给予补贴，为残疾人携带辅助器具、导盲犬等乘坐公共交通工具、出入公共场所和进出境提供便利。落实低收入残疾人家庭生活用水、电、气、暖优惠补贴政策和电信业务资费优惠政策。落实残疾人机动轮椅车燃油补贴政策，落实残疾人乘坐市内公共汽车电车、城市轨道交通等优待政策，鼓励铁路、民航等为残疾人提供优惠便利。完善残疾人驾驶机动车政策。加强残疾孤儿、事实无人抚养残疾儿童医疗、康复、教育等服务，合理确定包括残疾孤儿、事实无人抚养残疾儿童在内的孤儿、事实无人抚养儿童等基本生活费标准，提升儿童福利机构安全管理水平和服务质量。加快建设精神卫生福利服务体系，为特殊困难精神残疾人提供康复、照护等服务。逐步实现在内地长期居住的港澳台地区残疾人享有居住地普惠性社会保障和公共服务。

6. 保障残疾人基本住房安全便利。优先解决低收入残疾人家庭住房安全问题。持续支持符合条件的农村低收入残疾人家庭实施危房改造，对符合条件的城镇残疾人家庭优先配租公租房，不断改善残疾人居住条件。城镇保障性住房建设、农村危房改造统筹考虑无障碍设施设备建设安装。

7. 落实残疾军人和伤残民警抚恤优待政策。构建科学化残疾评鉴、制度化退役安置、规范化收治休养、标准化待遇保障的伤病残军人安置管理和服务优待体系，合理确定残疾军人抚恤金标准，妥善解决伤病残军人生活待遇、子女入学等现实困难。修订《军人抚恤优待条例》、《人民警察抚恤优待办法》，加强相关抚恤优待工作，协调推动国家综合性消防救援队伍人员伤残优待政策落实落地。促进残疾军人、伤残民警残疾评定标准与国家残疾人残疾分类和分级标准合理衔接，保证残疾军人、伤残民警优先享受扶残助残政策待遇、普惠性社会保障和公共服务。

8. 加强重大疫情等突发公共事件中对残疾人的保护。推动公共卫生立法和突发公共事件应急预案保障残疾人等重点人群。制定重大疫情、自然灾害、安全事故等突发公共事件中残疾人社会支持和防护保护指南，研发适用于残疾人的专业救援技术和设备。加强残疾人集中场所和残疾人服务机构安全保障、应急服务、消防安全能力建设。村（社区）可以通过结对帮扶等方式，动员村（居）民协助残疾人更好应对突发灾害事故、及时疏散逃生。开展残疾人应急科普宣传，引导残疾人增强自救互救能力。

专栏 2　残疾人社会保障重点项目

一、资金类

1. 最低生活保障。将符合条件的残疾人家庭全部纳入最低生活保障范围，低保边缘家庭的重度残疾人经本人申请参照单人户纳入低保范围。对纳入低保范围后生活仍有困难的残疾人和残疾人家庭，采取必要措施给予生活保障。

2. 困难残疾人生活补贴和重度残疾人护理补贴。完善困难残疾人生活补贴和重度残疾人护理补贴标准动态调整机制，补贴标准根据经济社会发展水平和残疾人生活保障需求、长期照护需求以及财政承受能力统筹确定，逐步完善补贴办法。推动两项补贴资格认定申请"跨省通办"，构建主动发现、精准发放、动态监管的智慧管理服务机制。

3. 残疾人基本型辅助器具适配资助。通过政府补贴等方式，对符合条件的残疾人适配辅助器具给予支持。

---

4. 残疾人电信业务资费优惠。合理降低残疾人使用移动电话、宽带网络等服务费用，减免残疾人使用助残公益类移动互联网应用程序（APP）流量资费。

5. 残疾评定补贴。为符合条件的低收入和重度残疾人残疾评定提供补贴和便利服务。

二、服务类

1. 困难残疾人走访探视服务。村（居）委会和残疾人协会对困难残疾人开展经常性走访探视，发现问题及时报告，协助予以解决。

2. 低收入重度残疾人照护服务。低收入重度残疾人数量和服务需求较多的乡镇（街道）可建立集中照护服务机构；有条件的村（社区）依托公共服务设施，为符合条件的重度残疾人提供集中照护、日间照料、居家服务、邻里互助等多种形式的社会化照护服务。

3. 就业年龄段残疾人托养服务。乡镇（街道）根据需要建立残疾人托养服务机构，或依托党群服务中心、社区服务中心、社会福利机构、社会组织、企业等为就业年龄段智力、精神和重度肢体残疾人等提供生活照料和护理、生活自理能力训练、社会适应能力训练、运动能力训练、职业康复与劳动技能训练、辅助性就业等服务。政府投资建设的市、县级残疾人托养服务机构要发挥示范作用。

4. 残疾人社会工作和家庭支持服务。开展残疾人社会工作服务，为残疾人建立社会支持网络，让更多残疾人有"微信群"、"朋友圈"。为残疾人家庭提供临时照护"喘息服务"、心理辅导和康复、教育等专业指导。逐步在残疾人服务机构中设置社会工作岗位。

5. 重大疫情等突发公共事件中困难残疾人急难救助。对因疫情防控在家隔离的残疾人，落实包保联系人，加强走访探视，及时提供必要帮助。因突发事件等紧急情况，监护人暂时无法履行监护职责、被监护人处于无人照料状态的，被监护人住所地的村（居）委会或者相关部门应当及时为被监护人提供必要的临时生活照护。

（二）帮扶城乡残疾人就业创业，帮助残疾人通过生产劳动过上更好更有尊严的生活。

1. 完善残疾人就业法规政策。修订实施《残疾人就业条例》。落实残疾人就业支持政策，保障残疾人就业培训、就业服务、补贴奖励等相关资金投入。完善残疾人按比例就业制度，制定党政机关、事业单位、国有企业带头安置残疾人就业办法，合理认定按比例安排残疾人就业形式。加强残疾人就业促进政策与社会保障政策的衔接，纳入低保范围的已就业残疾人可按规定在核算其家庭收入时扣减必要的就业成本，并在其家庭成员人均收入超过当地低保标准后给予一定时间的渐退期。按照国家有关规定，对残疾人就业先进个人和用人单位予以表彰。

2. 多渠道、多形式促进残疾人就业创业。开展残疾人就业促进专项行动。对正式招录（聘）残疾人的用人单位按规定给予岗位补贴、社会保险补贴、职业培训补贴、设施设备购置改造补贴、职业技能鉴定补贴等扶持，对超比例安排残疾人就业的用人单位给予奖励。规范残疾人按比例就业年审并实现全国联网认证。落实残疾人集中就业单位税费优惠、政府优先采购等扶持政策，稳定残疾人集中就业。支持非营利性残疾人集中就业机构持续发展。在经营场地、设施设备、社会保险补贴、金融信贷等方面扶持残疾人自主创业、灵活就业，鼓励残疾人通过新就业形态实现就业。加大对"阳光家园"、"残疾人之家"等辅助性就业机构的支持保障力度，组织智力、精神和重度肢体残疾人等就业更为困难的残疾人就近就便参加生产劳动、进行职业康复、实现社会融合。统筹现有公益性岗位，安排符合条件的残疾人就业。修订《盲人医疗按摩管理办法》，推动省级盲人按摩医院建设，制定盲人保健按摩有关标准，扶持和规范盲人按摩行业发展。拓宽残疾人特别是盲人在文化艺术、心理卫生和互联网服务等领域就业渠道。为残疾人特别是聋人参加职业技能培训、就业创业提供无障碍支持服务。支持手工制作等残疾妇女就业创业项目，鼓励残疾人参与文化产业。扶持残疾人亲属就业创业，实现零就业残疾人家庭至少有一人就业。

专栏3 残疾人就业补贴奖励重点项目

一、补贴类

1. 残疾人自主就业创业补贴。对自主创业、灵活就业的残疾人，按规定给予经营场所租赁补贴、社会保险补贴、职业培训和创业培训补贴、设施设备购置补贴、网络资费补助、一次性创业补贴；对求职创业的应届高校残疾人毕业生给予补贴。

2. 残疾学生见习补贴。对符合条件的残疾学生在见习期间给予一定标准的补贴。

3. 招录（聘）残疾人的用人单位补贴。对正式招录（聘）残疾人的用人单位，按规定给予岗位补贴、社会保险补贴、职业培训补贴、设施设备购置改造补贴、职业技能鉴定补贴；对安排残疾人见习的用人单位给予一次性补贴。

4. 辅助性就业机构补贴。对残疾人辅助性就业机构给予一次性建设、场地租金、机构运行、无障碍环境改造、生产设备和辅助器具购置等补贴。

5. 通过公益性岗位安排残疾人就业的用人单位补贴。对通过公益性岗位安排残疾人就业并缴纳社会保险费的用人单位给予社会保险补贴。

二、奖励类

1. 超比例安排残疾人就业奖励。对超比例安排残疾人就业的用人单位给予奖励。

2. 残疾人就业服务奖励。充分发挥残疾人就业服务中心、公共就业服务机构、劳务派遣公司、经营性人力资源服务机构在残疾人就业供需对接方面的作用，对推荐残疾人稳定就业一年以上的单位，按就业人数给予奖励。

---

3. 提升残疾人职业素质和就业创业能力。制定实施《残疾人职业技能提升计划（2021—2025年）》，帮助有就业愿望和培训

需求的残疾人普遍得到相应的职业素质培训、就业技能培训、岗位技能培训和创业培训。继续开展农村残疾人实用技术培训。支持符合条件的残疾人技能大师建立工作室。开发线上线下相结合的残疾人职业技能培训优质课程资源。完善残疾人职业技能培训保障和管理制度。研究制定残疾人职业技能培训补贴标准。开发适合残疾人就业或为残疾人服务的新职业。举办第七届全国残疾人职业技能竞赛暨第四届全国残疾人展能节、全国残疾人岗位精英职业技能竞赛等残疾人职业技能竞赛，组团参加国际残疾人职业技能竞赛。

4. 改进残疾人就业服务。健全残疾人就业服务体系，充分发挥残疾人就业服务机构和各类公共就业服务平台、人力资源服务机构、社会组织作用，为残疾人和用人单位提供全链条、专业化、精准化服务。建立残疾人就业辅导员制度，扩大就业辅导员队伍。为高校残疾人毕业生建立就业帮扶工作台账，按照"一人一档"、"一人一策"要求重点帮扶。将符合条件的就业困难残疾人纳入就业援助范围，持续开展"就业援助月"等专项就业服务活动。加强各级残疾人就业服务机构规范化建设，明确保障条件、专业人员配备等要求。通过政府购买服务等方式开展残疾人就业服务，拓宽服务渠道，提高服务质量。举办残疾人职业人才交流、残疾人就业产品市场营销、残疾人就业创业成果展示等活动。

5. 维护残疾人就业权益。合理确定残疾人取得职业资格和公务员、事业单位人员等入职的体检条件，对于具有正常履行职责的身体条件和心理素质的残疾人，应依法保障其平等就业权益。用人单位应当为残疾职工提供适合其身心特点的劳动条件、劳动保护、无障碍环境及合理便利，在晋职、晋级、职称评定、社会保险、生活福利等方面给予其平等待遇。加强残疾人就业劳动监察，坚决防范和打击侵害残疾人就业权益的行为。

专栏4 残疾人就业服务重点项目

1. 党政机关、事业单位按比例安排残疾人就业项目。编制50人以上（含50人）的省级、地市级党政机关，编制67人以上（含67人）的事业单位（中小学、幼儿园除外），安排残疾人就业未达到规定比例的，2025年前至少安排1名残疾人。县级及以上残联机关干部队伍中要有15%以上（含15%）的残疾人。

2. 农村残疾人就业帮扶基地建设项目。依托农村创业创新孵化实训基地和家庭农场、农民合作社、农业社会化服务组织等新型农业经营主体，扶持一批辐射带动能力强、经营管理规范、具有一定规模的残疾人就业帮扶基地，带动残疾人稳定就业、生产增收。

3. 残疾人职业技能培训和创业孵化基地建设项目。依托企业、职业院校、社会培训机构等，建设一批残疾人职业技能培训和创业孵化基地，打造残疾人职业技能培训、实习见习和就业创业示范服务平台。

4. 盲人按摩提升项目。大力推进盲人医疗按摩人员在医院、社区卫生服务机构等就业执业，完善职称评定有关规定。促进盲人保健按摩行业规范化、标准化、专业化、品牌化发展。

5. 残疾人新就业形态扶持项目。鼓励互联网平台企业、中介服务机构等帮助残疾人参与网络零售、云客服、直播带货、物流快递、小店经济等新就业形态。

6. 残疾人辅助性就业项目。加强残疾人辅助性就业机构能力建设，鼓励引导市场主体和社会力量提供辅助性就业服务，提升残疾人就业水平和质量。

7. 残疾人公益性岗位项目。地方设立的乡村保洁员、水管员、护路员、生态护林员、社会救助协理员、农家书屋管理员、社区服务人员等公益性岗位优先安排残疾人。

（三）健全残疾人关爱服务体系，提升残疾人康复、教育、文化、体育等公共服务质量。

1. 加强残疾人健康服务。全面推进残疾人家庭医生签约服务，支持保障签约医生为残疾人提供基本医疗、公共卫生和健康管理等个性化服务。加强和改善残疾人医疗服务，为残疾人提供就医便利，维护残疾人平等就医权利。加强残疾人心理健康服务。关注残疾妇女健康，开展生殖健康服务。将残疾人健康状况、卫生服务需求与利用等纳入国家卫生服务调查，加强残疾人健康状况评估。

2. 提升残疾人康复服务质量。完善残疾人基本康复服务目录，继续实施精准康复服务行动，提升康复服务质量，满足残疾人基本康复服务需求。落实残疾儿童康复救助制度，合理确定康复救助标准，增加康复服务供给，确保残疾儿童得到及时有效的康复服务。加强精神卫生综合管理服务，广泛开展精神障碍社区康复。健全综合医院康复医学科、康复医院（康复医疗中心）、基层医疗卫生机构三级康复医疗服务体系。加强残疾人康复机构建设，完善全面康复业务布局，充实职业康复、社会康复、心理康复等功能。支持儿童福利机构增加和完善康复功能，配备相应的康复设备和专业技术人员，与医疗机构加强合作，提高康复医疗服务能力。加强社区康复，推广残疾人自助、互助康复，促进康复服务市场化发展。建成高起点、高水平、国际化的康复大学，加快培养高素质、专业化康复人才。完善康复人才职称评定办法。加强康复学科建设和科学技术研究，发挥中医药在康复中的独特优势，推动康复服务高质量发展。

3. 加快发展康复辅助器具服务。开展康复辅助器具产业国家综合创新试点。推广安全适用的基本型康复辅助器具，加快康复辅助器具创新产品研发生产，增强优质康复辅助器具供给能力，推动康复辅助器具服务提质升级。鼓励实施公益性康复辅助器具适配项目。完善康复辅助器具适配服务网络，加强各级康复辅助器具适配服务机构建设，支持社会力量及医疗、康复、养老机构和残疾人教育、就业、托养机构开展康复辅助器具适配服务。推广社区康复辅助器具租赁、回收、维修等服务。完善康复辅助具标准体系，充分发挥标准对康复辅助器具产业的支持和引领作用。加强康复辅助器具产品质量检验认证。搭建产业促进和信息交流平台，继续办好中国国际福祉博览会等展示交流活动。

4. 强化残疾预防。制定实施残疾预防行动计划，结合残疾预防日、预防出生缺陷日、爱眼日、爱耳日、全国防灾减灾日等节点，广泛开展残疾预防宣传教育，形成全人群、全生命周期的残疾预防意识。加强出生缺陷综合防治，构建覆盖城乡居民，涵盖婚前、孕前、孕期、新生儿期和儿童期各阶段的出生缺陷防治体系，继续针对先天性结构畸形等疾病实施干预救助项目，预防和减少出生缺陷、发育障碍致残。大力推进0—6岁儿童残疾筛查，建立筛查、诊断、康复救助衔接机制。加强省、市、县三级妇幼保健机构能力建设，夯实县、乡、村儿童保健服务网络，不断提升儿童致残性疾病早发现、早诊断、早干预、早康复能力和效果。实施慢性病预防干预措施，开展重大慢性病早诊早治，减少慢性病致残。开展社会心理服务和社区心理干预，预防和减少精神残疾发生。开展防盲治盲、防聋治聋工作，加强对麻风病等传染病和碘缺乏病、大骨节病等地方病的防控。加强安全生产、消防安全和交通安全管理，加强道路交通安全执法和安全防护设施建设，加快公共场所急救设备配备，提高自然灾害和火灾现场应急处置能力、突发事件紧急医学救援能力和院前急救能力，防止老年人跌倒、儿童意外伤害致残，减少因灾害、事故、职业伤害等致残。

专栏5　残疾人健康和康复服务重点项目

1. 残疾人精准康复服务行动。开展残疾人康复需求调查评估，为残疾人普遍提供基本康复服务，为家庭照护者提供居家康复、照护技能培训和支持服务。针对特困残疾人和残疾孤儿实施"福康工程"、孤儿医疗康复明天计划等康复服务项目。

2. 残疾儿童康复救助项目。为符合条件的残疾儿童提供手术、辅助器具适配、康复训练等服务。有条件的地区，可扩大残疾儿童康复救助年龄范围，也可放宽对救助对象家庭经济条件的限制，合理确定救助标准，提高康复质量。

3. 精神卫生综合管理服务。开展严重精神障碍患者日常发现、登记报告、随访管理、服药指导、社区康复、心理支持和疏导等服务，为家庭照护者提供技能培训、心理支持和疏导等服务。健全精神障碍社区康复服务体系，实现80%以上县（市、区、旗）开展精神障碍社区康复服务。

4. 残疾人互助康复项目。推广脊髓损伤者"希望之家"、中途失明者"光明之家"、精神障碍患者家属专家交流互助等残疾人互助康复项目。

5. 康复辅助器具产业培育项目。鼓励康复辅助器具企业转型升级和并购重组，做大做强龙头企业，带动产业发展。

6. 康复专业人才培养项目。加强康复医疗人才队伍建设，开展残疾人康复专业技术人员规范化培训。将康复专业纳入全科医生、家庭医生、村医等培养培训内容。

7. 康复大学建设项目。建成高起点、高水平、国际化的康复大学，加强学科建设，加快培养高素质康复人才，推动现代康复医学基础研究。

5. 健全残疾人教育体系。坚持立德树人，促进残疾儿童少年德智体美劳全面发展。制定实施《第三期特殊教育提升计划（2021—2025年）》。巩固提高残疾儿童少年义务教育水平，加快发展非义务教育阶段特殊教育。健全普通学校随班就读支持保障体系，发挥残疾人教育专家委员会作用，实现适龄残疾儿童少年"一人一案"科学教育安置。着力发展以职业教育为重点的残疾人高中阶段教育，使完成义务教育且有意愿的残疾青少年都能接受适宜的中等职业教育。稳步推进残疾人高等教育，支持有条件的高校面向残疾考生开展单考单招，为残疾人接受高等教育提供支持服务。开展残疾人融合教育示范区、示范校和优秀教育教学案例遴选。支持高校开展残疾人融合教育。落实从学前到研究生教育全覆盖的学生资助政策，对家庭经济困难的残疾学生（幼儿）予以资助。为残疾学生提供辅助器具、特殊学习用品、康复训练和无障碍等支持服务，为残疾学生参加国家教育考试和部分职业考试提供合理便利。

6. 完善特殊教育保障机制。发挥高校等机构特殊教育专业优势，建设国家和省级特殊教育资源中心（基地）。各省（自治区、直辖市）根据残疾学生规模、类型、分布等情况，因地制宜合理配置特殊教育资源。支持符合条件的儿童福利机构单独设立特教班、特教幼儿园、特教学校开展特殊教育。继续改善特殊教育学校办学条件，加强特殊教育学校规范化建设，推行新课标新教材，改革教学教研，建立学校、家庭、社会协同育人机制。加强特殊教育师资队伍建设，创新培养方式，按国家有关规定开展表彰奖励，提升教书育人能力素质。加强特殊教育督导和质量监测评估。制定实施《第二期国家手语和盲文规范化行动计划（2021—2025 年）》，加快推广国家通用手语和国家通用盲文。

专栏 6　残疾人教育重点项目

1. 残疾儿童少年义务教育巩固提高项目。县（市、区、旗）规范设立残疾人教育专家委员会，对适龄残疾儿童少年入学需求进行排查和评估，给予科学教育安置。推动各地规范送教上门工作。

2. 残疾幼儿学前康复教育发展项目。鼓励普通幼儿园招收具有接受普通教育能力的残疾幼儿，支持特殊教育学校、残疾儿童康复机构、儿童福利机构开展学前康复教育，有条件的地方建立残疾儿童学前康复教育机构，加强公办残疾儿童学前康复教育机构建设，支持视力、听力、智力残疾儿童和孤独症儿童接受学前康复教育。

3. 残疾人职业教育提升项目。支持普通职业院校招收具有接受普通教育能力的残疾学生。支持特殊教育学校与普通职业院校联合开展残疾人职业教育。鼓励各省（自治区、直辖市）至少办好一所面向全省（自治区、直辖市）招生的残疾人中等职业学校。支持中高等职业学校（含特教学校中职部）加强实训基地建设，为残疾学生实习实训提供保障和便利。

---

4. 融合教育推广项目。鼓励普通学校招收具有接受普通教育能力的残疾儿童少年，同等条件下在招生片区内优先安排残疾儿童少年就近就便入学。设置随班就读区域资源中心或资源教室，配备必要的教育教学、康复训练设施设备和专业人员。

5. 特殊教育师资培养项目。师范类院校和综合性院校的师范专业开设特殊教育课程。加强评估，提高师范类院校特殊教育专业质量和水平。实施特殊教育学校校长、特殊教育骨干教师和融合教育骨干教师培训项目。改进培养模式，加大中西部地区特殊教育教师定向培养力度。鼓励高校面向一线教师开展特殊教育专业硕士研究生教育。支持高校残疾人毕业生从事特殊教育。

6. 手语盲文推广项目。丰富国家通用手语，加强手语翻译认证审核和注册管理，开展面向公共服务行业的国家通用手语推广。加强国家手语和盲文研究中心建设，依托华夏出版社和中国盲文出版社建设国家通用手语数字推广中心、国家通用盲文研究和推广中心。加强手语盲文研究推广人才培养。推动盲文数字化出版。推进国家通用手语、国家通用盲文在特殊教育教材中的应用。

7. 提升残疾人公共文化服务。鼓励残疾人参加"书香中国·阅读有我"等公共文化活动，持续开展"残疾人文化周"、"共享芬芳·共铸美好"等残疾人群众性文化艺术活动，推动基层创建一批残健融合文化服务示范中心（站、点），不断满足残疾人文化需求、增强残疾人精神力量。加强中西部和农村地区重度残疾人文化服务，为盲人、聋人提供无障碍文化服务。鼓励电视台、广播电台、网络视听媒体和融媒体中心开设残疾人专题节目。发展特殊艺术，鼓励残疾人参与文化艺术创作和非物质文化遗产传承，扶持残疾人题材图书等出版。扶持残疾人特殊艺术人才和师资培养。举办第十届、第十一届全国残疾人艺术汇演，举办国际特殊艺术交流活动。扶持中国残疾人艺术团和地方残疾人文艺小分队开展基层巡演。

8. 推动残疾人体育全面发展。筹办好北京冬残奥会，实现"简约、安全、精彩"目标。实施残疾人奥运争光行动，不断提高竞技水平，在北京冬残奥会和东京残奥会等重大国际赛事上力争好成绩。办好杭州亚残运会和第十一届、第十二届全国残运会暨特奥会等重大赛事。实施残疾人康复健身体育行动，将残疾人作为重点人群纳入全民健身公共服务体系建设，组织残疾人参加各级各类全民健身活动，推动残疾人康复健身体育身边化服务。加强残疾人体育运动保护研究。

专栏7　残疾人文化、体育服务重点项目

一、残疾人文化服务

1. "五个一"文化进家庭、进社区项目。为重度残疾人家庭开展"五个一"（读一本书、看一场电影、游一次园、参观一次展览、参加一次文化活动）文化服务。依托新时代文明实践中心和基层文化设施，增添必要的文化设备，推动基层创建一批残健融合文化服务示范中心（站、点）。

2. 盲人文化服务项目。为盲人提供盲文读物、有声读物、大字读物、数字阅读、无障碍电影电视剧等产品和服务。继续开展盲人数字阅读推广工程。推动公共图书馆盲人阅览室（区）建设，加强中国盲文图书馆和分支馆建设，增加公共图书馆盲文图书和视听文献资源。鼓励电影院线、有线电视提供无障碍影视服务。

3. 聋人文化服务项目。鼓励影视作品、网络视频加配字幕，鼓励有条件的省市级电视台开播国家通用手语或实时字幕栏目。

4. 网络视听媒体文化服务项目。加强残疾人融媒体平台建设，依托网络视听媒体开设残疾人文化宣传专题节目。

5. 特殊艺术推广项目。支持中国残疾人艺术团创编精品舞台演出剧目，培育"我的梦"特殊艺术品牌。鼓励残疾人参与文化艺术创作，支持残疾儿童少年艺术教育。

6. 残疾人文化产业发展项目。扶持一批吸纳较多残疾人就业、具有较好市场发展前景的文化产业基地。

二、残疾人体育发展

1. 残疾人奥运争光行动。完善训练、科研、医疗等复合型支撑团队，提高国家残疾人体育训练基地保障服务能力，不断提升残疾人竞技体育水平。

2. 残疾人康复健身体育行动。推广适合残疾人的康复健身体育项目、方法和器材，设立残疾人自强康复健身示范点，培养残疾人康复健身社会体育指导员。为重度残疾人提供康复体育进家庭服务。组织举办"残疾人冰雪运动季"、"残疾人健身周"、"全国特奥日"等群众性体育品牌活动。

9. 大力发展残疾人慈善事业和服务产业。鼓励残联、工会、共青团、妇联、科协等群团组织和社会组织、企事业单位等实施助残慈善项目。深入开展"青年志愿者助残阳光行动"、"关心我的残疾人邻居"、"牵着蜗牛去散步"和"集善优品"消费助残等志愿服务关爱行动。培育"集善工程"、"通向明天"等残疾人慈善事业品牌。生活服务业发展布局充分考虑残疾人需求，加快康复辅助器具、康复教育、托养照护、生活服务、无障碍、文化休闲等残疾人服务业发展，满足残疾人多元化、多层次品质生活需求。采取政府购买服务、政府和社会资本合作等方式，加快培育助残社会组织和企业，吸引社会力量和市场主体参与残疾人服务。

10. 加强残疾人服务标准化和行业管理。细化残疾人基本公共服务项目的设施建设、功能布局、施工规范、设备配置、人员配备、服务流程、管理规范等软硬件标准要求，完善标准体系，加强标准间统筹衔接和基层设施设备共建共享。加强康复、托养等残疾人服务行业管理，全面开展绩效评价，支持残疾人和残疾人亲属参与评价。在场地、设备、人才、技术等方面扶持各类残疾人服务机构发展，优先扶持公益性、普惠性残疾人服务机构，支持残疾人服务机构连锁化、品牌化运营。开展残疾人服务需求评估和服务资源调查，为残疾人提供适合的产品和服务。严格规范残疾评定和残疾人证核发管理，全面推行残疾人证电子证照应用，实现"跨省通办"。

（四）保障残疾人平等权利，为残疾人提供无障碍环境和便利化条件。

1. 提高残疾人事业法治化水平。落实宪法、民法典等法律法规关于保障残疾人权益的规定，健全残疾人权益保障法律法规体系，推动残疾人保障法等法律法规有效实施。涉及残疾人的立法应充分论证，开展反残疾歧视评估，广泛征询残疾人、残疾人组织和社会各方面意见。研究完善残疾人就业、无障碍环境建设法律制度，开展残疾人社会保障、残疾人成人监护等立法研究。将残疾人保障法等相关法律法规宣传教育纳入"八五"普法，认真落实"谁执法、谁普法"普法责任制，加大全媒体普法宣传力度。配合各级人大、政协开展残疾人保障法等法律法规执法检查、视察和调研。支持各地制定保护残疾人权益的地方性法规和优惠扶助规定。

2. 创新残疾人法律服务和权益维护。开展残疾人尊法学法守法用法专项行动。将残疾人作为公共法律服务的重点对象，完善公共法律服务平台无障碍功能，依据国家有关规定扩大残疾人法律援助覆盖面，重点提升残疾人法律援助质量。完善残疾人法律救助工作协调机制，培养助残公益律师队伍，开展法律援助志愿助残行动，为残疾人提供及时有效的法律救助服务。加强对残疾人的司法保护，方便残疾人诉讼。发挥"12385"残疾人服务热线和网络信访平台作用，建立健全残疾人权益维护应急处置机制。坚决打击侵害残疾人权益的违法犯罪行为。不断拓宽残疾人和残疾人组织民主参与、民主协商渠道，有效保障残疾人的知情权、参与权、表达权、监督权，支持更多残疾人、残疾人亲友和残疾人工作者进入各级人大、政协并提供履职便利。

3. 提升无障碍设施建设管理水平。新建设施严格执行无障碍相关标准规范。在乡村建设行动、城市更新行动、城镇老旧小区改造和居住社区建设中统筹推进无障碍设施建设和改造。城市道路、公共交通、社区服务设施、公共服务设施和残疾人服务设施、残疾人集中就业单位等加快开展无障碍设施建设和改造。提高残疾人家庭无障碍改造水平。加快推广无障碍公共厕所。探索传统无障碍设施设备数字化、智能化升级。开展无障碍市县村镇达标验收工作。提高无障碍设施规划建设管理水平，推进无障碍设计设施认证工作，提高全社会无障碍意识，加强无障碍监督，保障残疾人、老年人等通行安全和使用便利。

4. 加快发展信息无障碍。将信息无障碍作为数字社会、数字政府、智慧城市建设的重要组成部分，纳入文明城市测评指标。推广便利普惠的电信服务，加快政府政务、公共服务、电子商务、电子导航等信息无障碍建设，加快普及互联网网站、移动互联网应用程序和自助公共服务设备无障碍。推进智能化服务要适应残疾人需求，智能工具应当便于残疾人日常生活使用。促进信息无障碍国家标准推广应用，加强对互联网内容可访问性的测试、认证能力建设，开展互联网和移动互联网无障碍化评级评价。支持研发生产科技水平高、性价比优的信息无障碍终端产品。

专栏8　无障碍重点项目

一、无障碍设施

1. 道路交通无障碍。城市主要道路、主要商业区和大型居住区的人行天桥和人行地下通道配备无障碍设施，人行横道交通信号灯逐步完善无障碍服务功能。公共停车场和大型居住区的停车场设置并标明无障碍停车位。民用航空器、客运列车、客运船舶、公共汽车电车、城市轨道交通车辆等公共交通工具逐步配备无障碍设备。

2. 公共服务设施无障碍。加快推动医疗、教育、文化、体育、交通、金融、邮政、商业、旅游、餐饮等公共服务设施和特殊教育、康复、托养、社会福利等残疾人服务设施、残疾人集中就业单位无障碍改造。

---

3. 社区和家庭无障碍。居住建筑、居住社区建设无障碍设施。为困难重度残疾人家庭实施无障碍改造。

4. 无障碍公共厕所。加快推进公共服务设施、交通设施、旅游景区等无障碍公共厕所建设。

二、信息无障碍

1. 互联网网站和移动互联网应用程序信息无障碍。加快政府门户网站、政务服务平台和网上办事大厅信息无障碍建设。推动新闻资讯、社交通讯、生活购物、医疗健康、金融服务、学习教育、旅游出行等互联网网站、移动互联网应用程序（APP）的无障碍改造。

2. 自助服务终端信息无障碍。推进自动售卖设备、医院自助就医设备、银行自动柜员机、地铁自助检票设备、机场自助值机设备等自助公共服务设备的无障碍改造。

3. 食品药品说明信息无障碍。利用图像识别、二维码等技术加快食品药品信息识别无障碍。

4. 应急服务信息无障碍。把国家通用手语、国家通用盲文作为应急语言文字服务内容，政府新闻发布会和电视、网络发布突发公共事件信息时加配字幕和手语，医院、疏散避险场所和集中隔离场所等设置语音、字幕等信息提示装置。

三、无障碍服务

政府新闻发布会配备同步速录字幕、手语翻译，鼓励政务服务大厅和公共服务场所为残疾人提供字幕、手语、语音等服务。支持地方建设听力、言语残疾人无障碍信息服务平台。

5. 营造全社会助残和残疾人自强的文明社会氛围。深入开展习近平新时代中国特色社会主义思想学习教育，学习宣传习近平总书记关于残疾人事业的重要指示批示精神，坚持以社会主义核心价值观为引领，加强新时代中国特色残疾人事业理论和实践研究，厚植残疾人事业发展的思想文化基础。将扶残助残纳入公民道德建设、文明创建活动和新时代文明实践中心建设，弘扬人道主义精神和扶残助残传统美德，营造理解、尊重、关心、帮助残疾人的文明社会氛围。激发残疾人自强不息精神，鼓励残疾人自尊、自信、自强、自立。加强残疾人事业全媒体传播能力建设，办好全国助残日、国际残疾人日和全国残疾人事业好新闻作品评选等主题宣传活动，支持残疾人题材优秀纪录片、公益广告、网络视听节目制作播出。开展"全国自强模范"和助残先进评选表彰。

（五）完善支持保障条件，促进残疾人事业高质量发展。

1. 强化党委领导、政府负责的领导体制。加强党对残疾人工作的领导，确保习近平总书记关于残疾人事业的重要指示批示精神和党中央、国务院决策部署有效落实，为残疾人事业发展提供坚强政治保障。完善党委领导、政府负责、部门协同、社会参与、市场推动、残疾人组织充分发挥作用的领导体制和工作机制，各级政府残疾人工作委员会统筹协调，有关部门分工协作、履职尽责，形成协同高效的工作合力。

2. 健全多元化投入格局。各级政府按规定做好残疾人事业经费保障。加快构建预算绩效管理体系，资金原则上优先保障实施效果好、残疾人满意度高的项目。落实残疾人事业金融、税收等支持政策，吸引社会资本、慈善捐赠等资金，形成多渠道、多元化投入格局。

3. 加强基础设施和信息化建设。实现有条件的县（市、区、旗）残疾人服务设施全覆盖，促进服务设施规范运营和发挥效益。地方可对新建民办残疾人康复和托养机构给予支持。鼓励地方将政府投资建设的残疾人服务设施无偿或低价提供给公益性、普惠性残疾人服务机构使用。乡镇（街道）、村（社区）为残疾人服务提供场地保障。加强特殊教育学校、残疾人服务设施和基层残疾人组织的信息基础设施建设。推动残疾人基本公共服务项目纳入各地政务服务"一网通办"平台、社会保障卡等加载残疾人服务功能。坚持传统服务方式与智能化服务创新并行，建立线上线下相结合的残疾人服务体系，推动数字化服务在助残中的普惠应用。完善残疾人口基础数据，改进残疾人服务需求和服务供给调查统计，加强残疾人服务大数据建设。

4. 加快科技创新和人才培养。将科技助残纳入科技强国行动纲要，促进生命健康、人工智能等领域科学技术在残疾人服务中示范应用，开展残疾预防、主动健康、康复等基础研究，扶持智能化康复辅助器具、康复设备、盲文数字出版、无障碍等领域关键技术研究和产品推广应用。利用现有资源研究设立康复国家重点实验室，鼓励企业、高校、科研院所等参与残疾人服务科技创新和应用。推动建立从中职、高职到本科、硕士、博士等较为完整的残疾人服务相关专业人才培养体系，鼓励有条件的职业院校和普通本科院校增设康复治疗、康复工程技术、特殊教育、手语、盲文等相关专业，加强残疾人服务从业人员职业能力建设和职称评定，加快培养残疾人康复、教育、就业、托养照护、文化、体育、社会工作等专业人才队伍。

专栏9　基础设施、信息化和科技创新重点项目

1. 残疾人服务设施兜底线工程项目。继续支持残疾人康复、托养等服务设施建设，配置专业设备和器材。支持集中安置盲人医疗按摩人员执业的按摩专科医院建设。

2. 特殊教育学校提升项目。鼓励人口20万以上的县（市）独立设置特殊教育学校，有条件的省（自治区、直辖市）建立孤独症儿童特殊教育学校。各省（自治区、直辖市）扶持一所残疾人职业院校建设提升实训基地。

3. 精神卫生福利设施建设项目。优化精神卫生社会福利机构布局，改善现有设施条件，在精神卫生服务能力不足的地区建设100个左右精神卫生福利设施，逐步形成布局合理、功能完善的精神卫生福利设施体系，为困难精神障碍患者提供集中照护、康复服务。

---

4. 互联网康复项目。建立线上线下相结合的康复服务平台，支持"爱心阳光"中国残疾人综合服务云平台和华夏云课堂建设，为基层康复机构、残疾人、残疾儿童少年及其家长提供指导和服务。

5. 残疾人就业创业网络服务平台项目。完善全国残疾人职业技能培训管理系统、就业服务管理系统、按比例就业年审系统和盲人医疗按摩人员管理系统，保障系统有效运行。

6. 残疾人服务大数据建设项目。建设残疾人口基础信息和服务需求、服务资源信息数据库，实现与政府有关部门数据的联通共享，推动精准化服务和精细化管理。

7. 科技助残项目。实施相关科技计划项目，开展智能助听、中高端假肢、儿童康复机器人、基于智慧城市的无障碍等技术研发，推动 3D 盲文绿色印刷生产、语音字幕实时转换、智能化轮椅、柔性可穿戴外骨骼辅助机器人等技术和产品推广应用。

5. 促进残疾人事业城乡、区域协同发展。结合乡村建设行动，加强和改善农村残疾人服务。强化县城残疾人综合服务能力。城镇公共服务设施辐射带动乡村残疾人服务，引导鼓励城镇残疾人服务资源向乡村延伸。城镇残疾人基本公共服务逐步覆盖常住人口。促进中西部、东北地区残疾人事业加快发展，鼓励东部地区探索率先实现残疾人事业现代化。支持革命老区、民族地区、边疆地区残疾人事业加快发展。促进京津冀残疾人事业协同发展，提升长江经济带、黄河流域残疾人事业整体水平，发挥粤港澳大湾区残疾人事业高质量发展先行示范作用，推进长三角残疾人公共服务便利共享。鼓励各地发挥地方优势创新残疾人保障和发展措施。

6. 增强基层为残疾人服务的能力。将残疾人公共服务纳入县（市、区、旗）、乡镇（街道）政府公共服务事项清单和村（居）委会承担的社区工作事项清单及协助政府的社区工作事项清单。实施县域残疾人服务能力提升行动，建设县、乡、村三级联动互补的基层残疾人服务网络。县（市、区、旗）明确残疾人基本公共服务实施标准，开展残疾人需求评估，加强服务资源统筹。乡镇（街道）普遍建立"阳光家园"、"残疾人之家"等服务机构，开展残疾人集中照护、日间照料、社区康复、辅助性就业等服务。将残疾人服务纳入城乡社区治理和服务体系建设，村（居）委会将残疾人作为重点服务对象，加强走访探视，根据残疾人需求协助政府做好集中照护、日间照料、居家服务、邻里互助、安全提示、辅助性就业、社会工作等服务，实现"乡乡有机构、村村有服务"。针对残疾人特殊困难推行上门办、网上办、就近办、一次办等便利化服务。发现侵犯残疾人合法权益的违法犯罪行为，及时报告并采取有效措施加以解决。支持各类社会组织在城乡社区有序开展助残服务。

7. 发挥残疾人组织桥梁纽带作用。各级残联要深入学习贯彻习近平新时代中国特色社会主义思想和习近平总书记关于残疾人事业的重要指示批示精神，以政治建设为统领，落实党的建设、全面从严治党各项任务，进一步增强"四个意识"、坚定"四个自信"、做到"两个维护"。发扬优良传统，履行好残联的"代表、服务、管理"职能，为残疾人解难，为党和政府分忧，把残疾人群众紧紧凝聚在党的周围，听党话、跟党走。深化各级残联改革建设，加强服务创新，增强工作活力。强化县（市、区、旗）和乡镇（街道）残联建设，实现村（社区）残疾人协会全覆盖。改善乡镇（街道）残联、村（社区）残协专职委员待遇，提高其履职能力。支持残疾人专门协会建设，发挥"代表、服务、维权、监督"职能。通过专兼挂等多种方式增强残疾人工作力量，培养忠诚、干净、担当，懂残疾人、知残疾人、爱残疾人、心系残疾人的高素质残联干部队伍。重视各级残联残疾人干部、年轻干部、基层干部培养选拔。加强各级残联党风廉政建设和反腐败斗争。广大残疾人工作者要不忘初心、牢记使命，自觉践行好干部标准，恪守职业道德，加强思想修养，提高专业素质，全心全意为残疾人服务。

8. 积极营造残疾人事业发展的良好国际环境。服务国家外交大局，履行联合国《残疾人权利公约》，落实 2030 年可持续发展议程涉残疾人可持续发展目标，参与国际残疾人事务。务实开展"一带一路"残疾人群体交流和残疾人事务合作，深化与重点国家及周边国家和地区残疾人事务合作。继续开展"亚太残疾人十年"等残疾人事务区域合作，支持康复国际等国际残疾人组织发挥作用。加强对外宣传，讲好中国残疾人故事，展示我国残疾人人权保障和发展成就。

四、实施机制

实施好本规划是各级政府和全社会的责任。国务院有关部门和单位要根据职责分工制定配套实施方案，各地区要依据本规划制定当地"十四五"残疾人保障和发展（或残疾人事业）规划，确保各项任务落到实处。

国务院残疾人工作委员会及有关部门要对规划实施情况进行年度监测、中期评估和总结评估，开展第三方评估和社会满意度调查，及时发现和解决规划实施中出现的问题。各地区要将当地"十四五"残疾人保障和发展（或残疾人事业）规划实施情况纳入政府工作考核。省级以上政府残疾人工作委员会要在"十四五"期末对规划实施情况进行评估总结，按照国家有关规定对先进典型予以表彰。

第五条　人民政府职责

县级以上人民政府应当将残疾人事业纳入国民经济和社会发展规划，加强领导，综合协调，并将残疾人事业经费列入财政预算，建立稳定的经费保障机制。

国务院制定中国残疾人事业发展纲要，县级以上地方人民政府根据中国残疾人事业发展纲要，制定本行政区域的残疾人事业发展规划和年度计划，使残疾人事业与经济、社会协调发展。

县级以上人民政府负责残疾人工作的机构，负责组织、协调、指导、督促有关部门做好残疾人事业的工作。

各级人民政府和有关部门，应当密切联系残疾人，听取残疾人的意见，按照各自的职责，做好残疾人工作。

● 法　律

《老年人权益保障法》（2018 年 12 月 29 日）

第 6 条　各级人民政府应当将老龄事业纳入国民经济和社会发展规划，将老龄事业经费列入财政预算，建立稳定的经费保障机制，并鼓励社会各方面投入，使老龄事业与经济、社会协调发展。

国务院制定国家老龄事业发展规划。县级以上地方人民政府根据国家老龄事业发展规划，制定本行政区域的老龄事业发展规划和年度计划。

县级以上人民政府负责老龄工作的机构，负责组织、协调、指导、督促有关部门做好老年人权益保障工作。

第六条　残疾人参与政治生活

国家采取措施，保障残疾人依照法律规定，通过各种途径和形式，管理国家事务，管理经济和文化事业，管理社会事务。

制定法律、法规、规章和公共政策，对涉及残疾人权益和残疾人事业的重大问题，应当听取残疾人和残疾人组织的意见。

残疾人和残疾人组织有权向各级国家机关提出残疾人权益保障、残疾人事业发展等方面的意见和建议。

● 法　律

《老年人权益保障法》（2018 年 12 月 29 日）

第 3 条　国家保障老年人依法享有的权益。

老年人有从国家和社会获得物质帮助的权利，有享受社会服务和社会优待的权利，有参与社会发展和共享发展成果的权利。

禁止歧视、侮辱、虐待或者遗弃老年人。

第七条　全社会支持残疾人事业

全社会应当发扬人道主义精神，理解、尊重、关心、帮助残疾人，支持残疾人事业。

国家鼓励社会组织和个人为残疾人提供捐助和服务。

国家机关、社会团体、企业事业单位和城乡基层群众性自治组织，应当做好所属范围内的残疾人工作。

从事残疾人工作的国家工作人员和其他人员，应当依法履行职责，努力为残疾人服务。

● 法　律

《老年人权益保障法》（2018 年 12 月 29 日）

第 7 条　保障老年人合法权益是全社会的共同责任。

国家机关、社会团体、企业事业单位和其他组织应当按照各自职责，做好老年人权益保障工作。

基层群众性自治组织和依法设立的老年人组织应当反映老年人的要求，维护老年人合法权益，为老年人服务。

提倡、鼓励义务为老年人服务。

第 8 条　国家进行人口老龄化国情教育，增强全社会积极应对人口老龄化意识。

全社会应当广泛开展敬老、养老、助老宣传教育活动，树立尊重、关心、帮助老年人的社会风尚。

青少年组织、学校和幼儿园应当对青少年和儿童进行敬老、养老、助老的道德教育和维护老年人合法权益的法制教育。

广播、电影、电视、报刊、网络等应当反映老年人的生活，开展维护老年人合法权益的宣传，为老年人服务。

第八条　残联及其地方组织

中国残疾人联合会及其地方组织，代表残疾人的共同利益，维护残疾人的合法权益，团结教育残疾人，为残疾人服务。

中国残疾人联合会及其地方组织依照法律、法规、章程或者接受政府委托，开展残疾人工作，动员社会力量，发展残疾人事业。

第九条　扶养义务和监护

残疾人的扶养人必须对残疾人履行扶养义务。

残疾人的监护人必须履行监护职责，尊重被监护人的意愿，维护被监护人的合法权益。

残疾人的亲属、监护人应当鼓励和帮助残疾人增强自立能力。

禁止对残疾人实施家庭暴力，禁止虐待、遗弃残疾人。

● 法　律

1.《刑法》（2020 年 12 月 26 日）

第 261 条　对于年老、年幼、患病或者其他没有独立生活能力的人，负有扶养义务而拒绝扶养，情节恶劣的，处五年以下有期徒刑、拘役或者管制。

2. 《民法典》(2020年5月28日)

第26条　父母对未成年子女负有抚养、教育和保护的义务。

成年子女对父母负有赡养、扶助和保护的义务。

第34条　监护人的职责是代理被监护人实施民事法律行为，保护被监护人的人身权利、财产权利以及其他合法权益等。

监护人依法履行监护职责产生的权利，受法律保护。

监护人不履行监护职责或者侵害被监护人合法权益的，应当承担法律责任。

因发生突发事件等紧急情况，监护人暂时无法履行监护职责，被监护人的生活处于无人照料状态的，被监护人住所地的居民委员会、村民委员会或者民政部门应当为被监护人安排必要的临时生活照料措施。

第35条　监护人应当按照最有利于被监护人的原则履行监护职责。监护人除为维护被监护人利益外，不得处分被监护人的财产。

未成年人的监护人履行监护职责，在作出与被监护人利益有关的决定时，应当根据被监护人的年龄和智力状况，尊重被监护人的真实意愿。

成年人的监护人履行监护职责，应当最大程度地尊重被监护人的真实意愿，保障并协助被监护人实施与其智力、精神健康状况相适应的民事法律行为。对被监护人有能力独立处理的事务，监护人不得干涉。

第36条　监护人有下列情形之一的，人民法院根据有关个人或者组织的申请，撤销其监护人资格，安排必要的临时监护措施，并按照最有利于被监护人的原则依法指定监护人：

（一）实施严重损害被监护人身心健康的行为；

（二）怠于履行监护职责，或者无法履行监护职责且拒绝将监护职责部分或者全部委托给他人，导致被监护人处于危困状态；

（三）实施严重侵害被监护人合法权益的其他行为。

本条规定的有关个人、组织包括：其他依法具有监护资格的人，居民委员会、村民委员会、学校、医疗机构、妇女联合会、残疾人联合会、未成年人保护组织、依法设立的老年人组织、民政部门等。

前款规定的个人和民政部门以外的组织未及时向人民法院申请撤销监护人资格的，民政部门应当向人民法院申请。

3.《老年人权益保障法》（2018 年 12 月 29 日）

第3条　国家保障老年人依法享有的权益。

老年人有从国家和社会获得物质帮助的权利，有享受社会服务和社会优待的权利，有参与社会发展和共享发展成果的权利。

禁止歧视、侮辱、虐待或者遗弃老年人。

第31条　国家对经济困难的老年人给予基本生活、医疗、居住或者其他救助。

老年人无劳动能力、无生活来源、无赡养人和扶养人，或者其赡养人和扶养人确无赡养能力或者扶养能力的，由地方各级人民政府依照有关规定给予供养或者救助。

对流浪乞讨、遭受遗弃等生活无着的老年人，由地方各级人民政府依照有关规定给予救助。

● **案例指引**

汪某红诉汪某华继承纠纷案①

通常情况下，同一顺序的各个法定继承人，在生活状况、劳动能力和对被继承人所尽的赡养义务等方面条件基本相同或相近时，

---

①　《最高人民法院、中国残疾人联合会残疾人权益保护十大典型案例》，载最高人民法院网站，https：//www.court.gov.cn/zixun/xiangqing/334501.html，2023 年 6 月 30 日访问。

继承份额均等。一审法院认定汪某华对被继承人履行了较多的赡养义务，同时对于遗产有较大贡献，进而认定其有权继承遗产的70%。从法律层面分析，似乎并无不当。但是，继承法同时规定，对于生活有特殊困难、缺乏劳动能力的继承人，分配遗产时应当予以照顾。本案中，汪某红及其配偶均身有残疾，其家庭经区民政局审核享受最低生活保障。汪某红生活具有特殊困难，符合继承法关于遗产分配时照顾有困难的特殊人群的规定。鉴于此，二审法院在遗产分配时，从照顾汪某红生活需要的角度出发，在一审判决的基础上，对遗产分配比例进行了调整，较好地实现了法理与情理的有机统一。

第十条　残疾人的义务

国家鼓励残疾人自尊、自信、自强、自立，为社会主义建设贡献力量。

残疾人应当遵守法律、法规，履行应尽的义务，遵守公共秩序，尊重社会公德。

● 法　律

《老年人权益保障法》（2018年12月29日）

第11条　老年人应当遵纪守法，履行法律规定的义务。

第66条　国家和社会应当重视、珍惜老年人的知识、技能、经验和优良品德，发挥老年人的专长和作用，保障老年人参与经济、政治、文化和社会生活。

第67条　老年人可以通过老年人组织，开展有益身心健康的活动。

第68条　制定法律、法规、规章和公共政策，涉及老年人权益重大问题的，应当听取老年人和老年人组织的意见。

老年人和老年人组织有权向国家机关提出老年人权益保障、老龄事业发展等方面的意见和建议。

第69条　国家为老年人参与社会发展创造条件。根据社会需要和可能，鼓励老年人在自愿和量力的情况下，从事下列活动：

（一）对青少年和儿童进行社会主义、爱国主义、集体主义和艰苦奋斗等优良传统教育；

（二）传授文化和科技知识；

（三）提供咨询服务；

（四）依法参与科技开发和应用；

（五）依法从事经营和生产活动；

（六）参加志愿服务、兴办社会公益事业；

（七）参与维护社会治安、协助调解民间纠纷；

（八）参加其他社会活动。

第70条 老年人参加劳动的合法收入受法律保护。

任何单位和个人不得安排老年人从事危害其身心健康的劳动或者危险作业。

第71条 老年人有继续受教育的权利。

国家发展老年教育，把老年教育纳入终身教育体系，鼓励社会办好各类老年学校。

各级人民政府对老年教育应当加强领导，统一规划，加大投入。

第十一条　残疾预防

国家有计划地开展残疾预防工作，加强对残疾预防工作的领导，宣传、普及母婴保健和预防残疾的知识，建立健全出生缺陷预防和早期发现、早期治疗机制，针对遗传、疾病、药物、事故、灾害、环境污染和其他致残因素，组织和动员社会力量，采取措施，预防残疾的发生，减轻残疾程度。

国家建立健全残疾人统计调查制度，开展残疾人状况的统计调查和分析。

● 行政法规及文件

《残疾预防和残疾人康复条例》（2018 年 9 月 18 日）

第 10 条 残疾预防工作应当覆盖全人群和全生命周期，以社区和家庭为基础，坚持普遍预防和重点防控相结合。

第 11 条 县级以上人民政府组织有关部门、残疾人联合会等开展下列残疾预防工作：

（一）实施残疾监测，定期调查残疾状况，分析致残原因，对遗传、疾病、药物、事故等主要致残因素实施动态监测；

（二）制定并实施残疾预防工作计划，针对主要致残因素实施重点预防，对致残风险较高的地区、人群、行业、单位实施优先干预；

（三）做好残疾预防宣传教育工作，普及残疾预防知识。

第 12 条 卫生主管部门在开展孕前和孕产期保健、产前筛查、产前诊断以及新生儿疾病筛查，传染病、地方病、慢性病、精神疾病等防控，心理保健指导等工作时，应当做好残疾预防工作，针对遗传、疾病、药物等致残因素，采取相应措施消除或者降低致残风险，加强临床早期康复介入，减少残疾的发生。

公安、安全生产监督管理、食品安全监督管理、药品监督管理、生态环境、防灾减灾救灾等部门在开展交通安全、生产安全、食品安全、药品安全、生态环境保护、防灾减灾救灾等工作时，应当针对事故、环境污染、灾害等致残因素，采取相应措施，减少残疾的发生。

第 13 条 国务院卫生、教育、民政等有关部门和中国残疾人联合会在履行职责时应当收集、汇总残疾人信息，实现信息共享。

第 14 条 承担新生儿疾病和未成年人残疾筛查、诊断的医疗卫生机构应当按照规定将残疾和患有致残性疾病的未成年人信息，向所在地县级人民政府卫生主管部门报告。接到报告的卫生主管部门应当按照规定及时将相关信息与残疾人联合会共享，并共同组织开展早期干预。

第 15 条　具有高度致残风险的用人单位应当对职工进行残疾预防相关知识培训，告知作业场所和工作岗位存在的致残风险，并采取防护措施，提供防护设施和防护用品。

第 16 条　国家鼓励公民学习残疾预防知识和技能，提高自我防护意识和能力。

未成年人的监护人应当保证未成年人及时接受政府免费提供的疾病和残疾筛查，努力使有出生缺陷或者致残性疾病的未成年人及时接受治疗和康复服务。未成年人、老年人的监护人或者家庭成员应当增强残疾预防意识，采取有针对性的残疾预防措施。

第十二条　特别保障

国家和社会对残疾军人、因公致残人员以及其他为维护国家和人民利益致残的人员实行特别保障，给予抚恤和优待。

● 法　律

1.《军人地位和权益保障法》（2021 年 6 月 10 日）

第 36 条　国家保障军人按照规定享受免费医疗和疾病预防、疗养、康复等待遇。

军人在地方医疗机构就医所需费用，符合规定条件的，由军队保障。

第 45 条　国家和社会尊重军人、军人家庭为国防和军队建设做出的奉献和牺牲，优待军人、军人家属，抚恤优待烈士、因公牺牲军人、病故军人的遗属，保障残疾军人的生活。

国家建立抚恤优待保障体系，合理确定抚恤优待标准，逐步提高抚恤优待水平。

第46条　军人家属凭有关部门制发的证件享受法律法规规定的优待保障。具体办法由国务院和中央军事委员会有关部门制定。

第49条　国家实行军人残疾抚恤制度。

军人因战、因公、因病致残的，按照国家有关规定评定残疾等级并颁发证件，享受残疾抚恤金和其他待遇，符合规定条件的以安排工作、供养、退休等方式妥善安置。

第51条　公立医疗机构应当为军人就医提供优待服务。军人家属和烈士、因公牺牲军人、病故军人的遗属，在军队医疗机构和公立医疗机构就医享受医疗优待。

国家鼓励民营医疗机构为军人、军人家属和烈士、因公牺牲军人、病故军人的遗属就医提供优待服务。

国家和社会对残疾军人的医疗依法给予特别保障。

第58条　地方人民政府和军队单位对因自然灾害、意外事故、重大疾病等原因，基本生活出现严重困难的军人家庭，应当给予救助和慰问。

2.《退役军人保障法》（2020年11月11日）

第49条　国家逐步消除退役军人抚恤优待制度城乡差异、缩小地区差异，建立统筹平衡的抚恤优待量化标准体系。

第50条　退役军人依法参加养老、医疗、工伤、失业、生育等社会保险，并享受相应待遇。

退役军人服现役年限与入伍前、退役后参加职工基本养老保险、职工基本医疗保险、失业保险的缴费年限依法合并计算。

第56条　残疾退役军人依法享受抚恤。

残疾退役军人按照残疾等级享受残疾抚恤金，标准由国务院退役军人工作主管部门会同国务院财政部门综合考虑国家经济社会发展水平、消费物价水平、全国城镇单位就业人员工资水平、国家财力情况等因素确定。残疾抚恤金由县级人民政府退役军人工作主管部门发放。

3. 《军人抚恤优待条例》（2019年3月2日）

第21条　现役军人残疾被认定为因战致残、因公致残或者因病致残的，依照本条例的规定享受抚恤。

因第八条第一款规定的情形之一导致残疾的，认定为因战致残；因第九条第一款规定的情形之一导致残疾的，认定为因公致残；义务兵和初级士官因第九条第一款第三项、第四项规定情形以外的疾病导致残疾的，认定为因病致残。

第22条　残疾的等级，根据劳动功能障碍程度和生活自理障碍程度确定，由重到轻分为一级至十级。

残疾等级的具体评定标准由国务院退役军人事务部门、人力资源社会保障部门、卫生部门会同军队有关部门规定。

第23条　现役军人因战、因公致残，医疗终结后符合评定残疾等级条件的，应当评定残疾等级。义务兵和初级士官因病致残符合评定残疾等级条件，本人（精神病患者由其利害关系人）提出申请的，也应当评定残疾等级。

因战、因公致残，残疾等级被评定为一级至十级的，享受抚恤；因病致残，残疾等级被评定为一级至六级的，享受抚恤。

第24条　因战、因公、因病致残性质的认定和残疾等级的评定权限是：

（一）义务兵和初级士官的残疾，由军队军级以上单位卫生部门认定和评定；

（二）现役军官、文职干部和中级以上士官的残疾，由军队军区级以上单位卫生部门认定和评定；

（三）退出现役的军人和移交政府安置的军队离休、退休干部需要认定残疾性质和评定残疾等级的，由省级人民政府退役军人事务部门认定和评定。

评定残疾等级，应当依据医疗卫生专家小组出具的残疾等级医学鉴定意见。

残疾军人由认定残疾性质和评定残疾等级的机关发给《中华人民共和国残疾军人证》。

第 25 条 现役军人因战、因公致残，未及时评定残疾等级，退出现役后或者医疗终结满 3 年后，本人（精神病患者由其利害关系人）申请补办评定残疾等级，有档案记载或者有原始医疗证明的，可以评定残疾等级。

现役军人被评定残疾等级后，在服现役期间或者退出现役后残疾情况发生严重恶化，原定残疾等级与残疾情况明显不符，本人（精神病患者由其利害关系人）申请调整残疾等级的，可以重新评定残疾等级。

第 26 条 退出现役的残疾军人，按照残疾等级享受残疾抚恤金。残疾抚恤金由县级人民政府退役军人事务部门发给。

因工作需要继续服现役的残疾军人，经军队军级以上单位批准，由所在部队按照规定发给残疾抚恤金。

第 27 条 残疾军人的抚恤金标准应当参照全国职工平均工资水平确定。残疾抚恤金的标准以及一级至十级残疾军人享受残疾抚恤金的具体办法，由国务院退役军人事务部门会同国务院财政部门规定。

县级以上地方人民政府对依靠残疾抚恤金生活仍有困难的残疾军人，可以增发残疾抚恤金或者采取其他方式予以补助，保障其生活不低于当地的平均生活水平。

第 28 条 退出现役的因战、因公致残的残疾军人因旧伤复发死亡的，由县级人民政府退役军人事务部门按照因公牺牲军人的抚恤金标准发给其遗属一次性抚恤金，其遗属享受因公牺牲军人遗属抚恤待遇。

退出现役的因战、因公、因病致残的残疾军人因病死亡的，对其遗属增发 12 个月的残疾抚恤金，作为丧葬补助费；其中，因战、因公致残的一级至四级残疾军人因病死亡的，其遗属享受病故军人遗属抚恤待遇。

第29条 退出现役的一级至四级残疾军人，由国家供养终身；其中，对需要长年医疗或者独身一人不便分散安置的，经省级人民政府退役军人事务部门批准，可以集中供养。

第30条 对分散安置的一级至四级残疾军人发给护理费，护理费的标准为：

（一）因战、因公一级和二级残疾的，为当地职工月平均工资的50%；

（二）因战、因公三级和四级残疾的，为当地职工月平均工资的40%；

（三）因病一级至四级残疾的，为当地职工月平均工资的30%。

退出现役的残疾军人的护理费，由县级以上地方人民政府退役军人事务部门发给；未退出现役的残疾军人的护理费，经军队军级以上单位批准，由所在部队发给。

第31条 残疾军人需要配制假肢、代步三轮车等辅助器械，正在服现役的，由军队军级以上单位负责解决；退出现役的，由省级人民政府退役军人事务部门负责解决。

第十三条 表彰和奖励

对在社会主义建设中做出显著成绩的残疾人，对维护残疾人合法权益、发展残疾人事业、为残疾人服务做出显著成绩的单位和个人，各级人民政府和有关部门给予表彰和奖励。

● 法　律

1.《老年人权益保障法》（2018年12月29日）

第10条 各级人民政府和有关部门对维护老年人合法权益和

敬老、养老、助老成绩显著的组织、家庭或者个人，对参与社会发展做出突出贡献的老年人，按照国家有关规定给予表彰或者奖励。

● 行政法规及文件

2.《残疾预防和残疾人康复条例》（2018 年 9 月 18 日）

第 9 条　对在残疾预防和残疾人康复工作中作出显著成绩的组织和个人，按照国家有关规定给予表彰、奖励。

第十四条　**全国助残日**

每年 5 月的第三个星期日为全国助残日。

第二章　康　复

第十五条　**康复服务**

国家保障残疾人享有康复服务的权利。

各级人民政府和有关部门应当采取措施，为残疾人康复创造条件，建立和完善残疾人康复服务体系，并分阶段实施重点康复项目，帮助残疾人恢复或者补偿功能，增强其参与社会生活的能力。

● 行政法规及文件

《残疾预防和残疾人康复条例》（2018 年 9 月 18 日）

第 1 条　为了预防残疾的发生、减轻残疾程度，帮助残疾人恢复或者补偿功能，促进残疾人平等、充分地参与社会生活，发展残疾预防和残疾人康复事业，根据《中华人民共和国残疾人保障法》，制定本条例。

第 2 条　本条例所称残疾预防，是指针对各种致残因素，采取有效措施，避免个人心理、生理、人体结构上某种组织、功能的丧失或者异常，防止全部或者部分丧失正常参与社会活动的能力。

本条例所称残疾人康复，是指在残疾发生后综合运用医学、教育、职业、社会、心理和辅助器具等措施，帮助残疾人恢复或者补偿功能，减轻功能障碍，增强生活自理和社会参与能力。

第十六条　康复工作

> 康复工作应当从实际出发，将现代康复技术与我国传统康复技术相结合；以社区康复为基础，康复机构为骨干，残疾人家庭为依托；以实用、易行、受益广的康复内容为重点，优先开展残疾儿童抢救性治疗和康复；发展符合康复要求的科学技术，鼓励自主创新，加强康复新技术的研究、开发和应用，为残疾人提供有效的康复服务。

● 行政法规及文件

1. 《残疾预防和残疾人康复条例》（2018 年 9 月 18 日）

第 3 条　残疾预防和残疾人康复工作应当坚持以人为本，从实际出发，实行预防为主、预防与康复相结合的方针。

国家采取措施为残疾人提供基本康复服务，支持和帮助其融入社会。禁止基于残疾的歧视。

2. 《国务院关于建立残疾儿童康复救助制度的意见》（2018 年 6 月 21 日）

二、制度内容

（一）救助对象。

救助对象为符合条件的 0—6 岁视力、听力、言语、肢体、智力等残疾儿童和孤独症儿童。包括城乡最低生活保障家庭、建档立卡贫困户家庭的残疾儿童和儿童福利机构收留抚养的残疾儿童；残疾孤儿、纳入特困人员供养范围的残疾儿童；其他经济困难家庭的残疾儿童。其他经济困难家庭的具体认定办法，由县级以上地方人民政府制定。

有条件的地区，可扩大残疾儿童康复救助年龄范围，也可放宽对救助对象家庭经济条件的限制。

（二）救助内容和标准。

县级以上地方人民政府根据本地实际确定残疾儿童康复救助基本服务项目和内容，包括以减轻功能障碍、改善功能状况、增强生活自理和社会参与能力为主要目的的手术、辅助器具配置和康复训练等。

县级以上地方人民政府依据本地财力状况、保障对象数量、残疾类别等，分类确定康复救助基本服务项目的经费保障标准，并建立动态调整机制。

（三）工作流程。

申请。残疾儿童监护人向残疾儿童户籍所在地（居住证发放地）县级残联组织提出申请。监护人也可委托他人、社会组织、社会救助经办机构等代为申请。

审核。对于城乡最低生活保障家庭、建档立卡贫困户家庭的残疾儿童和儿童福利机构收留抚养的残疾儿童的救助申请，以及残疾孤儿、纳入特困人员供养范围的残疾儿童的救助申请，由县级残联组织与民政、扶贫部门进行相关信息比对后作出决定；其他经济困难家庭的残疾儿童的救助申请的审核程序，由县级以上地方人民政府规定。

救助。经审核符合条件的，由残疾儿童监护人自主选择定点康复机构接受康复服务。必要时，由地级以上地方残联组织和卫生健康等部门指定的医疗、康复机构做进一步诊断、康复需求评估。定点康复机构由县级以上地方残联组织会同卫生健康、教育、民政等部门按照公开择优原则选择确定。

结算。在定点康复机构接受康复服务发生的费用，经县级残联组织审核后，由同级财政部门与定点康复机构直接结算，结算周期由县级残联组织商同级财政部门确定。经县级残联组织审核同意在非定点康复机构接受康复服务发生的费用，由县级残联组织商同级财政部门明确结算办法。

（四）经费保障。

县级以上地方人民政府应将残疾儿童康复救助资金纳入政府预算。中央财政对各地给予适当补助。

第十七条　康复机构及康复训练

各级人民政府鼓励和扶持社会力量兴办残疾人康复机构。

地方各级人民政府和有关部门，应当组织和指导城乡社区服务组织、医疗预防保健机构、残疾人组织、残疾人家庭和其他社会力量，开展社区康复工作。

残疾人教育机构、福利性单位和其他为残疾人服务的机构，应当创造条件，开展康复训练活动。

残疾人在专业人员的指导和有关工作人员、志愿工作者及亲属的帮助下，应当努力进行功能、自理能力和劳动技能的训练。

● 行政法规及文件

《残疾预防和残疾人康复条例》（2018 年 9 月 18 日）

第 4 条　县级以上人民政府领导残疾预防和残疾人康复工作，将残疾预防和残疾人康复工作纳入国民经济和社会发展规划，完善残疾预防和残疾人康复服务和保障体系，建立政府主导、部门协作、社会参与的工作机制，实行工作责任制，对有关部门承担的残疾预防和残疾人康复工作进行考核和监督。乡镇人民政府和街道办事处根据本地区的实际情况，组织开展残疾预防和残疾人康复工作。

县级以上人民政府负责残疾人工作的机构，负责残疾预防和残疾人康复工作的组织实施与监督。县级以上人民政府有关部门在各自的职责范围内做好残疾预防和残疾人康复有关工作。

第5条　中国残疾人联合会及其地方组织依照法律、法规、章程或者接受政府委托，开展残疾预防和残疾人康复工作。

工会、共产主义青年团、妇女联合会、红十字会等依法做好残疾预防和残疾人康复工作。

第6条　国家机关、社会组织、企业事业单位和城乡基层群众性自治组织应当做好所属范围内的残疾预防和残疾人康复工作。从事残疾预防和残疾人康复工作的人员应当依法履行职责。

第24条　各级人民政府和县级以上人民政府有关部门、残疾人联合会以及康复机构等应当为残疾人及其家庭成员学习掌握康复知识和技能提供便利条件，引导残疾人主动参与康复活动，残疾人的家庭成员应当予以支持和帮助。

第十八条　康复医学科室、康复机构

地方各级人民政府和有关部门应当根据需要有计划地在医疗机构设立康复医学科室，举办残疾人康复机构，开展康复医疗与训练、人员培训、技术指导、科学研究等工作。

● **行政法规及文件**

1. 《残疾预防和残疾人康复条例》（2018 年 9 月 18 日）

第7条　社会各界应当关心、支持和参与残疾预防和残疾人康复事业。

新闻媒体应当积极开展残疾预防和残疾人康复的公益宣传。

国家鼓励和支持组织、个人提供残疾预防和残疾人康复服务，捐助残疾预防和残疾人康复事业，兴建相关公益设施。

第8条　国家鼓励开展残疾预防和残疾人康复的科学研究和应用，提高残疾预防和残疾人康复的科学技术水平。

国家鼓励开展残疾预防和残疾人康复领域的国际交流与合作。

第 17 条　县级以上人民政府应当组织卫生、教育、民政等部门和残疾人联合会整合从事残疾人康复服务的机构（以下称康复机构）、设施和人员等资源，合理布局，建立和完善以社区康复为基础、康复机构为骨干、残疾人家庭为依托的残疾人康复服务体系，以实用、易行、受益广的康复内容为重点，为残疾人提供综合性的康复服务。

县级以上人民政府应当优先开展残疾儿童康复工作，实行康复与教育相结合。

第 18 条　县级以上人民政府根据本行政区域残疾人数量、分布状况、康复需求等情况，制定康复机构设置规划，举办公益性康复机构，将康复机构设置纳入基本公共服务体系规划。

县级以上人民政府支持社会力量投资康复机构建设，鼓励多种形式举办康复机构。

社会力量举办的康复机构和政府举办的康复机构在准入、执业、专业技术人员职称评定、非营利组织的财税扶持、政府购买服务等方面执行相同的政策。

● 部门规章及文件

2.《关于加快推进康复医疗工作发展的意见》（2021 年 6 月 8 日）

二、健全完善康复医疗服务体系

（三）增加提供康复医疗服务的医疗机构和床位数量。各地卫生健康行政部门（含中医药主管部门，下同）要按照分级诊疗工作和医疗卫生服务体系规划要求，结合本地区康复医疗需求等，健全完善覆盖全人群和全生命周期的康复医疗服务体系。推动医疗资源丰富地区的部分一级、二级医院转型为康复医院。支持和引导社会力量举办规模化、连锁化的康复医疗中心，增加辖区内提供康复医疗服务的医疗机构数量。鼓励有条件的基层医疗机构根据需要设置和增加提供康复医疗服务的床位。

（四）加强康复医院和综合医院康复医学科建设。各地要按照国家印发的康复医院、综合医院康复医学科和中医医院康复科的基本标准和建设管理规范等，加强软硬件建设。鼓励各地将增加康复医疗服务资源供给纳入"十四五"卫生健康服务体系建设，重点支持地市级康复医院、县级综合医院康复医学科建设。要科学统筹区域内公立医疗机构和社会办医资源，合理增加康复医院数量。原则上，每个省会城市、常住人口超过300万的地级市至少设置1所二级及以上康复医院；常住人口超过30万的县至少有1所县级公立医院设置康复医学科；常住人口30万以下的县至少有1所县级公立医院设置康复医学科门诊。

（五）加强县级医院和基层医疗机构康复医疗能力建设。结合国家加强县级医院综合服务能力建设的有关要求，鼓励各地结合实际将康复医疗服务作为补短板强弱项的重点领域予以加强，切实提升县级医院康复医疗服务水平。依托开展社区医院建设和持续提升基层医疗服务能力的工作平台，支持有条件的基层医疗机构开设康复医疗门诊，为群众提供便捷、专业的康复医疗服务。

（六）完善康复医疗服务网络。借助城市医疗集团、县域医共体、专科联盟、远程医疗等多种形式，建立不同医疗机构之间定位明确、分工协作、上下联动的康复医疗服务网络。医疗机构要按照分级诊疗要求，结合功能定位按需分类提供康复医疗服务。三级综合医院康复医学科、三级中医医院康复科和三级康复医院重点为急危重症和疑难复杂疾病患者提供康复医疗服务。公立三级医院要承担辖区内康复医疗学科建设、人才培训、技术支持、研究成果推广等任务，发挥帮扶和带动作用，鼓励社会力量举办的三级医院积极参与。二级综合医院康复医学科、二级中医医院康复科、二级康复医院、康复医疗中心、基层医疗机构等重点为诊断明确、病情稳定或者需要长期康复的患者提供康复医疗服务。以基层医疗机构为依托，鼓励积极开展社区和居家康复医疗服务。

三、加强康复医疗人才培养和队伍建设

（七）加强康复医疗人才教育培养。有条件的院校要积极设置康复治疗学和康复工程学等紧缺专业，并根据实际设置康复物理治疗学、康复作业治疗学、听力与言语康复学等专业，增加康复治疗专业人才培养供给，注重提升临床实践能力。鼓励在临床医学专业教育中加强医学生康复医学相关知识和能力的培养，普及康复医学专业知识。持续推进康复医学科住院医师规范化培训，探索开展康复医学科医师转岗培训，增加从事康复医疗工作的医师数量。

（八）强化康复医疗专业人员岗位培训。逐步建立以需求为导向，以岗位胜任力为核心的康复医疗专业人员培训机制。根据医疗机构功能定位和康复医疗临床需求，有计划、分层次地对医疗机构中正在从事和拟从事康复医疗工作的人员开展培训，提升康复医疗服务能力。加强对全体医务人员康复医疗基本知识的培训，增强康复医疗早介入、全过程的意识，将康复理念贯穿于疾病预防、诊疗、康复等全过程。

（九）加强突发应急状态下康复医疗队伍储备。各地要依托有条件、能力强的综合医院康复医学科、中医医院康复科和康复医院组建或储备康复医疗专家库，建立一支素质优良、专业过硬、调动及时的应对重大疫情、灾害等突发公共卫生事件康复医疗专业队伍，强化人员、物资储备和应急演练，切实提升突发应急状态下的康复医疗服务能力。

四、提高康复医疗服务能力

（十）完善康复医疗工作制度、服务指南和技术规范。结合康复医疗专业特点和临床需求发展，制（修）订完善医疗机构康复医疗工作制度、康复医疗服务指南和技术规范等，特别是重大疾病、新发传染性疾病的康复技术指南等，规范临床康复医疗服务行为，提高康复医疗服务的专业性和规范性，进一步增进医疗效果。

（十一）加强康复医疗能力建设。以提升康复医疗服务能力为核心，重点加强三级综合医院康复医学科、三级中医医院康复科和三级康复医院的康复早期介入、多学科合作、疑难危重症患者康复医疗服务能力。根据不同人群的疾病特点和康复医疗服务迫切需求，积极推动神经康复、骨科康复、心肺康复、肿瘤康复、儿童康复、老年康复、疼痛康复、重症康复、中医康复、心理康复等康复医学亚专科建设，开展亚专科细化的康复评定、康复治疗、康复指导和康复随访等服务。

（十二）提高基层康复医疗能力。通过医联体、对口支援、远程培训等方式，发挥优质康复医疗资源辐射和带动作用，提高康复医疗中心和社区卫生服务中心、乡镇卫生院等基层医疗机构康复医疗服务能力和水平。鼓励医联体内有条件的二级以上医院通过建立康复医疗联合团队、一对一帮带、选派康复专家定期下沉基层医疗机构出诊、查房、培训等，帮扶基层医疗机构提升康复医疗能力。同时，要加强对全科医生、家庭医生签约团队的培训，提高其康复医疗服务能力。支持有条件的医疗机构与残疾人专业康复机构、儿童福利机构等加强合作，提高其康复水平。

（十三）提升中医康复服务能力。落实《关于印发中医药康复服务能力提升工程实施方案（2021-2025年）的通知》，充分发挥中医药在疾病康复中的重要作用。鼓励有条件的医疗机构积极提供中医药康复服务。加强中医药康复服务机构建设和管理，强化中医药康复专业人才培养和队伍建设，开展中医康复方案和技术规范研究，积极发展中医特色康复服务，增加基层中医康复服务供给，切实提升中医药康复服务能力和水平。

五、创新康复医疗服务模式

（十四）逐步推进康复与临床多学科合作模式。鼓励有条件的医疗机构创新开展康复医疗与外科、神经科、骨科、心血管、呼吸、重症、中医等临床相关学科紧密合作模式。以患者为中心，强化康复早期介入，推动加速康复外科，将康复贯穿于疾病诊疗全过程，提高医疗效果，促进患者快速康复和功能恢复。

（十五）积极发展社区和居家康复医疗。鼓励有条件的医疗机构通过"互联网+"、家庭病床、上门巡诊等方式将机构内康复医疗服务延伸至社区和居家。支持基层医疗机构丰富和创新康复医疗服务模式，优先为失能或高龄老年人、慢性病患者、重度残疾人等有迫切康复医疗服务需求的人群提供居家康复医疗、日间康复训练、康复指导等服务。

（十六）推动康复医疗与康复辅助器具配置服务衔接融合。落实《关于加快发展康复辅助器具产业的若干意见》，推进康复医疗服务和康复辅助器具配置服务深度融合。医疗机构要按照有关要求，合理配置康复辅助器具适配设备设施，强化相关人员培训，建立康复医师、康复治疗师与康复辅助器具配置人员团队合作机制，提高专业技术和服务能力。

第十九条　康复课程

医学院校和其他有关院校应当有计划地开设康复课程，设置相关专业，培养各类康复专业人才。

政府和社会采取多种形式对从事康复工作的人员进行技术培训；向残疾人、残疾人亲属、有关工作人员和志愿工作者普及康复知识，传授康复方法。

● 行政法规及文件

《残疾预防和残疾人康复条例》（2018 年 9 月 18 日）

第 19 条　康复机构应当具有符合无障碍环境建设要求的服务场所以及与所提供康复服务相适应的专业技术人员、设施设备等条件，建立完善的康复服务管理制度。

康复机构应当依照有关法律、法规和标准、规范的规定，为残疾人提供安全、有效的康复服务。鼓励康复机构为所在区域的社区、学校、家庭提供康复业务指导和技术支持。

康复机构的建设标准、服务规范、管理办法由国务院有关部门商中国残疾人联合会制定。

县级以上人民政府有关部门应当依据各自职责，加强对康复机构的监督管理。残疾人联合会应当及时汇总、发布康复机构信息，为残疾人接受康复服务提供便利，各有关部门应当予以支持。残疾人联合会接受政府委托对康复机构及其服务质量进行监督。

第22条　从事残疾人康复服务的人员应当具有人道主义精神，遵守职业道德，学习掌握必要的专业知识和技能并能够熟练运用；有关法律、行政法规规定需要取得相应资格的，还应当依法取得相应的资格。

第23条　康复机构应当对其工作人员开展在岗培训，组织学习康复专业知识和技能，提高业务水平和服务能力。

第二十条　康复器械、辅助器具

政府有关部门应当组织和扶持残疾人康复器械、辅助器具的研制、生产、供应、维修服务。

● 行政法规及文件

1.《残疾预防和残疾人康复条例》（2018年9月18日）

第20条　各级人民政府应当将残疾人社区康复纳入社区公共服务体系。

县级以上人民政府有关部门、残疾人联合会应当利用社区资源，根据社区残疾人数量、类型和康复需求等设立康复场所，或者通过政府购买服务方式委托社会组织，组织开展康复指导、日常生活能力训练、康复护理、辅助器具配置、信息咨询、知识普及和转介等社区康复工作。

城乡基层群众性自治组织应当鼓励和支持残疾人及其家庭成员参加社区康复活动，融入社区生活。

● 团体规定

2.《辅助器具进校园工程实施方案》（2022 年 8 月 9 日）

二、主要措施和流程

（一）加强政策宣传。各级残联组织会同教育行政部门做好政策宣传和解读，推动辅助器具适配有关政策进校园、进家庭，提高学校、学生、家长对辅具适配服务的认识。

（二）做好需求统计。秋季学期开学一个月内，各相关学校统计残疾学生辅助器具适配需求，特别关注农村地区残疾学生需求，10 月底前报县（市、区）教育行政部门，统计审核后汇总形成需求信息清单。

（三）开展科学评估。根据县（市、区）教育行政部门提供的需求信息清单，县级残联安排所属或指定的残疾人辅助器具服务机构，于 11 月底前进入学校或残疾人家庭，针对残疾学生的身体功能、学习生活环境及对辅具的个性化需求，开展初始评估及复评，形成评估档案。

（四）提供适配服务。残疾人辅助器具服务机构根据评估档案，开展辅具配置、使用训练、回访、辅具维修等工作，确保辅具服务的质量和有效性，提升辅具的使用率。

（五）加强培训指导。各方共同推动以融合教育、辅助器具日常调试等相关知识为主要内容，通过多种形式开展面向特殊教育学校教师、随班就读普通学校教师、残疾学生家长的培训，促进家校合作。

三、工作要求

（一）加强组织领导。各级残联组织和教育行政部门要将"辅助器具进校园"工程纳入年度工作计划，予以推动落实。省级残联组织和教育行政部门要加强组织指导，做好相关工作总结并上报年度工作开展情况。县级残联组织、教育行政部门、辅助器具服务机构、教育装备中心、相关学校各司其职、形成合力，做好需求统计、审核、辅助器具适配、教师和家长培训、必要的无障碍环境改造等工作。

（二）加大经费投入。各地要加大残疾人辅具适配服务投入，相关资源和工作经费优先支持残疾学生辅助器具适配。鼓励有条件的地方实施公益性残疾学生辅助器具适配项目，为家庭经济困难的残疾学生适配大额辅助器具提供补贴。

（三）强化规范服务。承担辅助器具适配服务的机构要将义务教育阶段残疾学生作为重点服务人群，规范做好需求确认、评估、辅助器具选配、训练和服务档案管理、设施无障碍改造等工作。特别要注重对残疾学生的随访和适配效果评价，切实提高残疾学生辅具适配服务质量，保障适配安全与效果。

（四）注重信息安全。工作中要切实保护残疾学生隐私，坚决防止信息泄露。每年 12 月底前，县级残联联合教育行政部门填写本年度残疾学生辅具适配信息汇总表（见附件1），省级残联康复部门汇总后，填写数据统计表（见附件2），由教育就业部对接省级教育行政部门基础教育处确认，以加密光盘形式同时报送中国残联教育就业部和教育部基础教育司。

（五）做好总结指导。各地教育行政部门要主动协调当地残联组织，加强对"辅助器具进校园"的跟踪指导，做好典型案例和经验的宣传推广，提高医疗康复和特殊教育融合的针对性和有效性，助力推动特殊教育高质量发展。

附件：1."辅助器具进校园"工程实施信息汇总表

2."辅助器具进校园"工程实施情况统计表

附件1

"辅助器具进校园"工程实施信息汇总表

填报单位：　　　　　实施年份：　　　　　填表日期：

序号	姓名	性别	籍贯	残疾证号	残疾类型	学校年级	家长联系方式	适配辅具名称	适配辅具数量

注：1. 残疾类型：视力残疾、听力残疾、言语残疾、肢体残疾、多重残疾、其他残疾。

2. 区县级残联组织填写此汇总表，以 Excel 形式上报。

附件2

"辅助器具进校园"工程实施情况统计表

实施年份：　　　　　　　　填表日期：

省份	辅具适配人数	类别					
		视力残疾	听力残疾	言语残疾	肢体残疾	多重残疾	其他

● **案例指引**

王某某诉某康复器具公司侵权责任纠纷案①

残疾辅助器具对残疾人生活具有重大影响。残疾辅助器具的质

---

① 《最高人民法院、中国残疾人联合会残疾人权益保护十大典型案例》，载最高人民法院网站，https：//www.court.gov.cn/zixun/xiangqing/334501.html，2023 年 6 月 30 日访问。

量是否合格，以及能否安全有效地使用，与辅助器具使用人的身体健康和人身、财产权益密切相关。残疾辅助器具产品除了具有物的属性外，还包含服务属性，任何一项属性存在缺陷都有可能对使用者造成损害。本案确立了残疾辅助器具侵权责任纠纷的基本裁判规则，即残疾辅助器具的经营者在向购买人出售产品后，除应保证产品质量合格外，还应根据产品性能及合同约定，为购买人提供装配、调整、使用指导、训练、查访等售后服务，若因服务缺失导致购买人产生人身损害，经营者应根据其过错程度承担相应的侵权责任。

第三章　教　　育

第二十一条　**残疾人的受教育权**

国家保障残疾人享有平等接受教育的权利。

各级人民政府应当将残疾人教育作为国家教育事业的组成部分，统一规划，加强领导，为残疾人接受教育创造条件。

政府、社会、学校应当采取有效措施，解决残疾儿童、少年就学存在的实际困难，帮助其完成义务教育。

各级人民政府对接受义务教育的残疾学生、贫困残疾人家庭的学生提供免费教科书，并给予寄宿生活费等费用补助；对接受义务教育以外其他教育的残疾学生、贫困残疾人家庭的学生按照国家有关规定给予资助。

● **行政法规及文件**

《国务院办公厅转发教育部等部门关于进一步加快特殊教育事业发展意见的通知》（2009年5月7日）

一、全面提高残疾儿童少年义务教育普及水平，不断完善残疾人教育体系

1. 继续提高残疾儿童少年义务教育普及水平。城市和经济发

达地区，适龄视力、听力、智力残疾儿童少年（以下简称三类残疾儿童少年）入学率要基本达到当地普通儿童少年水平；已经"普九"的中西部农村地区，其三类残疾儿童少年入学率要逐年提高；未"普九"地区要将残疾儿童少年义务教育作为普及九年义务教育的重要内容，三类残疾儿童少年入学率达到70%左右。积极创造条件，以多种形式对重度肢体残疾、重度智力残疾、孤独症、脑瘫和多重残疾儿童少年等实施义务教育，保障儿童福利机构适龄残疾儿童少年接受义务教育。

2. 加快发展以职业教育为主的残疾人高中阶段教育，为残疾学生就业和继续深造创造条件。具备条件的地市要举办残疾人高中阶段教育。特殊教育学校要根据需要举办残疾人高中教育部（班）；残疾人中等职业学校要积极拓宽专业设置，扩大招生规模；普通高中要招收具有接受普通教育能力的残疾学生；中等职业学校要积极开展残疾人职业教育。

3. 加快推进残疾人高等教育发展。进一步完善国家招收残疾考生政策，普通高校应依据有关法律和政策招收符合录取标准的残疾考生，不得因其残疾而拒绝招收。高等特殊教育学院（专业）要在保证质量的基础上，扩大招生规模，拓宽专业设置，提高办学层次。各地要为残疾人接受成人高等学历教育、自学考试、远程教育等提供更多方便，满足残疾人接受高等教育的需求。

4. 因地制宜发展残疾儿童学前教育。有条件的城市和农村地区要基本满足残疾儿童接受学前教育的需求。地方各级教育、民政、卫生部门和残联要相互协作，采取多种形式，在有条件地区积极举办0-3岁残疾儿童早期干预、早期教育和康复训练机构。鼓励社会力量举办学前特殊教育机构。

5. 大力开展面向成年残疾人的职业教育培训。以就业为导向，开展多种形式的残疾人技能培训，提高残疾人的就业和创业能力。

6. 采取多种措施，扫除残疾青壮年文盲。将扫除残疾青壮年文盲纳入当地扫盲工作整体规划，同步推进。残疾人教育机构、各有关部门和民间组织、残疾人所在单位要积极开展扫除残疾青壮年文盲工作，使残疾青壮年文盲率显著下降。

二、完善特殊教育经费保障机制，提高特殊教育保障水平

7. 全面实施残疾学生免费义务教育。对义务教育阶段残疾学生在"两免一补"基础上，针对残疾学生的特殊需要，进一步提高补助水平。各地应按照彩票公益金的使用宗旨，结合本地实际，支持残疾儿童少年特殊教育。

8. 加强特殊教育学校建设。国家支持中西部地区特殊教育学校建设，在人口 30 万以上或残疾儿童少年相对较多，尚无特殊教育学校的县，独立建设一所特殊教育学校；不足 30 万人口的县，在地市范围内，统筹建设一所或几所特殊教育学校。各地要统筹规划、合理布局，坚持标准，确保质量。东部地区也要加大投入，按照本地区特殊教育规划和国家有关建设标准做好特殊教育学校建设工作。

各地要统筹安排在普通学校、儿童福利机构或者其他机构附设的特教班、高中阶段特殊教育学校（班）和高等特殊教育专业的建设。

9. 做好中等教育和高等教育阶段残疾学生资助工作。普通高校全日制本专科在校生中家庭经济困难的残疾学生和中等职业学校一、二年级在校生中残疾学生要全部享受国家助学金。在特殊教育学校职业高中班（部）就读的残疾学生也应享受国家助学金。

10. 加大投入，确保特殊教育学校（院）正常运转。各地要从特殊教育学校（院）人均成本高的实际出发，研究制定特殊教育学校（院）生均公用经费标准，保证学校（院）正常的教育教学需求。

中央财政将继续设立特殊教育补助专款，地方各级人民政府要继续设立特殊教育专项补助费并不断提高。中央财政加大专项补助资金投入，鼓励和支持地方办好现有的面向全国招生的高等

特殊教育学院。

各地要从残疾人就业保障金中安排一定比例的资金用于特殊教育学校（院）开展包括社会成年残疾人在内的各种职业教育与培训。

三、加强特殊教育的针对性，提高残疾学生的综合素质

11. 根据残疾学生的身心特点和特殊需求，加强教育的针对性。注重学生的潜能开发和缺陷补偿，培养残疾学生乐观面对人生，全面融入社会的意识和自尊、自信、自立、自强精神。加强残疾学生的法制教育、心理健康教育和安全教育。

在课程改革中，要充分考虑残疾学生特点，注重提高其生活自理、与人交往、融入社会、劳动和就业等能力的培养。

12. 全面推进随班就读工作，不断提高教育质量。重点推进县（区）级随班就读支持保障体系的建立和完善。所有实施义务教育的学校要积极创造条件，接收具有接受普通教育能力的适龄残疾儿童少年随班就读，不断扩大随班就读规模。

建立特殊教育学校定期委派教师到普通学校巡回指导随班就读工作的制度，确保随班就读的质量。

13. 大力加强职业教育，促进残疾人就业。特殊教育学校要在开足开好劳动技术、综合实践活动等课程的同时，开设符合学生特点、适合当地需要的职业课程。根据市场和社会需求，加强残疾人中等职业学校骨干专业课程的建设。不断更新高等特殊教育院校教学内容，合理调整专业结构。加强学生的生产实习和社会实践，促进职业教育实训基地共建共享。做好学生的就业指导工作。鼓励和扶持各类特殊教育学校（院）、职业学校及职业培训机构，开展各种形式的残疾人职业培训。各级政府和有关部门要加大残疾人职业培训经费投入，在生产实习基地建设、职业技能鉴定、就业安置等方面制定优惠政策和具体扶持保护措施。

14. 加快特殊教育信息化进程。建好国家特殊教育资源库和

特教信息资源管理系统，促进优质特殊教育资源共享。地方各级人民政府要加强特殊教育信息化软硬件建设。特教学校要根据残疾学生的特点积极开展信息技术教育，大力推进信息技术在教学过程中的应用，提高残疾学生信息素养和运用信息技术的能力。

15. 深入开展特殊教育研究。建设一支理论素养高、专业能力强的特殊教育科研骨干队伍，提高特殊教育科研质量和水平。各省、市（地）教育行政部门所属的教学研究部门和科学研究部门应配备专职或兼职特教教研人员，组织并指导学校开展教育教学研究。继续开展盲文、手语研究，使之更加科学、实用。

四、加强特殊教育师资队伍建设，提高教师专业化水平

16. 加强特殊教育教师培养培训工作。要适应残疾儿童少年教育普及水平提高的需要，加强特殊教育师范院校专业建设。统筹规划，合理布局，加大特教师资的培养力度。鼓励和支持各级师范院校与综合性院校举办特殊教育专业或开设特殊教育课程。各地在实施师范生免费教育时，要把特教师资培养纳入培养计划。加大特殊教育或相关专业研究生培养力度。注重特殊教育专业训练，提高培养质量。鼓励优秀高校毕业生到特殊教育学校、儿童福利机构等单位任教。

各地要将特殊教育教师培训纳入教师继续教育培训计划，对在职教师实行轮训，重点抓好骨干教师特别是中青年骨干教师培训。要加强对在普通学校、儿童福利机构或其他机构中从事特殊教育工作的教师和特殊教育学校巡回指导教师的培训。要高度重视残疾人职业教育专业课教师培训。依托高等特殊教育学院、其他有关院校和专业机构建设"特殊教育教师培训基地"。

17. 配齐配足教师，确保特殊教育学校正常教学和管理工作。省级有关部门要根据特殊教育学校学生少、班额小、寄宿生多、教师需求量大的特点，合理确定特殊教育学校教职工编制并保障落实。

18. 要切实采取措施落实特殊教育教师待遇。《中华人民共和

国义务教育法》明确规定特殊教育教师享有特殊岗位补助津贴。各地要采取措施，确保国家规定的特殊教育教师工资待遇政策得到落实。要将承担随班就读教学与管理人员的工作列入绩效考核内容。要在优秀教师和优秀教育工作者表彰中提高特教教师和校长的比例。

第二十二条　教育方针

残疾人教育，实行普及与提高相结合、以普及为重点的方针，保障义务教育，着重发展职业教育，积极开展学前教育，逐步发展高级中等以上教育。

● 法　律

1.《职业教育法》（2022 年 4 月 20 日）

第 10 条　国家采取措施，大力发展技工教育，全面提高产业工人素质。

国家采取措施，支持举办面向农村的职业教育，组织开展农业技能培训、返乡创业就业培训和职业技能培训，培养高素质乡村振兴人才。

国家采取措施，扶持革命老区、民族地区、边远地区、欠发达地区职业教育的发展。

国家采取措施，组织各类转岗、再就业、失业人员以及特殊人群等接受各种形式的职业教育，扶持残疾人职业教育的发展。

国家保障妇女平等接受职业教育的权利。

第 18 条　残疾人职业教育除由残疾人教育机构实施外，各级各类职业学校和职业培训机构及其他教育机构应当按照国家有关规定接纳残疾学生，并加强无障碍环境建设，为残疾学生学习、生活提供必要的帮助和便利。

国家采取措施，支持残疾人教育机构、职业学校、职业培训机构及其他教育机构开展或者联合开展残疾人职业教育。

从事残疾人职业教育的特殊教育教师按照规定享受特殊教育津贴。

2. **《教育法》**（2021 年 4 月 29 日）

第 10 条　国家根据各少数民族的特点和需要，帮助各少数民族地区发展教育事业。

国家扶持边远贫困地区发展教育事业。

国家扶持和发展残疾人教育事业。

第 39 条　国家、社会、学校及其他教育机构应当根据残疾人身心特性和需要实施教育，并为其提供帮助和便利。

● **行政法规及文件**

3. **《残疾人教育条例》**（2017 年 2 月 1 日）

第 1 条　为了保障残疾人受教育的权利，发展残疾人教育事业，根据《中华人民共和国教育法》和《中华人民共和国残疾人保障法》，制定本条例。

第 2 条　国家保障残疾人享有平等接受教育的权利，禁止任何基于残疾的教育歧视。

残疾人教育应当贯彻国家的教育方针，并根据残疾人的身心特性和需要，全面提高其素质，为残疾人平等地参与社会生活创造条件。

第 3 条　残疾人教育是国家教育事业的组成部分。

发展残疾人教育事业，实行普及与提高相结合、以普及为重点的方针，保障义务教育，着重发展职业教育，积极开展学前教育，逐步发展高级中等以上教育。

残疾人教育应当提高教育质量，积极推进融合教育，根据残疾人的残疾类别和接受能力，采取普通教育方式或者特殊教育方式，优先采取普通教育方式。

第 4 条　县级以上人民政府应当加强对残疾人教育事业的领

导，将残疾人教育纳入教育事业发展规划，统筹安排实施，合理配置资源，保障残疾人教育经费投入，改善办学条件。

第5条　国务院教育行政部门主管全国的残疾人教育工作，统筹规划、协调管理全国的残疾人教育事业；国务院其他有关部门在国务院规定的职责范围内负责有关的残疾人教育工作。

县级以上地方人民政府教育行政部门主管本行政区域内的残疾人教育工作；县级以上地方人民政府其他有关部门在各自的职责范围内负责有关的残疾人教育工作。

第6条　中国残疾人联合会及其地方组织应当积极促进和开展残疾人教育工作，协助相关部门实施残疾人教育，为残疾人接受教育提供支持和帮助。

第7条　学前教育机构、各级各类学校及其他教育机构应当依照本条例以及国家有关法律、法规的规定，实施残疾人教育；对符合法律、法规规定条件的残疾人申请入学，不得拒绝招收。

第8条　残疾人家庭应当帮助残疾人接受教育。

残疾儿童、少年的父母或者其他监护人应当尊重和保障残疾儿童、少年接受教育的权利，积极开展家庭教育，使残疾儿童、少年及时接受康复训练和教育，并协助、参与有关教育机构的教育教学活动，为残疾儿童、少年接受教育提供支持。

第9条　社会各界应当关心和支持残疾人教育事业。残疾人所在社区、相关社会组织和企事业单位，应当支持和帮助残疾人平等接受教育、融入社会。

第10条　国家对为残疾人教育事业作出突出贡献的组织和个人，按照有关规定给予表彰、奖励。

第11条　县级以上人民政府负责教育督导的机构应当将残疾人教育实施情况纳入督导范围，并可以就执行残疾人教育法律法规情况、残疾人教育教学质量以及经费管理和使用情况等实施专项督导。

● 部门规章及文件

4.《残疾人中等职业学校设置标准》（2022 年 11 月 15 日）

第 1 条　为保障残疾人受教育权利，促进残疾人中等职业教育发展，规范学校建设，保证教育质量，提高办学效益，根据《中华人民共和国职业教育法》、《残疾人教育条例》、《国家职业教育改革实施方案》、《中等职业学校设置标准》、《关于加快发展残疾人职业教育的若干意见》和残疾人职业教育特点，特制定本标准。

第 2 条　本标准所称残疾人中等职业学校是指依法经国家主管部门批准设立，以初中毕业或同等学力的残疾人为主要招生对象，实施全日制学历教育及职业培训的中等职业学校。

第 3 条　设置残疾人中等职业学校，要遵循需要和可行相结合的原则，纳入当地教育发展规划，在地方教育行政部门统筹和指导下进行。

第 4 条　新建或改扩建残疾人中等职业学校，校址一般要选在交通便利、公共设施较完善的地方。学校环境要符合残疾人教育教学、校园安全和身心健康要求。

第 5 条　设置残疾人中等职业学校，须有学校章程和必须的管理制度，要依法办学。学校章程包括：名称、校址、办学宗旨、治理机构和运行机制以及教职工管理、学生管理、教育教学管理、校产和财务管理制度、学校章程修订程序等内容。

第 6 条　设置残疾人中等职业学校，须配备思想政治素质高和管理能力强，热爱残疾人事业，熟悉残疾人职业教育规律的学校领导。公办中等职业学校实行中国共产党基层组织领导下的校长负责制。校长应具有从事五年以上教育教学工作的经历，校长及教学副校长须具有高级专业技术职务，校级领导应具有大学本科及以上学历。

第 7 条　设置残疾人中等职业学校，须根据残疾人和职业教育特点，建立必要的教育教学和管理等工作机构。

第8条　设置残疾人中等职业学校，要有基本的办学规模。根据社会需要和残疾人的身心特点合理设置专业，常设专业一般不少于4个，学历教育在校生规模一般不少于300人，班额原则上为8-20人。

第9条　设置残疾人中等职业学校，须有与学校办学规模相适应、结构合理的专兼职教师队伍。专任教师要符合《残疾人教育条例》规定的基本条件，相关辅助专业人员应具备由职能部门认可的相应从业资质。教职工与在校生比例不低于1∶5，其中，每15名学生配备1名相关辅助专业人员（如生活辅导、就业指导、心理健康、康复训练、辅助科技和转衔服务等）。专任教师数不低于本校教职工总数的60%，专业课教师数不低于本校专任教师数的60%，"双师型"教师不低于本校专业课教师数的50%。专任教师中，具有高级专业技术职务人数不低于20%、具有专业背景的硕博士学位教师占比不低于10%。每个专业至少应配备具有相关专业中级以上专业技术职务的专任教师2人。学校聘请有实践经验的兼职教师应占本校专任教师总数的20%左右。

第10条　设置残疾人中等职业学校，须有与办学规模、专业设置和残疾人特点相适应的个性化校园、校舍和设施，且符合《无障碍环境建设条例》及《建筑与市政工程无障碍通用规范》等标准规范要求。

校园占地面积（不含教职工宿舍和相对独立的附属机构）：不少于30000平方米，一般生均占地面积不少于70平方米。

校舍建筑面积（不含教职工宿舍和相对独立的附属机构）：不少于16000平方米，一般生均建筑面积不少于35平方米。

体育用地：须有200米以上环型跑道的田径场，有满足残疾人教学和体育活动需要的其他设施和场地。

图书馆和阅览室：要适应办学规模，满足教学需要。适用印刷图书生均不少于 30 册，电子图书生均不少于 30 册，有盲文图书、有声读物和盲、聋生电子阅览室，报刊种类 50 种以上。教师阅览（资料）室和学生阅览室的座位数应分别按不低于教职工总数和学生总数的 20% 设置。

资源中心（教室）：要根据办学规模和本地区残疾人职业教育的需求建立适度大小的资源中心，根据残疾学生类别配备必要的教育教学、康复训练设施设备和资源教师、巡回指导教师及专业人员，为本校学生提供职业能力评估、个别化教学指导、考试辅助和转衔教育服务；同时为本地区的有关学校和机构提供残疾人职业教育指导、咨询和相关服务。

设施、设备与实训基地：必须具有与专业设置相匹配、满足教学要求的实训、实习设施和仪器设备，设施和仪器设备要规范、实用；每个专业要有相对应的校内实训基地和稳定的校外实训基地。要根据残疾学生的实际需要设置医疗服务、心理辅导、康复训练、专用检测等学习及生活所需专用场所和特殊器具设备。

信息化：要具备能够应用现代教育技术手段，实施教育教学与管理信息化所需的软、硬件设施、设备及适合各类残疾人学习的教育教学资源，并参照同类普通中等职业学校标准建设数字校园。

第 11 条　设置残疾人中等职业学校，须具有符合国家和地方教育行政部门要求的教育教学基本制度。落实好立德树人根本任务，建立德技并修、工学结合、产教融合、校企合作的育人机制，根据职业教育国家教学标准，结合残疾人身心特点和就业市场需求，科学制订人才培养方案、设置课程，并根据国家政策推行 1+X 证书制度。

第 12 条　学校办学经费应依据《中华人民共和国职业教育法》、《中华人民共和国残疾人保障法》、《残疾人教育条例》和有关法律法规，以举办者投入为主，企业、社会等多渠道筹措落实。地方应充分考虑残疾人职业学校班额小、教育教学成本高、无障碍建设维护支出多等实际情况，制定残疾人中等职业学校生均拨款标准（综合定额标准或公用经费定额标准），按时、足额拨付经费，不断改善学校办学条件。

第13条　学校应落实学历教育与职业培训并举的法定职责，加强残疾人的职业培训，按照育训结合、内外兼顾的要求，面向在校残疾学生和社会残疾人开展职业培训，并积极承担当地特殊教育学校和融合教育机构的残疾人职业教育指导工作。

第14条　本标准为独立设置的残疾人中等职业学校的基本标准，适用于各级政府部门、行业、企业举办的各类残疾人中等职业学校，民办和非独立设置的残疾人中等职业教育机构及融合教育机构可参照执行。新建的残疾人中等职业学校可根据需要设置不超过3年的建设期。省级有关部门可根据本地实际情况制定高于本标准的残疾人中等职业学校设置办法。

第15条　本标准的主要指标应作为各地残疾人中等职业学校审批、检查、评估、督导的基本依据，有关内容纳入地方政府履行教育职责的督导范围。

第16条　本标准自颁发之日起施行。2007年中国残联、教育部制定的《残疾人中等职业学校设置标准（试行）》同时废止。

第二十三条　教育要求

残疾人教育应当根据残疾人的身心特性和需要，按照下列要求实施：

（一）在进行思想教育、文化教育的同时，加强身心补偿和职业教育；

（二）依据残疾类别和接受能力，采取普通教育方式或者特殊教育方式；

（三）特殊教育的课程设置、教材、教学方法、入学和在校年龄，可以有适度弹性。

《残疾人教育条例》（2017 年 2 月 1 日）

第 3 条　残疾人教育是国家教育事业的组成部分。

发展残疾人教育事业，实行普及与提高相结合、以普及为重点的方针，保障义务教育，着重发展职业教育，积极开展学前教育，逐步发展高级中等以上教育。

残疾人教育应当提高教育质量，积极推进融合教育，根据残疾人的残疾类别和接受能力，采取普通教育方式或者特殊教育方式，优先采取普通教育方式。

第二十四条　教育机构

县级以上人民政府应当根据残疾人的数量、分布状况和残疾类别等因素，合理设置残疾人教育机构，并鼓励社会力量办学、捐资助学。

● 行政法规及文件

《残疾人教育条例》（2017 年 2 月 1 日）

第 4 条　县级以上人民政府应当加强对残疾人教育事业的领导，将残疾人教育纳入教育事业发展规划，统筹安排实施，合理配置资源，保障残疾人教育经费投入，改善办学条件。

第 5 条　国务院教育行政部门主管全国的残疾人教育工作，统筹规划、协调管理全国的残疾人教育事业；国务院其他有关部门在国务院规定的职责范围内负责有关的残疾人教育工作。

县级以上地方人民政府教育行政部门主管本行政区域内的残疾人教育工作；县级以上地方人民政府其他有关部门在各自的职责范围内负责有关的残疾人教育工作。

第 6 条　中国残疾人联合会及其地方组织应当积极促进和开展残疾人教育工作，协助相关部门实施残疾人教育，为残疾人接受教育提供支持和帮助。

| 第二十五条 | 普通教育机构的责任 |

普通教育机构对具有接受普通教育能力的残疾人实施教育，并为其学习提供便利和帮助。

普通小学、初级中等学校，必须招收能适应其学习生活的残疾儿童、少年入学；普通高级中等学校、中等职业学校和高等学校，必须招收符合国家规定的录取要求的残疾考生入学，不得因其残疾而拒绝招收；拒绝招收的，当事人或者其亲属、监护人可以要求有关部门处理，有关部门应当责令该学校招收。

普通幼儿教育机构应当接收能适应其生活的残疾幼儿。

● **行政法规及文件**

《残疾人教育条例》（2017 年 2 月 1 日）

第 7 条 学前教育机构、各级各类学校及其他教育机构应当依照本条例以及国家有关法律、法规的规定，实施残疾人教育；对符合法律、法规规定条件的残疾人申请入学，不得拒绝招收。

| 第二十六条 | 特殊教育机构、特殊教育班的责任 |

残疾幼儿教育机构、普通幼儿教育机构附设的残疾儿童班、特殊教育机构的学前班、残疾儿童福利机构、残疾儿童家庭，对残疾儿童实施学前教育。

初级中等以下特殊教育机构和普通教育机构附设的特殊教育班，对不具有接受普通教育能力的残疾儿童、少年实施义务教育。

高级中等以上特殊教育机构、普通教育机构附设的特殊教育班和残疾人职业教育机构，对符合条件的残疾人实施高级中等以上文化教育、职业教育。

提供特殊教育的机构应当具备适合残疾人学习、康复、生活特点的场所和设施。

● 法　律

1. 《义务教育法》（2018 年 12 月 29 日）

第 6 条　国务院和县级以上地方人民政府应当合理配置教育资源，促进义务教育均衡发展，改善薄弱学校的办学条件，并采取措施，保障农村地区、民族地区实施义务教育，保障家庭经济困难的和残疾的适龄儿童、少年接受义务教育。

国家组织和鼓励经济发达地区支援经济欠发达地区实施义务教育。

第 19 条　县级以上地方人民政府根据需要设置相应的实施特殊教育的学校（班），对视力残疾、听力语言残疾和智力残疾的适龄儿童、少年实施义务教育。特殊教育学校（班）应当具备适应残疾儿童、少年学习、康复、生活特点的场所和设施。

普通学校应当接收具有接受普通教育能力的残疾适龄儿童、少年随班就读，并为其学习、康复提供帮助。

第 57 条　学校有下列情形之一的，由县级人民政府教育行政部门责令限期改正；情节严重的，对直接负责的主管人员和其他直接责任人员依法给予处分：

（一）拒绝接收具有接受普通教育能力的残疾适龄儿童、少年随班就读的；

（二）分设重点班和非重点班的；

（三）违反本法规定开除学生的；

（四）选用未经审定的教科书的。

2.《残疾人教育条例》（2017 年 2 月 1 日）

第 12 条　各级人民政府应当依法履行职责，保障适龄残疾儿童、少年接受义务教育的权利。

县级以上人民政府对实施义务教育的工作进行监督、指导、检查，应当包括对残疾儿童、少年实施义务教育工作的监督、指导、检查。

第 13 条　适龄残疾儿童、少年的父母或者其他监护人，应当依法保证其残疾子女或者被监护人入学接受并完成义务教育。

第 14 条　残疾儿童、少年接受义务教育的入学年龄和年限，应当与当地儿童、少年接受义务教育的入学年龄和年限相同；必要时，其入学年龄和在校年龄可以适当提高。

第 15 条　县级人民政府教育行政部门应当会同卫生行政部门、民政部门、残疾人联合会，根据新生儿疾病筛查和学龄前儿童残疾筛查、残疾人统计等信息，对义务教育适龄残疾儿童、少年进行入学前登记，全面掌握本行政区域内义务教育适龄残疾儿童、少年的数量和残疾情况。

第 16 条　县级人民政府应当根据本行政区域内残疾儿童、少年的数量、类别和分布情况，统筹规划，优先在部分普通学校中建立特殊教育资源教室，配备必要的设备和专门从事残疾人教育的教师及专业人员，指定其招收残疾儿童、少年接受义务教育；并支持其他普通学校根据需要建立特殊教育资源教室，或者安排具备相应资源、条件的学校为招收残疾学生的其他普通学校提供必要的支持。

县级人民政府应当为实施义务教育的特殊教育学校配备必要的残疾人教育教学、康复评估和康复训练等仪器设备，并加强九年一贯制义务教育特殊教育学校建设。

第 17 条　适龄残疾儿童、少年能够适应普通学校学习生活、接受普通教育的，依照《中华人民共和国义务教育法》的规定就近到普通学校入学接受义务教育。

适龄残疾儿童、少年能够接受普通教育，但是学习生活需要特别支持的，根据身体状况就近到县级人民政府教育行政部门在一定区域内指定的具备相应资源、条件的普通学校入学接受义务教育。

适龄残疾儿童、少年不能接受普通教育的，由县级人民政府教育行政部门统筹安排进入特殊教育学校接受义务教育。

适龄残疾儿童、少年需要专人护理，不能到学校就读的，由县级人民政府教育行政部门统筹安排，通过提供送教上门或者远程教育等方式实施义务教育，并纳入学籍管理。

第18条　在特殊教育学校学习的残疾儿童、少年，经教育、康复训练，能够接受普通教育的，学校可以建议残疾儿童、少年的父母或者其他监护人将其转入或者升入普通学校接受义务教育。

在普通学校学习的残疾儿童、少年，难以适应普通学校学习生活的，学校可以建议残疾儿童、少年的父母或者其他监护人将其转入指定的普通学校或者特殊教育学校接受义务教育。

第19条　适龄残疾儿童、少年接受教育的能力和适应学校学习生活的能力应当根据其残疾类别、残疾程度、补偿程度以及学校办学条件等因素判断。

第20条　县级人民政府教育行政部门应当会同卫生行政部门、民政部门、残疾人联合会，建立由教育、心理、康复、社会工作等方面专家组成的残疾人教育专家委员会。

残疾人教育专家委员会可以接受教育行政部门的委托，对适龄残疾儿童、少年的身体状况、接受教育的能力和适应学校学习生活的能力进行评估，提出入学、转学建议；对残疾人义务教育问题提供咨询，提出建议。

依照前款规定作出的评估结果属于残疾儿童、少年的隐私，仅可被用于对残疾儿童、少年实施教育、康复。教育行政部门、残疾人教育专家委员会、学校及其工作人员对在工作中了解的残疾儿童、少年评估结果及其他个人信息负有保密义务。

第21条 残疾儿童、少年的父母或者其他监护人与学校就入学、转学安排发生争议的，可以申请县级人民政府教育行政部门处理。

接到申请的县级人民政府教育行政部门应当委托残疾人教育专家委员会对残疾儿童、少年的身体状况、接受教育的能力和适应学校学习生活的能力进行评估并提出入学、转学建议，并根据残疾人教育专家委员会的评估结果和提出的入学、转学建议，综合考虑学校的办学条件和残疾儿童、少年及其父母或者其他监护人的意愿，对残疾儿童、少年的入学、转学安排作出决定。

第22条 招收残疾学生的普通学校应当将残疾学生合理编入班级；残疾学生较多的，可以设置专门的特殊教育班级。

招收残疾学生的普通学校应当安排专门从事残疾人教育的教师或者经验丰富的教师承担随班就读或者特殊教育班级的教育教学工作，并适当缩减班级学生数额，为残疾学生入学后的学习、生活提供便利和条件，保障残疾学生平等参与教育教学和学校组织的各项活动。

第23条 在普通学校随班就读残疾学生的义务教育，可以适用普通义务教育的课程设置方案、课程标准和教材，但是对其学习要求可以有适度弹性。

第24条 残疾儿童、少年特殊教育学校（班）应当坚持思想教育、文化教育、劳动技能教育与身心补偿相结合，并根据学生残疾状况和补偿程度，实施分类教学；必要时，应当听取残疾学生父母或者其他监护人的意见，制定符合残疾学生身心特性和需要的个别化教育计划，实施个别教学。

第25条 残疾儿童、少年特殊教育学校（班）的课程设置方案、课程标准和教材，应当适合残疾儿童、少年的身心特性和需要。

残疾儿童、少年特殊教育学校（班）的课程设置方案、课程标准由国务院教育行政部门制订；教材由省级以上人民政府教育行政部门按照国家有关规定审定。

第26条　县级人民政府教育行政部门应当加强对本行政区域内的残疾儿童、少年实施义务教育工作的指导。

县级以上地方人民政府教育行政部门应当统筹安排支持特殊教育学校建立特殊教育资源中心，在一定区域内提供特殊教育指导和支持服务。特殊教育资源中心可以受教育行政部门的委托承担以下工作：

（一）指导、评价区域内的随班就读工作；

（二）为区域内承担随班就读教育教学任务的教师提供培训；

（三）派出教师和相关专业服务人员支持随班就读，为接受送教上门和远程教育的残疾儿童、少年提供辅导和支持；

（四）为残疾学生父母或者其他监护人提供咨询；

（五）其他特殊教育相关工作。

第31条　各级人民政府应当积极采取措施，逐步提高残疾幼儿接受学前教育的比例。

县级人民政府及其教育行政部门、民政部门等有关部门应当支持普通幼儿园创造条件招收残疾幼儿；支持特殊教育学校和具备办学条件的残疾儿童福利机构、残疾儿童康复机构等实施学前教育。

第32条　残疾幼儿的教育应当与保育、康复结合实施。

招收残疾幼儿的学前教育机构应当根据自身条件配备必要的康复设施、设备和专业康复人员，或者与其他具有康复设施、设备和专业康复人员的特殊教育机构、康复机构合作对残疾幼儿实施康复训练。

第33条　卫生保健机构、残疾幼儿的学前教育机构、儿童福利机构和家庭，应当注重对残疾幼儿的早期发现、早期康复和早期教育。

卫生保健机构、残疾幼儿的学前教育机构、残疾儿童康复机构应当就残疾幼儿的早期发现、早期康复和早期教育为残疾幼儿家庭提供咨询、指导。

第 34 条　普通高级中等学校、高等学校、继续教育机构应当招收符合国家规定的录取标准的残疾考生入学，不得因其残疾而拒绝招收。

第 35 条　设区的市级以上地方人民政府可以根据实际情况举办实施高级中等以上教育的特殊教育学校，支持高等学校设置特殊教育学院或者相关专业，提高残疾人的受教育水平。

第 36 条　县级以上人民政府教育行政部门以及其他有关部门、学校应当充分利用现代信息技术，以远程教育等方式为残疾人接受成人高等教育、高等教育自学考试等提供便利和帮助，根据实际情况开设适合残疾人学习的专业、课程，采取灵活开放的教学和管理模式，支持残疾人顺利完成学业。

第 37 条　残疾人所在单位应当对本单位的残疾人开展文化知识教育和技术培训。

第 38 条　扫除文盲教育应当包括对年满 15 周岁以上的未丧失学习能力的文盲、半文盲残疾人实施的扫盲教育。

第 39 条　国家、社会鼓励和帮助残疾人自学成才。

第二十七条　**职业教育和培训**

政府有关部门、残疾人所在单位和有关社会组织应当对残疾人开展扫除文盲、职业培训、创业培训和其他成人教育，鼓励残疾人自学成才。

● 法　律

1.《职业教育法》（2022 年 4 月 20 日）

第 10 条　国家采取措施，大力发展技工教育，全面提高产业工人素质。

国家采取措施，支持举办面向农村的职业教育，组织开展农业技能培训、返乡创业就业培训和职业技能培训，培养高素质乡村振兴人才。

国家采取措施，扶持革命老区、民族地区、边远地区、欠发达地区职业教育的发展。

国家采取措施，组织各类转岗、再就业、失业人员以及特殊人群等接受各种形式的职业教育，扶持残疾人职业教育的发展。

国家保障妇女平等接受职业教育的权利。

第18条　残疾人职业教育除由残疾人教育机构实施外，各级各类职业学校和职业培训机构及其他教育机构应当按照国家有关规定接纳残疾学生，并加强无障碍环境建设，为残疾学生学习、生活提供必要的帮助和便利。

国家采取措施，支持残疾人教育机构、职业学校、职业培训机构及其他教育机构开展或者联合开展残疾人职业教育。

从事残疾人职业教育的特殊教育教师按照规定享受特殊教育津贴。

● 行政法规及文件

2.《残疾人教育条例》（2017年2月1日）

第27条　残疾人职业教育应当大力发展中等职业教育，加快发展高等职业教育，积极开展以实用技术为主的中期、短期培训，以提高就业能力为主，培养技术技能人才，并加强对残疾学生的就业指导。

第28条　残疾人职业教育由普通职业教育机构和特殊职业教育机构实施，以普通职业教育机构为主。

县级以上地方人民政府应当根据需要，合理设置特殊职业教育机构，改善办学条件，扩大残疾人中等职业学校招生规模。

第29条　普通职业学校不得拒绝招收符合国家规定的录取标

准的残疾人入学，普通职业培训机构应当积极招收残疾人入学。

县级以上地方人民政府应当采取措施，鼓励和支持普通职业教育机构积极招收残疾学生。

第30条　实施残疾人职业教育的学校和培训机构，应当根据社会需要和残疾人的身心特性合理设置专业，并与企业合作设立实习实训基地，或者根据教学需要和条件办好实习基地。

● 部门规章及文件

3.《教育部等四部门关于加快发展残疾人职业教育的若干意见》（2018年4月23日）

二、以中等职业教育为重点不断扩大残疾人接受职业教育的机会

大力发展残疾人中等职业教育，让完成义务教育且有意愿的残疾人都能接受适合的中等职业教育。职业院校要通过随班就读、专门编班等形式，逐步扩大招收残疾学生的规模，不得以任何理由拒绝接收符合规定录取标准的残疾学生入学。

现有的残疾人职业院校要根据需求不断完善残疾人职业教育的专业设置，有针对性的开设适合残疾人学习的专业，积极探索设置面向智力残疾学生、多重残疾学生的专业或方向，扩大残疾人就读专业的选择机会，为残疾人提供适合的职业教育，同步促进残疾人的康复与职业技能提升。每个省（区、市）集中力量至少办好一所面向全省招生的残疾人中等职业学校。

加快发展残疾人高等职业教育。鼓励职业院校与现有独立设置的特殊教育机构合作办学，联合招生、学分互认、课程互选，共同培养残疾学生。对于获得由教育部主办或联办的全国职业院校技能大赛三等奖以上奖项或由省级教育行政部门主办或联办的省级职业院校技能大赛一等奖的残疾人以及具有高级工或技师资格（或相当职业资格）、获得县级劳动模范先进个人称号的在职

在岗残疾人，经报名地省级教育行政部门核实资格、高等职业院校考核公示，并在教育部阳光高考平台公示后，可由高等职业院校免试录取，接受高等职业教育。

三、改进残疾人职业教育的办学条件

各地要加大对残疾人职业教育的投入，在落实职业院校生均拨款制度的同时，适当提高接受职业教育残疾学生的生均拨款水平。要用好残疾人事业发展资金、就业补助资金等，支持残疾人接受职业教育和培训。鼓励企事业单位、社会组织、公民个人捐资支持残疾人职业教育发展。

加强残疾人职业院校基础建设。招收残疾学生的职业院校应实施必要的无障碍环境改造，为残疾学生就学、生活提供便利；建立特殊教育资源教室，配备相应专业人员，适当改造校内外实习实训场所，满足残疾学生课程学习和实习实训需要。鼓励职业院校与现有独立设置的特殊教育学校共建共享实训实习和创业孵化基地。修订《残疾人中等职业学校设置标准（试行）》，制订残疾人职业院校办学标准。

加大对接受职业教育残疾学生的资助保障，家庭经济困难的残疾学生优先享受国家助学金等。各地可结合实际，为接受职业教育的残疾学生提供特殊学习用品和交通费补助等。

四、提高残疾人职业教育的质量

不断提高残疾人职业教育的质量，为残疾人提供更多个性化教育、适合的教育。

要落实立德树人根本任务，遵循职业教育规律和残疾学生身心特点，把培育和践行社会主义核心价值观融入教育教学全过程，加强残疾学生思想道德教育和职业精神的培育。

要加大对残疾人职业教育课程、教材建设的指导监督力度，加强残疾人职业教育教材和教学资源建设，组织开发适合残疾人的职业教育教材。鼓励职业院校开发适合残疾人职业教育的校本教材。

要发挥现有残疾人职业教育机构在区域内的辐射引领作用，引导其对接收残疾学生的职业院校提供必要的业务指导和帮助。

各地要加强残疾人职业教育教师的培养培训，专业课教师每5年应有不少于6个月的企业或生产服务一线实践，没有企业工作经历的新任教师应先实践再上岗。职业院校要遴选和安排具有特殊教育资质或教学经验丰富的教师承担随班就读或特殊教育班级（专业）的教育教学工作，为残疾学生配备优质师资。

各地要根据实际需要，参照当地出台的特殊教育学校教职工编制标准，落实职业院校开展残疾人职业教育教学和管理工作所需编制，合理配备教师、生活辅导人员和相关专业人员。要落实残疾人职业教育教师工资待遇、职称评定、表彰奖励等方面的倾斜政策，切实保障从事残疾人职业教育教师的各项待遇。

五、加强残疾人的就业指导和援助

各职业院校、各残疾人就业服务机构要结合残疾学生特点和需求提供就业创业指导，提高残疾学生的就业创业能力，开展"一对一"服务，做到不就业不脱钩。依托全国残疾人就业创业网络服务平台，及时发布求职和招聘信息。鼓励用人单位雇佣残疾人从事适当工作，用人单位招用人员，不得歧视残疾人。

各职业院校要积极参与政府购买残疾人职业技能培训服务和残疾人职业培训基地创建工作，针对劳动力市场需要、残疾人的实际，开展形式多样的职业技能培训和创业培训。

六、强化残疾人职业教育的组织领导

加强组织保障。各地要建立部门协同推进的工作机制。教育部门要将残疾人职业教育纳入职业教育发展的总体规划，明确目标和责任，统筹安排实施。财政部门要加大残疾人职业教育的投入，改善残疾人职业院校办学条件。残联组织要建设好现有独立设置的残疾人职业院校，继续做好残疾学生的康复训练、辅具适配以及就业指导服务等工作。其他部门积极参与、大力支持，为残疾人职业教育事业提供便利和帮助。

加强宣传引导。各地要加大对残疾人职业教育的宣传力度，扩大社会影响力，为残疾人职业教育事业发展营造良好社会环境。

加强督导检查。各级教育督导机构要将残疾人职业教育实施情况纳入督导范围，对残疾人职业教育发展水平、残疾人教育法律法规的执行、相关教育经费落实、管理使用等情况实施督导。

第二十八条　特殊教育师资的培养

国家有计划地举办各级各类特殊教育师范院校、专业，在普通师范院校附设特殊教育班，培养、培训特殊教育师资。普通师范院校开设特殊教育课程或者讲授有关内容，使普通教师掌握必要的特殊教育知识。

特殊教育教师和手语翻译，享受特殊教育津贴。

● 行政法规及文件

1. 《残疾人教育条例》（2017 年 2 月 1 日）

第 40 条　县级以上人民政府应当重视从事残疾人教育的教师培养、培训工作，并采取措施逐步提高他们的地位和待遇，改善他们的工作环境和条件，鼓励教师终身从事残疾人教育事业。

县级以上人民政府可以采取免费教育、学费减免、助学贷款代偿等措施，鼓励具备条件的高等学校毕业生到特殊教育学校或者其他特殊教育机构任教。

第 41 条　从事残疾人教育的教师，应当热爱残疾人教育事业，具有社会主义的人道主义精神，尊重和关爱残疾学生，并掌握残疾人教育的专业知识和技能。

第 42 条　专门从事残疾人教育工作的教师（以下称特殊教育教师）应当符合下列条件：

（一）依照《中华人民共和国教师法》的规定取得教师资格；

（二）特殊教育专业毕业或者经省、自治区、直辖市人民政府教育行政部门组织的特殊教育专业培训并考核合格。

从事听力残疾人教育的特殊教育教师应当达到国家规定的手语等级标准，从事视力残疾人教育的特殊教育教师应当达到国家规定的盲文等级标准。

第43条 省、自治区、直辖市人民政府可以根据残疾人教育发展的需求，结合当地实际为特殊教育学校和指定招收残疾学生的普通学校制定教职工编制标准。

县级以上地方人民政府教育行政部门应当会同其他有关部门，在核定的编制总额内，为特殊教育学校配备承担教学、康复等工作的特殊教育教师和相关专业人员；在指定招收残疾学生的普通学校设置特殊教育教师等专职岗位。

第44条 国务院教育行政部门和省、自治区、直辖市人民政府应当根据残疾人教育发展的需要有计划地举办特殊教育师范院校，支持普通师范院校和综合性院校设置相关院系或者专业，培养特殊教育教师。

普通师范院校和综合性院校的师范专业应当设置特殊教育课程，使学生掌握必要的特殊教育的基本知识和技能，以适应对随班就读的残疾学生的教育教学需要。

第45条 县级以上地方人民政府教育行政部门应当将特殊教育教师的培训纳入教师培训计划，以多种形式组织在职特殊教育教师进修提高专业水平；在普通教师培训中增加一定比例的特殊教育内容和相关知识，提高普通教师的特殊教育能力。

第46条 特殊教育教师和其他从事特殊教育的相关专业人员根据国家有关规定享受特殊岗位补助津贴及其他待遇；普通学校的教师承担残疾学生随班就读教学、管理工作的，应当将其承担的残疾学生教学、管理工作纳入其绩效考核内容，并作为核定工资待遇和职务评聘的重要依据。

县级以上人民政府教育行政部门、人力资源社会保障部门在职务评聘、培训进修、表彰奖励等方面，应当为特殊教育教师制定优惠政策、提供专门机会。

● 部门规章及文件

2.《特殊教育教师专业标准（试行）》（2015 年 8 月 21 日）

一、基本理念

（一）师德为先

热爱特殊教育事业，具有职业理想，践行社会主义核心价值观，履行教师职业道德规范，依法执教。具有人道主义精神，关爱残疾学生（以下简称学生），尊重学生人格，富有爱心、责任心、耐心、细心和恒心；为人师表，教书育人，自尊自律，公平公正，以人格魅力和学识魅力教育感染学生，做学生健康成长的指导者和引路人。

（二）学生为本

尊重学生权益，以学生为主体，充分调动和发挥学生的主动性；遵循学生的身心发展特点和特殊教育教学规律，为每一位学生提供合适的教育，最大限度地开发潜能、补偿缺陷，促进学生全面发展，为学生更好地适应社会和融入社会奠定基础。

（三）能力为重

将学科知识、特殊教育理论与实践有机结合，突出特殊教育实践能力；研究学生，遵循学生成长规律，因材施教，提升特殊教育教学的专业化水平；坚持实践、反思、再实践、再反思，不断提高专业能力。

（四）终身学习

学习先进的教育理论，了解国内外特殊教育改革与发展的经验和做法；优化知识结构，提高文化素养；具有终身学习与持续发展的意识和能力，做终身学习的典范。

二、基本内容

维度	领域	基本要求
专业理念与师德	职业理解与认识	1. 贯彻党和国家教育方针政策，遵守教育法律法规。 2. 理解特殊教育工作的意义，热爱特殊教育事业，具有职业理想和敬业精神。 3. 认同特殊教育教师职业的专业性、独特性和复杂性，注重自身专业发展。 4. 具有良好的职业道德修养和人道主义精神，为人师表。 5. 具有良好的团队合作精神，积极开展协作交流。
	对学生的态度与行为	6. 关爱学生，将保护学生生命安全放在首位，重视学生的身心健康发展。 7. 平等对待每一位学生，尊重学生人格尊严，维护学生合法权益。不歧视、讽刺、挖苦学生，不体罚或变相体罚学生。 8. 理解残疾是人类多样性的一种表现，尊重个体差异，主动了解和满足学生身心发展的特殊需要。 9. 引导学生正确认识和对待残疾，自尊自信、自强自立。 10. 对学生始终抱有积极的期望，坚信每一位学生都能成功，积极创造条件，促进学生健康快乐成长。
	教育教学的态度与行为	11. 树立德育为先、育人为本、能力为重的理念，将学生的品德养成、知识学习与能力发展相结合，潜能开发与缺陷补偿相结合，提高学生的综合素质。 12. 尊重特殊教育规律和学生身心发展特点，为每一位学生提供合适的教育。 13. 激发并保护学生的好奇心和自信心，引导学生体验学习乐趣，培养学生的动手能力和探究精神。 14. 重视生活经验在学生成长中的作用，注重教育教学、康复训练与生活实践的整合。 15. 重视学校与家庭、社区的合作，综合利用各种资源。 16. 尊重和发挥好少先队、共青团组织的教育引导作用。

232

维度	领域	基本要求
专业理念与师德	个人修养与行为	17. 富有爱心、责任心、耐心、细心和恒心。 18. 乐观向上、热情开朗、有亲和力。 19. 具有良好的耐挫力，善于自我调适，保持平和心态。 20. 勤于学习，积极实践，不断进取。 21. 衣着整洁得体，语言规范健康，举止文明礼貌。
专业知识	学生发展知识	22. 了解关于学生生存、发展和保护的有关法律法规及政策。 23. 了解学生身心发展的特殊性与普遍性规律，掌握学生残疾类型、原因、程度、发展水平、发展速度等方面的个体差异及教育的策略和方法。 24. 了解对学生进行青春期教育的知识和方法。 25. 掌握针对学生可能出现的各种侵犯与伤害行为、意外事故和危险情况下的危机干预、安全防护与救助的基本知识与方法。 26. 了解学生安置和不同教育阶段衔接的知识，掌握帮助学生顺利过渡的方法。
	学科知识	27. 掌握所教学科知识体系的基本内容、基本思想和方法。 28. 了解所教学科与其他学科及社会生活的联系。
	教育教学知识	29. 掌握特殊教育教学基本理论，了解康复训练的基本知识与方法。 30. 掌握特殊教育评估的知识与方法。 31. 掌握学生品德心理和教学心理的基本原理和方法。 32. 掌握所教学科的课程标准以及基于标准的教学调整策略与方法。 33. 掌握在学科教学中整合情感态度、社会交往与生活技能的策略与方法。 34. 了解学生语言发展的特点，熟悉促进学生语言发展、沟通交流的策略与方法。

残疾人保障法 第三章

维度	领域	基本要求
专业知识	通识性知识	35. 具有相应的自然科学和人文社会科学知识。 36. 了解教育事业和残疾人事业发展的基本情况。 37. 具有相应的艺术欣赏与表现知识。 38. 具有适应教育内容、教学手段和方法现代化的信息技术知识。
专业能力	环境创设与利用	39. 创设安全、平等、适宜、全纳的学习环境，支持和促进学生的学习和发展。 40. 建立良好的师生关系，帮助学生建立良好的同伴关系。 41. 有效运用班级和课堂教学管理策略，建立班级秩序与规则，创设良好的班级氛围。 42. 合理利用资源，为学生提供和制作适合的教具、辅具和学习材料，支持学生有效学习。 43. 运用积极行为支持等不同管理策略，妥善预防、干预学生的问题行为。
	教育教学设计	44. 运用合适的评估工具和评估方法，综合评估学生的特殊教育需要。 45. 根据教育评估结果和课程内容，制订学生个别化教育计划。 46. 根据课程和学生身心特点，合理地调整教学目标和教学内容，编写个别化教学活动方案。 47. 合理设计主题鲜明、丰富多彩的班级、少先队和共青团等群团活动。
	组织与实施	48. 根据学生已有的知识和经验，创设适宜的学习环境和氛围，激发学生学习的兴趣和积极性。 49. 根据学生的特殊需要，选择合适的教学策略与方法，有效实施教学。 50. 运用课程统整策略，整合多学科、多领域的知识与技能。 51. 合理安排每日活动，促进教育教学、康复训练与生活实践紧密结合。

维度	领域	基本要求
专业能力	组织与实施	52. 整合应用现代教育技术及辅助技术，支持学生的学习。 53. 协助相关专业人员，对学生进行必要的康复训练。 54. 积极为学生提供必要的生涯规划和职业指导教育，培养学生的职业技能和就业能力。 55. 正确使用普通话和国家推行的盲文、手语进行教学，规范书写钢笔字、粉笔字、毛笔字。 56. 妥善应对突发事件。
	激励与评价	57. 对学生日常表现进行观察与判断，及时发现和赏识每一位学生的点滴进步。 58. 灵活运用多元评价方法和调整策略，多视角、全过程评价学生的发展情况。 59. 引导学生进行积极的自我评价。 60. 利用评价结果，及时调整和改进教育教学工作。
	沟通与合作	61. 运用恰当的沟通策略和辅助技术进行有效沟通，促进学生参与、互动与合作。 62. 与家长进行有效沟通合作，开展教育咨询、送教上门等服务。 63. 与同事及其他专业人员合作交流，分享经验和资源，共同发展。 64. 与普通教育工作者合作，指导、实施随班就读工作。 65. 协助学校与社区建立良好的合作互助关系，促进学生的社区融合。
	反思与发展	66. 主动收集分析特殊教育相关信息，不断进行反思，改进教育教学工作。 67. 针对特殊教育教学工作中的现实需要与问题，进行教育教学研究，积极开展教学改革。 68. 结合特殊教育事业发展需要，制定专业发展规划，积极参加专业培训，不断提高自身专业素质。

残疾人保障法　第三章

三、实施意见

（一）各级教育行政部门要将本标准作为特殊教育教师队伍建设的基本依据。根据特殊教育改革发展的需要，充分发挥本标准的引领和导向作用，深化教师教育改革，建立教师教育质量保障体系，不断提高特殊教育教师培养培训质量。制定特殊教育教师专业证书制度和准入标准，严把教师入口关；制定特殊教育教师聘任（聘用）、考核、退出等管理制度，保障教师合法权益，形成科学有效的特殊教育教师队伍管理和督导机制。

（二）开展特殊教育教师教育的院校要将本标准作为特殊教育教师培养培训的主要依据。重视特殊教育教师职业特点，加强特殊教育学科和专业建设。完善特殊教育教师培养培训方案，科学设置教师教育课程，改革教育教学方式；重视特殊教育教师职业道德教育，重视社会实践和教育实习；加强特殊教育师资队伍建设，建立科学的质量评价制度。

（三）实施特殊教育的学校（机构）要将本标准作为教师管理的重要依据。制订特殊教育教师专业发展规划，注重教师职业理想与职业道德教育，增强教师教书育人的责任感与使命感；开展校本研修，促进教师专业发展；完善教师岗位职责和考核评价制度，健全特殊教育教师绩效管理机制。

（四）特殊教育教师要将本标准作为自身专业发展的基本依据。制定自我专业发展规划，爱岗敬业，增强专业发展自觉性；大胆开展教育教学实践，不断创新；积极进行自我评价，主动参加教师培训和自主研修，逐步提升专业发展水平。

第二十九条　特殊教育辅助手段的规定

政府有关部门应当组织和扶持盲文、手语的研究和应用，特殊教育教材的编写和出版，特殊教育教学用具及其他辅助用品的研制、生产和供应。

第四章 劳动就业

国家保障残疾人劳动的权利。

各级人民政府应当对残疾人劳动就业统筹规划，为残疾人创造劳动就业条件。

● 法　律

《劳动法》（2018 年 12 月 29 日）

第 3 条　劳动者享有平等就业和选择职业的权利、取得劳动报酬的权利、休息休假的权利、获得劳动安全卫生保护的权利、接受职业技能培训的权利、享受社会保险和福利的权利、提请劳动争议处理的权利以及法律规定的其他劳动权利。

劳动者应当完成劳动任务，提高职业技能，执行劳动安全卫生规程，遵守劳动纪律和职业道德。

● 案例指引

牛某某诉某物流公司劳动合同纠纷案①

用人单位可以对劳动者进行管理，有权了解劳动者的基本情况，但该知情权应当是基于劳动合同能否履行的考量，与此无关的事项，用人单位不应享有过于宽泛的知情权。而且，劳动者身体残疾的原因不一而足，对工作的影响也不可一概而论。随着社会越来越重视对个人隐私的保护，在残疾不影响工作的情况下，劳动者可以不主动向用人单位披露其身有残疾的事实，而是作为一名普通人付出劳

---

① 《最高人民法院、中国残疾人联合会残疾人权益保护十大典型案例》，载最高人民法院网站，https：//www.court.gov.cn/zixun/xiangqing/334501.html，2023 年 6 月 30 日访问。

动，获得劳动报酬，这是现代社会应有的价值理念。用人单位本身承担着吸纳就业的社会责任，对残疾劳动者应当有必要的包容而不是歧视，更不能以此为由解除劳动合同。本案判决对维护残疾人劳动权益，保障残疾人平等参与社会生活起到了重要示范引领作用。

第三十一条　就业方针

残疾人劳动就业，实行集中与分散相结合的方针，采取优惠政策和扶持保护措施，通过多渠道、多层次、多种形式，使残疾人劳动就业逐步普及、稳定、合理。

● 行政法规及文件

《残疾人就业条例》（2007 年 2 月 25 日）

第 1 条　为了促进残疾人就业，保障残疾人的劳动权利，根据《中华人民共和国残疾人保障法》和其他有关法律，制定本条例。

第 2 条　国家对残疾人就业实行集中就业与分散就业相结合的方针，促进残疾人就业。

县级以上人民政府应当将残疾人就业纳入国民经济和社会发展规划，并制定优惠政策和具体扶持保护措施，为残疾人就业创造条件。

第 3 条　机关、团体、企业、事业单位和民办非企业单位（以下统称用人单位）应当依照有关法律、本条例和其他有关行政法规的规定，履行扶持残疾人就业的责任和义务。

第三十二条　集中安排残疾人就业

政府和社会举办残疾人福利企业、盲人按摩机构和其他福利性单位，集中安排残疾人就业。

● 行政法规及文件

《残疾人就业条例》（2007 年 2 月 25 日）

第 4 条　国家鼓励社会组织和个人通过多种渠道、多种形式，帮助、支持残疾人就业，鼓励残疾人通过应聘等多种形式就业。禁止在就业中歧视残疾人。

残疾人应当提高自身素质，增强就业能力。

第 5 条　各级人民政府应当加强对残疾人就业工作的统筹规划，综合协调。县级以上人民政府负责残疾人工作的机构，负责组织、协调、指导、督促有关部门做好残疾人就业工作。

县级以上人民政府劳动保障、民政等有关部门在各自的职责范围内，做好残疾人就业工作。

第 6 条　中国残疾人联合会及其地方组织依照法律、法规或者接受政府委托，负责残疾人就业工作的具体组织实施与监督。

工会、共产主义青年团、妇女联合会，应当在各自的工作范围内，做好残疾人就业工作。

第 7 条　各级人民政府对在残疾人就业工作中做出显著成绩的单位和个人，给予表彰和奖励。

第三十三条　**按比例安排残疾人就业**

国家实行按比例安排残疾人就业制度。

国家机关、社会团体、企业事业单位、民办非企业单位应当按照规定的比例安排残疾人就业，并为其选择适当的工种和岗位。达不到规定比例的，按照国家有关规定履行保障残疾人就业义务。国家鼓励用人单位超过规定比例安排残疾人就业。

残疾人就业的具体办法由国务院规定。

《机关、事业单位、国有企业带头安排残疾人就业办法》（2021
年 10 月 27 日）

第一章　总　　则

第 1 条　【依据】① 为促进机关、事业单位、国有企业带
头安排残疾人就业，根据《中华人民共和国公务员法》、《中华人
民共和国残疾人保障法》、《事业单位人事管理条例》、《残疾人就
业条例》、《无障碍环境建设条例》以及国家相关规定，制定本
办法。

第 2 条　【适用范围】 本办法适用于机关、事业单位、国有
企业通过公开录用、遴选、选调、公开招聘等方法安排残疾人担
任公务员、工作人员或职工。

第 3 条　【对用人单位的要求】 机关、事业单位、国有企
业应当积极采取措施，按比例安排残疾人就业，依法办理入职手
续或签订劳动（聘用）合同；安排残疾人就业未达到规定比例
的，应当依法采取缴纳残疾人就业保障金等其他方式履行法定
义务。

第 4 条　【合理便利】 国家或招录（聘）机关（单位）举
办的各类录用、遴选、选调、招聘、职业资格考试（包括笔试、
面试等），有残疾人参加的，应当采取适当措施，为残疾人提供
必要支持条件与合理便利。

机关、事业单位、国有企业应当对就业场所进行无障碍环境
改造，为残疾人就业创造必要的劳动保障条件。

第 5 条　【"十四五"规划目标】 到 2025 年，安排残疾人
就业未达到规定比例的省级、地市级编制 50 人（含）以上的党
政机关至少安排 1 名残疾人，编制 67 人（含）以上的事业单位

---

① 本规定条旨为原文件条旨。

（中小学、幼儿园除外）至少安排 1 名残疾人就业。县级及以上残联机关干部队伍中要有 15% 以上的残疾人。

安排残疾人就业未达到规定比例的国有企业应当根据行业特点，积极开发适合残疾人就业的岗位，安排残疾人就业。

第 6 条　【原则性要求】　在坚持具有正常履行职责的身体条件的前提下，对残疾人能够胜任的职位、岗位，在同等条件下优先录（聘）用残疾人。

第二章　安排计划与招考（聘）公告

第 7 条　【招录公告】　机关、事业单位、国有企业制定的招录（聘）计划，公务员主管部门、事业单位及其主管部门、事业单位人事综合管理部门制定、发布的招考招聘公告，除特殊职位、岗位外，不得设置限制残疾人报考的资格条件。

限制残疾人报考的特殊职位、岗位，公务员主管部门、事业单位人事综合管理部门、国有资产监督管理部门应会同同级残联予以充分论证后发布。

第 8 条　【安排计划的拟定】　符合本办法第五条规定的机关、事业单位未安排残疾人就业的，应当拟定一定期限内达到招录（聘）残疾人规定的具体计划，采取专设职位、岗位面向残疾人招录（聘）等措施，多渠道、多形式安排残疾人，确保按时完成规定目标。

国有企业安排残疾人就业未达到规定比例的，在有适合岗位的情况下，应当在招聘计划中单列一定数量的岗位，根据规定的原则和程序定向招聘符合要求的残疾人。

第 9 条　【定向招录】　机关、事业单位、国有企业专设残疾人职位、岗位招录（聘）时，公务员主管部门、事业单位人事综合管理部门、国有资产监督管理部门可以给予适当放宽开考比例、年龄、户籍等倾斜政策。

第 10 条　【安排计划的落实】　机关、事业单位招录（聘）

残疾人就业的计划按有关规定报送主管部门。未能按招录（聘）计划及时安排残疾人就业的，应当及时提出新的招录（聘）计划。

第三章 考　试

第11条　【合理便利申请】残疾人参加招录（聘）、职业资格考试（包括笔试、面试等），确需安排无障碍考场，提供特殊辅助工具，采用大字试卷、盲文试卷、电子试卷或由专门工作人员予以协助等合理便利的，经残疾人本人申请，由考试主管或组织单位会同同级残联审核确认，各级残联应当协助考试组织单位提供技术和人员支持。

第12条　【能力测评的特殊规定】机关、事业单位、国有企业专设职位、岗位招录（聘）残疾人的，可以采取适合的考试方法进行测评。

第四章 体检与考察

第13条　【体检标准的制定】省级及以下机关、事业单位面向残疾人招录（聘）的职位、岗位体检条件由省级公务员主管部门、事业单位人事综合管理部门会同同级有关部门确定。残疾人进入机关、事业单位、国有企业就业，需要职业资格证书的，不得额外增加与职位、岗位要求无关的身体条件要求。

第14条　【体检信息填报】残疾人有权保护个人隐私，机关、事业单位、国有企业在审核报考人信息时，不得以残疾本身作为是否健康的依据。除明确要求外，不得以残疾人未主动说明残疾状况作为拒绝录（聘）用的理由。

第15条　【考察】招录（聘）机关（单位）按照有关规定对专项职位、岗位招录（聘）的残疾人报考资格进行复审时，分别由同级残联、退役军人事务部门协助核验残疾人证、残疾军人证信息是否真实、准确。

第五章 公示与监督

第16条　【招录公示与录用】机关、事业单位、国有企业面向残疾人招录（聘）的，按有关规定进行公示后，除规定不得录（聘）用的情形和发现有其他影响录（聘）用问题外，不得拒绝录（聘）用。

第17条 【按比例就业公示】 公务员主管部门、事业单位人事综合管理部门、国有资产监督管理部门应当按照有关规定协助开展机关、事业单位、国有企业安排残疾人就业情况定期公示工作。

第18条 【按比例就业年审提供情况】 公务员主管部门、事业单位主管部门每年应当向同级政府残工委办公室提供当年录（聘）用残疾人情况，按照残疾人按比例就业年审工作相关要求，协助开展相关数据查询、比对、核实等工作。

第19条 【残联责任】 各级残联应当为机关、事业单位、国有企业招录（聘）残疾人在面试、体检、岗前培训、无障碍沟通等方面提供帮助和服务，向国有企业介绍和推荐适合人选，帮助其开发适合残疾人的岗位。

第20条 【用人单位责任】 机关、事业单位、国有企业未按比例安排残疾人就业，且未采取缴纳残疾人就业保障金等其它方式履行法定义务的，不能参评先进单位，其主要负责同志不能参评先进个人。

第21条 【国有企业责任】 国有企业应当将安排残疾人就业情况纳入企业社会责任报告予以披露。

第22条 【个人责任】 面向残疾人招录（聘）的职位、岗位，报考或申请人在报名时提供虚假残疾信息或证件（证明）的，一经查实，取消其报考及录（聘）用资格。

第23条 【救济】 机关、事业单位、国有企业以不具备正常履职身体条件为由，拒绝招录（聘）进入体检环节的残疾人的，应当向主管部门、人事综合管理部门进行充分说明，并将有关情况通报同级残联。经核实残疾人合法权益受到侵犯的，依据有关规定和程序处理。

第六章 附 则

第 24 条 本办法所称机关，是指各级党的机关、人大机关、行政机关、政协机关、监察机关、审判机关、检察机关和各民主党派机关、群团机关；事业单位，是指国家为了社会公益目的，由国家机关举办或者其他组织利用国有资产举办的，从事教育、科技、文化、卫生等活动的社会服务组织；国有企业，是指国有、国有控股和国有资本占主导地位的企业。

第 25 条 本办法由中国残疾人联合会商中共中央组织部、中央机构编制委员会办公室、人力资源和社会保障部、国务院国有资产监督管理委员会等负责解释。

第 26 条 本办法自发布之日起施行。

第三十四条 残疾人自主择业、自主创业

国家鼓励和扶持残疾人自主择业、自主创业。

● 行政法规及文件

1. 《残疾人就业条例》（2007 年 2 月 25 日）

第 19 条 国家鼓励扶持残疾人自主择业、自主创业。对残疾人从事个体经营的，应当依法给予税收优惠，有关部门应当在经营场地等方面给予照顾，并按照规定免收管理类、登记类和证照类的行政事业性收费。

国家对自主择业、自主创业的残疾人在一定期限内给予小额信贷等扶持。

第 20 条 地方各级人民政府应当多方面筹集资金，组织和扶持农村残疾人从事种植业、养殖业、手工业和其他形式的生产劳动。

有关部门对从事农业生产劳动的农村残疾人，应当在生产服务、技术指导、农用物资供应、农副产品收购和信贷等方面给予帮助。

● 团体规定

2. 《关于扶持残疾人自主就业创业的意见》（2018 年 1 月 12 日）

一、扶持范围

（一）本意见所称残疾人自主就业创业包括残疾人自主创业和残疾人灵活就业。

（二）残疾人自主创业，是指残疾人通过创办经济实体、社会组织等形式实现就业。包括在工商行政管理部门依法登记成立个体工商户、各类企业、农民专业合作社等生产经营主体；在民政部门登记成立各类社会团体、民办非企业单位等社会组织；经人力资源社会保障部门认定的其他自主创业。

（三）残疾人灵活就业，是指从事非全日制、临时性和弹性工作等实现就业。包括从事家庭副业、家政服务、修理装配、便民理发、绿化保洁等；经人力资源社会保障部门认定的其他灵活就业。

二、提供合理便利和优先照顾

（四）残疾人在登记个体工商户、各类企业、农民专业合作社等经济实体，或登记各类社会团体、民办非企业单位等社会组织时，相关部门应提供合理便利，优先办理登记注册手续。

（五）政府和街道兴办贸易市场，设立商铺、摊位，以及新增建设彩票投注站、新增建设邮政报刊零售亭等便民服务网点时，应预留不低于 10% 给残疾人，并适当减免摊位费、租赁费，有条件的地方应免费提供店面。

三、落实税收优惠和收费减免

（六）残疾人本人为社会提供的服务，按照《财政部 国家税务总局关于全面推开营业税改征增值税试点的通知》（财税〔2016〕36 号）有关规定免征增值税；残疾人个人提供的加工、修理修配劳务，按照《财政部 国家税务总局关于促进残疾人就业增值税优惠政策的通知》（财税〔2016〕52 号）有关规定免征增值税。残疾人个体就业或创办的企业，可按规定享受增值税优惠政策。

（七）残疾人创办的企业，年应纳税所得额低于50万元（含50万元）并符合小型微利企业条件的，按照《财政部 国家税务总局关于扩大小型微利企业所得税优惠政策范围的通知》（财税〔2017〕43号）有关规定，其所得减按50%计入应纳税所得额，按20%的税率缴纳企业所得税。

（八）对残疾人个人取得的劳动所得，根据《中华人民共和国个人所得税法》和《中华人民共和国个人所得税法实施条例》有关规定，按照省、自治区、直辖市人民政府规定的减征幅度和期限减征个人所得税。

（九）对残疾人自主就业创业的，按照有关规定免收管理类、登记类和证照类等有关行政事业性收费和具有强制垄断性的经营性收费；征得行业协会商会同意，适当减免或降低会费及其它服务收费。生产经营困难的，可依法申请降低住房公积金缴存比例或缓缴，待效益好转后再提高缴存比例或补缴。

（十）残疾人创办具有公益性、福利性且在民政部门登记为民办非企业单位的经营场所用电、用水、用气、用热按照民用标准收取。

四、提供金融扶持和资金补贴

（十一）残疾人个人申请创业担保贷款、康复扶贫贴息贷款，贴息部分按照《财政部关于印发〈普惠金融发展专项资金管理办法〉的通知》（财金〔2016〕85号）等规定进行贴息。残疾人自主创业、灵活就业的经营场所租赁、启动资金、设施设备购置符合规定条件的，可由各地给予补贴和小额贷款贴息。建档立卡贫困残疾人可申请扶贫小额信贷，具体贴息标准参考各地贴息管理办法执行。政府支持的融资性担保机构和再担保机构应加大对残疾人自主就业创业的融资服务力度。有条件的地区可多渠道筹资设立残疾人小额贷款风险补偿基金。对信用良好的残疾人创业者经综合评估后可取消反担保。

（十二）残疾人首次创办小微企业或从事个体经营，且所创办企业或个体工商户自工商登记注册之日起正常运营 1 年以上的，鼓励地方开展一次性补贴试点。

（十三）符合就业困难人员条件的残疾人实现灵活就业的，按规定给予社会保险补贴，由就业补助资金支出。

（十四）享受城乡低保的残疾人首次自主就业创业的，在核算其家庭收入时，扣减必要的就业成本，鼓励残疾人通过自身努力就业增收，摆脱贫困。

（十五）特殊教育院校教育类毕业生、残疾人高校（含技师学院）毕业生、贫困残疾人家庭高校（含技师学院）毕业生按规定享受求职创业补贴。

（十六）用人单位雇用就业年龄段残疾人，并为残疾人职工实际缴纳社会保险的，可按规定申请吸纳就业困难人员社保补贴。

五、支持重点对象和互联网+创业

（十七）重点扶持残疾人自主就业创业致富带头人和非遗继承人。残疾人自主创业并带动其他残疾人稳定就业的、获得有关部门认定的残疾人非遗继承人自主创业的，给予贴息贷款扶持。获得有关部门认定的残疾人非遗继承人，优先推荐"全国五一劳动奖章"、"中国五四青年奖章"、"全国三八红旗手"等荣誉称号。

（十八）完善残疾人大中专毕业生自主就业创业扶持政策，鼓励支持残疾人大中专毕业生入驻各类创业园。在"千校万岗"等大学生就业精准帮扶行动中，落实残疾人毕业生人岗对接工作。对国际残疾人职业技能竞赛和全国残疾人职业技能竞赛获奖选手自主就业创业的，优先保障贷款贴息，按规定给予一次性补贴。

（十九）残疾人利用网络就业创业的，给予设施设备和网络资费补助。网络商户残疾人同等享受残疾人自主创业扶持政策或享受残疾人灵活就业扶持政策。其中，在网络平台实名注册、稳定经营且信誉良好的网络商户残疾人创业者，可按规定享受创业担保贷款政策。

六、提供支持保障和就业服务

（二十）各地应根据扶持残疾人自主就业创业工作需要，根据《残疾人就业保障金征收使用管理办法》（财税〔2015〕72号）等文件规定，合理安排用于残疾人自主就业创业经营场所租赁、启动资金、设施设备购置补贴（或一次性补贴）、小额贷款贴息、社会保险缴费补贴、用人单位岗位补贴等方面的支出。设立的各类就业创业基金应加大对残疾人自主就业创业的扶持。

（二十一）通过政府购买服务，加大各类孵化基地、众创空间、创新工场、创业园等对残疾人创业培训、开业指导、项目推介、融资咨询、法律援助等孵化服务力度。鼓励建立残疾人就业创业孵化基地，2018年底前各省、自治区、直辖市和计划单列市至少建有一个残疾人创业孵化基地。

（二十二）鼓励支持企业与自主就业创业的残疾人签订委托加工合同或产品购销合同，把适于残疾人加工的产品、工序委托残疾人加工制作。

（二十三）促进城乡残疾人平等就业创业，逐步完善城乡残疾人平等就业创业政策。发挥中心城市、新兴产业带动效应，吸纳更多残疾人劳动力跨地区、跨行业、跨所有制流动就业，逐步使外来残疾人劳动者与当地户籍残疾人享有同等的就业创业扶持政策。

（二十四）各级公共就业服务机构、残疾人就业服务机构要积极为残疾人自主就业创业提供政策咨询、职业介绍、信息发布、职业指导、创业指导、人力资源社会保障事务代理等服务。

支持和鼓励社会创投机构、服务中介机构和社会组织，搭建用人单位与残疾人的劳务对接平台，提供相关服务。

各省、自治区、直辖市及计划单列市残联和有关单位应依据本意见，制定本地区残疾人自主就业创业的办法和具体规定。

第三十五条　组织、扶持农村残疾人的生产劳动

地方各级人民政府和农村基层组织，应当组织和扶持农村残疾人从事种植业、养殖业、手工业和其他形式的生产劳动。

● 法　律

1. 《乡村振兴促进法》（2021 年 4 月 29 日）

第 35 条　国家鼓励和支持农业生产者采用节水、节肥、节药、节能等先进的种植养殖技术，推动种养结合、农业资源综合开发，优先发展生态循环农业。

各级人民政府应当采取措施加强农业面源污染防治，推进农业投入品减量化、生产清洁化、废弃物资源化、产业模式生态化，引导全社会形成节约适度、绿色低碳、文明健康的生产生活和消费方式。

● 行政法规及文件

2. 《残疾人就业条例》（2007 年 2 月 25 日）

第 20 条　地方各级人民政府应当多方面筹集资金，组织和扶持农村残疾人从事种植业、养殖业、手工业和其他形式的生产劳动。

有关部门对从事农业生产劳动的农村残疾人，应当在生产服务、技术指导、农用物资供应、农副产品收购和信贷等方面给予帮助。

第三十六条　扶持残疾人就业的优惠措施

国家对安排残疾人就业达到、超过规定比例或者集中安排残疾人就业的用人单位和从事个体经营的残疾人，依法给予税收优惠，并在生产、经营、技术、资金、物资、场地等方面给予扶持。国家对从事个体经营的残疾人，免除行政事业性收费。

县级以上地方人民政府及其有关部门应当确定适合残疾人生产、经营的产品、项目，优先安排残疾人福利性单位生产或者经营，并根据残疾人福利性单位的生产特点确定某些产品由其专产。

政府采购，在同等条件下应当优先购买残疾人福利性单位的产品或者服务。

地方各级人民政府应当开发适合残疾人就业的公益性岗位。

对申请从事个体经营的残疾人，有关部门应当优先核发营业执照。

对从事各类生产劳动的农村残疾人，有关部门应当在生产服务、技术指导、农用物资供应、农副产品购销和信贷等方面，给予帮助。

● 行政法规及文件

《残疾人就业条例》（2007 年 2 月 25 日）

第 15 条　县级以上人民政府应当采取措施，拓宽残疾人就业渠道，开发适合残疾人就业的公益性岗位，保障残疾人就业。

县级以上地方人民政府发展社区服务事业，应当优先考虑残疾人就业。

第 16 条　依法征收的残疾人就业保障金应当纳入财政预算，专项用于残疾人职业培训以及为残疾人提供就业服务和就业援

250

助，任何组织或者个人不得贪污、挪用、截留或者私分。残疾人就业保障金征收、使用、管理的具体办法，由国务院财政部门会同国务院有关部门规定。

财政部门和审计机关应当依法加强对残疾人就业保障金使用情况的监督检查。

第 17 条　国家对集中使用残疾人的用人单位依法给予税收优惠，并在生产、经营、技术、资金、物资、场地使用等方面给予扶持。

第 18 条　县级以上地方人民政府及其有关部门应当确定适合残疾人生产、经营的产品、项目，优先安排集中使用残疾人的用人单位生产或者经营，并根据集中使用残疾人的用人单位的生产特点确定某些产品由其专产。

政府采购，在同等条件下，应当优先购买集中使用残疾人的用人单位的产品或者服务。

第三十七条　就业服务机构

政府有关部门设立的公共就业服务机构，应当为残疾人免费提供就业服务。

残疾人联合会举办的残疾人就业服务机构，应当组织开展免费的职业指导、职业介绍和职业培训，为残疾人就业和用人单位招用残疾人提供服务和帮助。

● 行政法规及文件

1. 《残疾人就业条例》（2007 年 2 月 25 日）

第 21 条　各级人民政府和有关部门应当为就业困难的残疾人提供有针对性的就业援助服务，鼓励和扶持职业培训机构为残疾人提供职业培训，并组织残疾人定期开展职业技能竞赛。

第 22 条　中国残疾人联合会及其地方组织所属的残疾人就业服务机构应当免费为残疾人就业提供下列服务：

（一）发布残疾人就业信息；

（二）组织开展残疾人职业培训；

（三）为残疾人提供职业心理咨询、职业适应评估、职业康复训练、求职定向指导、职业介绍等服务；

（四）为残疾人自主择业提供必要的帮助；

（五）为用人单位安排残疾人就业提供必要的支持。

国家鼓励其他就业服务机构为残疾人就业提供免费服务。

第23条　受劳动保障部门的委托，残疾人就业服务机构可以进行残疾人失业登记、残疾人就业与失业统计；经所在地劳动保障部门批准，残疾人就业服务机构还可以进行残疾人职业技能鉴定。

第24条　残疾人职工与用人单位发生争议的，当地法律援助机构应当依法为其提供法律援助，各级残疾人联合会应当给予支持和帮助。

● 部门规章及文件

2.《残疾人服务机构管理办法》（2018年3月5日）

第一章　总　　则

第1条　为维护和保障残疾人的合法权益，加强和规范残疾人服务机构管理，根据《中华人民共和国残疾人保障法》、《残疾预防和残疾人康复条例》等有关法律法规，制定本办法。

第2条　本办法所称残疾人服务机构是指国家、社会和个人举办的，依法登记的专门为残疾人提供供养、托养、照料、康复、辅助性就业等相关服务的机构。属于综合性社会福利机构中内设的残疾人服务机构的管理，参照此办法执行。

《残疾人教育条例》、《特殊教育学校暂行规程》等规定的残疾人职业教育机构不适用于本办法。

第3条　残疾人服务机构应当遵守国家法律、法规和政策，坚持以人为本，保障服务对象的人格尊严和合法权益。

入住残疾人服务机构的残疾人应当遵守机构的规章制度。

第4条　国务院民政、卫生计生、人力资源社会保障等有关部门是残疾人服务机构的行业管理部门，负责对全国残疾人服务机构进行指导、监督和管理。行业管理部门应当按照职能和残疾人服务机构提供服务的主要内容，对残疾人服务机构进行政策和业务指导，履行相关监管责任。

县级以上地方人民政府民政、卫生计生、人力资源社会保障等相关部门，负责对本行政区域内残疾人服务机构进行指导、监督和管理。

中国残疾人联合会及其地方组织依照相关法律法规或者接受政府委托，对残疾人服务机构进行监督。

第5条　残疾人服务机构应当依法登记。国家机关、事业单位举办或其他组织利用国有资产举办的非营利性残疾人服务机构，应当按照《事业单位登记管理暂行条例》等事业单位登记管理规定到事业单位登记（管理）机关办理登记。非营利性残疾人服务机构符合《民办非企业单位登记管理暂行条例》等民办非企业单位（社会服务机构）登记管理有关规定的，应当到民政部门办理登记。营利性残疾人服务机构，应当依据法律法规规定的管辖权限到工商行政管理部门办理登记。

第6条　县级以上地方人民政府民政、卫生计生、人力资源社会保障等相关部门，应当提请本级人民政府根据经济社会发展规划和残疾人数量、分布状况及服务需求，制定并实施残疾人服务机构设置规划，将残疾人服务机构设置纳入基本公共服务体系规划。

第7条　鼓励公民、法人或者其他组织通过捐赠、设置公益慈善项目、提供志愿服务等方式，为残疾人服务机构提供帮助。

第二章　服务提供

第8条　残疾人服务机构接收残疾人，为残疾人提供服务前，应当对残疾人服务需求、身心状况等与服务相关的基本情况进行评估，并根据残疾类型、残疾等级和评估结果制定适合的服务方案，实施分级分类服务。

残疾人服务机构应当对接受服务的残疾人进行定期评估，并根据评估结果适时调整服务方案。

第9条　残疾人服务机构应当与接受服务的残疾人或其代理人签订具有法律效力、权责明晰的服务协议。服务协议一般载明下列事项：

（一）残疾人服务机构的名称、住所、法定代表人或者主要负责人、联系方式；

（二）残疾人或者其代理人指定的经常联系人的姓名、住址、身份证明、联系方式；

（三）服务内容和服务方式；

（四）收费标准以及费用支付方式；

（五）服务期限和地点；

（六）当事人的权利和义务；

（七）协议变更、解除与终止的条件；

（八）违约责任；

（九）争议解决方式；

（十）当事人协商一致的其他内容。

第10条　残疾人服务机构应当依照其登记类型、业务性质、设施设备条件、管理水平、服务质量、护理等级等因素确定服务项目的收费标准。

残疾人服务机构应当在醒目位置公示各类服务项目收费标准和收费依据，并遵守国家和地方政府价格管理有关规定。

残疾人服务机构应当依法接受政府有关部门对财务收支状况、收费项目和调价频次等的监督。

第11条　残疾人服务机构按照服务协议为接收的残疾人提

供的服务，应当符合相关国家标准或者行业标准和规范。

第12条　对于具有劳动能力的残疾人，残疾人服务机构可以根据其特点，配备专业人员帮助其进行适当的社会康复和职业康复。

对于有就业意愿的残疾人，提供辅助性就业等服务的残疾人服务机构可以组织开展适宜的辅助性生产劳动项目，并与参与劳动的残疾人或残疾人亲属签订相关协议，符合劳动合同法律法规规定的，依法签订劳动合同。

第13条　残疾人服务机构可以通过设立医疗机构或者采取与医疗机构合作的方式，为残疾人提供医疗服务。残疾人服务机构开展诊疗服务的，应当依法取得《医疗机构执业许可证》。

第14条　残疾人服务机构可以通过设置康复辅助器具配置室等方式，为残疾人获得和使用康复辅助器具服务提供便利条件。

第15条　残疾人服务机构应当根据需要为残疾人提供情绪疏导、心理咨询、危机干预等精神慰藉服务。其中，对于智力障碍、精神障碍残疾人应当配备专业人员进行专业服务。

第16条　残疾人服务机构应当定期开展适合残疾人的文化、体育、娱乐活动，丰富残疾人的精神文化生活。

残疾人服务机构开展文化、体育、娱乐活动时，应当为残疾人提供必要的安全防护措施。

第17条　残疾人服务机构提供服务时，应当注意保护残疾人隐私、尊重残疾人民族风俗习惯、保障服务对象的人身权益。

第18条　残疾人服务机构因歇业、解散、被撤销或者其他原因暂停或终止服务的，行业管理部门应当指导和督促残疾人服务机构妥善处理后续事宜，最大限度保障残疾人合法权益。

第三章　内部管理

第19条　残疾人服务机构应当按照国家有关规定建立完善

安全、消防、卫生、财务、档案、无障碍环境等管理制度，制定服务标准和工作流程，并予以公开。

第20条　残疾人服务机构应当配备与服务和运营相适应的工作人员，并依法与其签订聘用合同或者劳动合同，明确工作人员的岗位职责和工作流程，实行岗位责任制。

残疾人服务机构中从事医疗、康复、心理咨询、社会工作等服务的专业技术人员，应当依据相关法律法规持证上岗，或上岗前接受专业技能培训。

残疾人服务机构应当定期组织工作人员进行职业道德教育和业务培训。

第21条　残疾人服务机构应当遵循国家统一的财务、会计制度，按规定实施财务管理，依法建立会计账簿并进行会计核算。

第22条　残疾人服务机构应当按照《无障碍环境建设条例》等要求，为残疾人提供符合相关技术标准的无障碍设施。

第23条　残疾人服务机构应当为残疾人建立基本信息档案，一人一档，并妥善保存相关原始资料。

残疾人服务机构应当保护残疾人的个人信息。

第24条　残疾人服务机构申请登记认定为慈善组织、接受和使用捐赠物资等，应当遵守慈善事业有关法律法规。

残疾人服务机构接受社会捐赠、政府补助的，应当专款专用，有详尽的使用记录，并公开接受捐赠的情况和受赠资产使用、管理情况。

第25条　残疾人服务机构应当建立健全照料、护理、膳食、特殊设施设备等方面的安全管理制度和工作责任机制，并在公共区域安装实时监控装置。

残疾人服务机构应当制定突发事件应急预案，并按照应急处理程序处置突发事件。突发事件应当及时向行业管理部门和有关部门报告，并有完整的过程和应急处理记录。

第四章　监督检查

第26条　行业管理部门应当通过信息化手段等多种方式，加强与登记机关、残疾人联合会对残疾人服务机构的信息共享。

第27条　行业管理部门、残疾人联合会可以通过书面检查、随机抽查等方式，对残疾人服务机构进行监督检查，并向社会公布检查结果。上级主管部门可以委托下级部门进行监督检查。

第28条　行业管理部门、残疾人联合会可以委托第三方机构对残疾人服务机构的管理水平、服务质量、运行情况等进行专业评估。评估结果可以作为政府购买服务、资助扶持、分级管理的依据。

第29条　残疾人服务机构应当经常听取残疾人及家属的意见和建议，发挥残疾人及家属对于服务和管理的监督促进作用。

第30条　残疾人服务机构应当以适当方式向社会公开服务对象的重大事项。

行业管理部门应当建立对残疾人服务机构的举报和投诉制度，接到举报、投诉后，应当及时核实、处理。

第31条　行业管理部门、残疾人联合会应当定期开展残疾人服务机构行业统计分析工作，残疾人服务机构应当及时准确报送相关信息。

第32条　上级行业管理部门应当加强对下级行业管理部门的指导和监督，及时纠正残疾人服务机构管理中的违法违规行为。

第五章　法律责任

第33条　残疾人服务机构有下列行为的，行业管理部门可以根据情况给予纠正，直至建议登记（管理）机关撤销登记或吊销营业执照。有关责任人构成犯罪的，依法追究刑事责任。

（一）未与残疾人或者其代理人签订服务协议，或者协议不符合规定的；

（二）未按照国家有关标准和规定开展服务的；

（三）配备的医疗、康复、心理咨询、社会工作等专业技术人员未依据相关法律法规持证上岗或者未经过岗前培训的；

（四）向负责监督检查的管理部门隐瞒有关情况、提供虚假材料或者拒绝提供反映其活动情况真实材料的；

（五）利用残疾人服务机构的房屋、场地、设施开展与服务宗旨无关的活动的；

（六）歧视、侮辱、虐待或者遗弃残疾人以及其他侵犯残疾人合法权益行为的；

（七）擅自暂停或者终止服务的；

（八）法律、法规、规章规定的其他违法行为。

第34条 行业管理部门及其工作人员违反本办法有关规定，由上级行政机关责令改正；情节严重的，对直接负责的主管人员和其他责任人员依法给予行政处分；构成犯罪的，依法追究刑事责任。

第六章 附　则

第35条 行业管理部门可以根据本办法，结合本领域管理的残疾人服务机构的特点，制定具体实施细则。

第36条 本办法自下发之日起施行。

● 团体规定

3. 《中国残联办公厅关于做好中国残疾人就业创业网络服务平台推广应用工作的通知》（2018年1月17日）

一、平台概况

平台包括网站端（www. cdpee. org. cn）和移动客户端（APP和微信公众号），服务对象涵盖残疾人、用人单位、就业服务机构和社会助残机构，平台以"功能全面、业务开放、服务精准、管理严格"为原则，汇集各类就业信息并开展动态化管理，将线下服务与线上功能有机结合，实现横向互联、纵向贯通，可为残疾人和用人单位提供职介服务、职业培训、职业能力测评、创业指导、产品展示和政策宣传等服务，平台将成为全国残疾人就业服务的数据中心、资源中心、展示中心和服务中心。

二、工作目标

通过全面推广应用平台，建立残疾人就业大数据，逐步推进残疾人求职和用人单位招聘、残疾人和残疾人企业生产的产品销售、残疾人职业能力软件测评、残疾人职业能力培训发布、残疾人网络就业创业、残疾人就业有关政策查询等服务通过平台实现，残疾人就业服务工作实现线上线下相结合，并为残疾人和用人单位提供全面、便捷、精准和全方位服务，促进残疾人就业创业。

三、工作任务

（一）做好信息处理

1. 数据对接。已有残疾人就业服务信息系统的省份，就业服务机构要积极协调信息中心等有关部门，按照相关数据标准，对照本地数据结构完成接口改造，实现与平台的数据对接。

2. 就业信息。各级残疾人就业服务机构和培训机构要将通过入户采集、服务窗口登记或其他方式掌握的就业年龄段内有就业需求的残疾人简历信息、用人单位信息、岗位招聘信息，职业培训信息等要全部录入平台。

3. 政策新闻。各级残联及就业服务机构要将党政机关、残工委成员单位、残联、残疾人就业服务机构印发的扶持残疾人就业创业的各项法规、规章和规范性文件，促进残疾人就业创业的各类新闻报道及时通过平台发布。

4. 产品信息。各级残疾人就业服务机构要积极帮助有一定生产规模、质量合格、产量稳定、安排就业人数较多的残疾人或集中使用残疾人企业生产的产品纳入平台进行销售。

（二）做好平台应用

1. 审核工作。各级平台管理员要对在平台注册的企业信息、店铺信息和产品信息等进行审核；对在平台报名参加职业培训的残疾人信息进行审核。

2. 职介服务。各级残疾人就业服务机构要通过平台职介服务功能进行人岗匹配，向未就业残疾人进行岗位推荐服务，向招聘企业进行残疾人简历推荐服务，并与线下跟踪服务相结合，提高残疾人求职成功率。

3. 职业能力测评。各级残疾人就业服务机构要根据《关于科学开展残疾人职业能力评估工作的意见》要求，积极引导有条件的听力、言语和肢体残疾人进入平台规范开展职业能力评估与测评。要科学运用测评结果，做好与就业和培训的衔接工作，促进残疾人稳定就业。

4. 数据应用。各级残疾人就业服务机构要以平台数据为依据，通过加强数据分析应用，形成对政策制定、培训项目设立与开展、就业岗位开发与劳动力转移、扶贫项目开发与对接、创业孵化培训与指导、技能人才培养与职业能力提升等方面的科学指导，有针对性地开展各项工作。有条件的省份要建立以大数据为基础的数据显示指挥中心，实现跨层级、跨地域协同管理与服务。

5. 社会化服务。各级残疾人就业服务机构要充分利用平台的社会化就业服务渠道，为残疾人提供远程培训、网络居家就业和产品销售等多种形式的服务，提升残疾人就业技能，拓宽残疾人就业增收渠道。要积极引入社会机构进入平台，为残疾人和用人单位提供更加专业、优质的服务。

（三）做好宣传推广

1. 媒体宣传。各级残联宣文部门要与残疾人就业服务机构积极配合，通过电视、报纸等各类传统新闻媒体，微信、微博等网络新媒体，残联内部刊物、网站等渠道对平台进行广泛宣传，不断扩大平台知名度。各级残联和就业服务机构官网均要设置平台链接。

2. 工作宣传。各级残疾人就业服务机构要常年在残疾人就业服务大厅摆放平台宣传页、展板等宣传物料；要利用按比例就业年审、雇主培训等向用人单位大力推广平台，引导用人单位进入平台；要结合残疾人专场招聘会、就业援助月、职业技能竞赛、职业培训、助残日等活动，通过多种形式向社会广泛宣传。

（四）做好本地化建设

1. 本地化建设。本地化建设是在平台基础上，各级残疾人就业服务机构根据个性化业务及信息化目标搭建的子站系统，子站系统作为平台的一部分，集中展示本地区的服务资讯，就业资源和经办业务，满足残疾人和用人单位获取本地化就业服务的需求。

2. 本地化运营。各级残疾人就业服务机构要以政府购买服务的方式，引入社会资源参与平台及子系统的运营推广工作，通过社会化手段对平台进行内容维护、宣传推广、用户服务等内容，及时响应本地用户的个性化服务需求，使平台能够切实发挥作用，真正起到促进残疾人就业创业的作用。

第三十八条　劳动保护权

国家保护残疾人福利性单位的财产所有权和经营自主权，其合法权益不受侵犯。

在职工的招用、转正、晋级、职称评定、劳动报酬、生活福利、休息休假、社会保险等方面，不得歧视残疾人。

残疾职工所在单位应当根据残疾职工的特点，提供适当的劳动条件和劳动保护，并根据实际需要对劳动场所、劳动设备和生活设施进行改造。

国家采取措施，保障盲人保健和医疗按摩人员从业的合法权益。

《残疾人就业条例》（2007 年 2 月 25 日）

第 10 条 政府和社会依法兴办的残疾人福利企业、盲人按摩机构和其他福利性单位（以下统称集中使用残疾人的用人单位），应当集中安排残疾人就业。

集中使用残疾人的用人单位的资格认定，按照国家有关规定执行。

第 12 条 用人单位招用残疾人职工，应当依法与其签订劳动合同或者服务协议。

第 13 条 用人单位应当为残疾人职工提供适合其身体状况的劳动条件和劳动保护，不得在晋职、晋级、评定职称、报酬、社会保险、生活福利等方面歧视残疾人职工。

第三十九条　岗位技术培训

残疾职工所在单位应当对残疾职工进行岗位技术培训，提高其劳动技能和技术水平。

● 行政法规及文件

《残疾人就业条例》（2007 年 2 月 25 日）

第 14 条 用人单位应当根据本单位残疾人职工的实际情况，对残疾人职工进行上岗、在岗、转岗等培训。

第四十条　不得强迫残疾人劳动

任何单位和个人不得以暴力、威胁或者非法限制人身自由的手段强迫残疾人劳动。

● 法　律

《刑法》（2020 年 12 月 26 日）

第 244 条 以暴力、威胁或者限制人身自由的方法强迫他人劳动的，处三年以下有期徒刑或者拘役，并处罚金；情节严重的，处三年以上十年以下有期徒刑，并处罚金。

明知他人实施前款行为，为其招募、运送人员或者有其他协助强迫他人劳动行为的，依照前款的规定处罚。

单位犯前两款罪的，对单位判处罚金，并对其直接负责的主管人员和其他直接责任人员，依照第一款的规定处罚。

第五章　文 化 生 活

第四十一条　参与文化生活的权利

国家保障残疾人享有平等参与文化生活的权利。

各级人民政府和有关部门鼓励、帮助残疾人参加各种文化、体育、娱乐活动，积极创造条件，丰富残疾人精神文化生活。

● **团体规定**

《"十四五"提升残疾人文化服务能力实施方案》（2021 年 9 月 1 日）

三、主要措施

（一）强化理论武装，推动习近平新时代中国特色社会主义思想入脑入心。

1. 坚持用习近平新时代中国特色社会主义思想统领残疾人宣传文化工作。把深入学习贯彻习近平新时代中国特色社会主义思想、学习宣传习近平总书记关于残疾人事业重要论述作为重大政治任务，在学懂弄通做实上下功夫，持续推动往深里走、往心里走、往实里走，不断增强"四个意识"、坚定"四个自信"、做到"两个维护"，为残疾人宣传文化工作高质量发展提供坚强政治保证和思想基础。

2. 推动"学听跟"活动持续开展。推动习近平新时代中国特色社会主义思想入脑入心、落地生根。广泛传播"平等·参与·共享"现代文明理念，用残疾人喜闻乐见的方式、便捷可用的宣传文化产品，把习近平新时代中国特色社会主义思想和习近平总书记关于残疾人事业重要论述讲清楚、讲明白，让残疾人听得懂、能接受，不断筑牢团结奋进新征程的思想基础，团结引领广大残疾人听党话、跟党走。

3. 营造自强和助残的文明社会氛围。坚持以社会主义核心价值观为引领，将扶残助残纳入公民道德建设、文明创建工程和新时代文明实践中心建设，弘扬人道主义精神和扶残助残美德。鼓励残疾人自尊、自信、自强、自立，倡导志愿助残理念，实施助残文明行动，褒扬公益助残行为，营造理解、尊重、关心、帮助残疾人的文明社会氛围。

（二）围绕中心，服务大局，讲好残疾人故事，为残疾人事业发展营造良好氛围。

4. 充分利用"全国助残日"、"国际残疾人日"、"残疾预防日"、"爱耳日"、"爱眼日"等重要节点和残疾人事业重大活动契机，组织开展形式多样主题宣传文化活动，推出一批残疾人自强模范和助残先进的典型报道，动员社会更加关心关爱残疾人，关注支持残疾人事业。

5. 充分发挥已有的残疾人服务、活动场所的作用，通过举办展览展示、组织实地采访等方式开展社会宣传活动，生动展示残疾人事业发展成果、展示广大残疾人自强不息、积极向上的精神风貌。

6. 加大信息发布力度。加强网络宣传阵地建设，有条件的县市残联开设工作网站，开设微信公众号、官方微博和政务客户端并切实发挥其作用，及时宣传本地残疾人事业发展成果，主动引导、主动发声，提升信息服务水平。

7. 积极开展对外宣传。加大与中央外宣媒体、港澳台和海外华文媒体、国际友好媒体的合作力度，加强英文网站、残疾人频道建设，通过组织撰写残疾人事业蓝皮书，刊登专版、专刊、专稿，编印外宣画册、折页等形式，讲好中国残疾人的故事，传播好中国残疾人事业的好声音，提高国际传播能力，树立中国保护残疾人合法权益、发展残疾人事业的良好国际形象。

（三）整合资源，融入发展，加强残疾人事业全媒体传播能力建设。

8. 加强残疾人融媒体平台建设。以中国残联推进传统媒体、新媒体融合发展为契机，整合残联系统宣传文化资源，加快残疾人事业图片资源库和视频资源库等基础设施建设，支持"中国残疾人网"建设，打造中国残联融媒体中心。建设国家、省、市、县四级宣传矩阵，依托网络视听媒体开设残疾人文化宣传专题节目。加强与县级融媒体中心、农家书屋等阵地的融合，聚焦服务基层残疾人群众，提高信息服务水平。

9. 持续办好中央人民广播电台和各级人民广播电台、电视台已有的残疾人专题节目和手语栏目。鼓励电视台、广播电台、网络视听媒体和融媒体中心开设残疾人专题节目。鼓励影视作品、网络视频加配盲人观影音轨、字幕，鼓励有条件的省市级电视台开播国家通用手语和实时字幕栏目。

10. 建立健全网上网下互动衔接的服务平台和工作机制。完善各级残联新闻发言人制度，建立舆情应对机制。组织中央媒体、各地主流媒体记者、专家，定期举办交流研讨、专题培训等活动，重点培训对残疾人事业宣传报道有热情、有经验的百名新闻媒体记者、百名网评员、百名宣传骨干、百名专家的舆论发声队伍。适时举办"四力"培训，不断提升残疾人宣传文化工作服务能力。

11. 加强各级残疾人事业新闻宣传促进会的组织建设。充分发挥残疾人事业新闻宣传促进会的作用，组织开展形式多样的社会宣传和文化活动。组织每两年一次的残疾人事业好新闻评选和各地人民广播电台残疾人专题节目展播活动，开展残疾人事业新闻人物和助残人物推举等宣传品牌活动，制作反映残疾人事业发展的宣传文化产品。

（四）加强残疾人公共文化服务，纳入国家公共文化服务体系。

12. 各级公共图书馆、文化馆（站）、博物馆（纪念馆）、美术馆、非遗展示馆和文物建筑及遗址类博物馆等公共文化设施要有为残疾人提供服务的场地和内容，要免费或优惠向残疾人开放，并提供无障碍服务。各级公共图书馆、文化馆（站）要面向不同残疾类别人群，开展形式多样的个性化差异化文化服务。

13. 国家实施的送戏曲、送电影、送展演、送科普等一系列文化活动，以及在都市商圈、文化园区等区域创新打造的"城市书房"、"文化驿站"等新型文化业态，乡村优秀传统文化活化利用和创新发展、因地制宜建设的文化礼堂、乡村戏台、文化广场、非遗传习场所等主题功能空间，要针对残疾人的特点和特殊需求，提供必要的服务内容和参与条件，让文化助残更有实效、文化惠残更加精准，服务内容更加丰富均等。

14. 扶持有条件的省、市、县三级公共图书馆建立盲人阅览室（区），增加盲文图书和视听文献资源，配备盲文图书及有关阅读设备，为盲人提供盲文读物、有声读物、大字读物、无障碍版本的电影、电视剧等产品，做好盲人阅读服务。扶持全国50个地市级公共图书馆、200个县级公共图书馆的盲人阅览室建设。

15. 持续开展"全国残疾人文化周"、"共享芬芳·共铸美好"、"书香中国·阅读有我"等残疾人群众性文化艺术活动，为基层残疾人参与文化活动搭建平台。鼓励各级残疾人艺术团队深入基层开展公益演出，实施文化进社区、进残疾人家庭"五个一"文化项目，为10万户困难、重度残疾人家庭开展读一本书、看一场电影、游一次园、参观一次展览、参加一次文化活动文化服务，把文化送到基层、送到社区、送到残疾人身边。

16. 依托新时代文明实践中心和基层文化设施，增添必要的文化设备，推动基层创建一批残健融合文化服务示范中心（站、点），组织开展形式多样、内容丰富的残疾人文化活动，不断满足残疾人文化需求，增强残疾人精神力量。加强中西部和农村地区重度残疾人文化服务，支持革命老区、民族地区、边疆地区残疾人文化事业加快发展。

17. 持续实施盲人读物出版工程、盲人数字阅读推广工程，重点支持出版 50 种残疾人题材或残疾人作者的图书、音像制品；扶持优秀残疾人作家的作品翻译对外出版；鼓励残疾人题材优秀影片、纪录片、公益广告、网络视听节目制作播出；鼓励电影院线、有线电视提供无障碍影视服务。推动线上无障碍影视作品制作播放。

（五）发展残疾人特殊艺术，培育残疾人文化艺术品牌。

18. 持续扶持 200 家以特殊教育学校为主的残疾人特殊艺术人才培养基地建设，加强残疾人特殊艺术人才和师资培养。

19. 支持中国残疾人艺术团创编精品舞台演出剧目，培育"我的梦"特殊艺术品牌。扶持各类残疾人文化艺术团体建设，鼓励残疾人参与文化艺术创作。举办国际特殊艺术交流活动，开展残疾人文化艺术国际交流，用特殊艺术讲好中国残疾人的故事，向世界展示我国残疾人事业和残疾人特殊艺术发展成就。

20. 举办第十届、第十一届全国残疾人艺术汇演，推出更多反映残疾人奋斗新时代、奋进新征程精神风貌、展现残疾人自强不息精神和陶冶高尚情操的优秀文艺作品，展示残疾人特殊艺术才华，培养特殊艺术人才。支持残疾儿童少年艺术教育，支持开展残疾儿童书法、绘画、朗诵、艺术表演等文化活动，丰富残疾儿童精神文化生活，满足广大残疾儿童对美好生活的向往。

（六）推动残疾人文化产业发展，满足残疾人文化旅游需求。

21. 持续扶持 200 家残疾人文化产业基地建设，制定残疾人文化产业基地规范标准，培训和指导从业残疾人。鼓励残疾人参与文化产业，支持手工制作等残疾妇女就业创业项目。推动残疾人文化产业转型升级，提高质量效益和竞争力。

22. 鼓励残疾人参与文化艺术创作和非物质文化遗产保护传承，扶持一批残疾人非物质文化遗产基地建设和残疾人非遗工匠。举办残疾人文化艺术博览会、非遗产品交流会，鼓励各级各类文化艺术博览会设立残疾人文化艺术展区（专区），鼓励将残疾人非遗基地有机融入旅游产品和线路，展示残疾人特殊文化艺术及非遗成果。

23. 探索建立残疾人文化艺术产品销售平台，不断拓宽销售渠道。鼓励各类产业园区、旅游景区免费或优惠为残疾人文化创业提供必要展示空间，支持残疾人发挥特殊艺术才能，参与文化创业。

24. 各级文化和旅游部门要针对各类残疾人特殊需求，推出更多定制化旅游产品、旅游线路，开发适合残疾人的体验性、互动性强的旅游项目，满足残疾人特殊性、多层次旅游需求。

25. 文化和旅游部门要将无障碍旅游公共服务有关要求纳入相关标准规范，加强残疾人无障碍、便利化旅游设施建设；有条件的博物馆、纪念馆和旅游景区，鼓励运用智能化、大数据、互联网、云计算等现代科技手段，提供移步导读和必要的信息引导、人工帮扶等服务，满足不同类别残疾人共享文化旅游服务需求。

（七）建立健全残疾人文化工作队伍，提高服务水平和能力。

26. 加大培训工作力度，建立自上而下、分级负责的残疾人文化管理人员和残疾人文化艺术指导员培养培训机制。以基层文艺工作者、残疾人工作者、特教学校教师、残疾人亲友为主体，各级残联、文化和旅游部门培养一批热心于残疾人文化服务事业、具备残疾人文化艺术咨询指导能力、项目拓展能力和活动组织能力的基层文化队伍。

第四十二条 开展文体活动的原则

残疾人文化、体育、娱乐活动应当面向基层，融于社会公共文化生活，适应各类残疾人的不同特点和需要，使残疾人广泛参与。

第四十三条 丰富残疾人精神文化生活的措施

政府和社会采取下列措施，丰富残疾人的精神文化生活：

（一）通过广播、电影、电视、报刊、图书、网络等形式，及时宣传报道残疾人的工作、生活等情况，为残疾人服务；

（二）组织和扶持盲文读物、盲人有声读物及其他残疾人读物的编写和出版，根据盲人的实际需要，在公共图书馆设立盲文读物、盲人有声读物图书室；

（三）开办电视手语节目，开办残疾人专题广播栏目，推进电视栏目、影视作品加配字幕、解说；

（四）组织和扶持残疾人开展群众性文化、体育、娱乐活动，举办特殊艺术演出和残疾人体育运动会，参加国际性比赛和交流；

（五）文化、体育、娱乐和其他公共活动场所，为残疾人提供方便和照顾。有计划地兴办残疾人活动场所。

第四十四条 鼓励、帮助残疾人从事创造性劳动

政府和社会鼓励、帮助残疾人从事文学、艺术、教育、科学、技术和其他有益于人民的创造性劳动。

《国务院办公厅关于进一步加强残疾人体育工作的意见》（2007
年5月6日）

一、充分认识残疾人体育工作的重要意义

（一）残疾人体育是残疾人事业和全民体育的组成部分。参
加体育活动是残疾人的重要权利，是残疾人康复健身、平等参与
社会、实现自身价值的重要途径。

（二）发展残疾人体育有利于促进残疾人事业发展。残疾人
体育对于展示残疾人体育才华，激励残疾人自尊、自信、自强、
自立，倡导社会理解、尊重、关心、帮助残疾人具有重要作用。

（三）发展残疾人体育有利于弘扬爱国主义、集体主义和革
命英雄主义思想，激励自强不息的民族精神。

（四）残疾人体育是我国向世界展示经济社会发展成就，彰
显人权保障和社会文明进步成果的重要舞台。

二、广泛开展残疾人群众性体育活动

（五）按照《全民健身计划纲要》总体要求，根据残疾人特
点，组织残疾人广泛开展自强健身活动。建立健全残疾人体育组
织，利用各种社会资源为残疾人参加体育活动提供场地和设施。
开发、推广适合残疾人特点的健身康复体育项目，经常举办残疾
人体育活动。

（六）指导、支持各类企事业单位组织残疾人开展体育活动。
充分利用各种文化体育设施，积极探索适合残疾人特点的基层残
疾人体育的组织方式和活动内容，开展形式多样的基层残疾人体
育活动。

（七）各级各类学校要组织残疾学生开展适合其特点的日常
体育活动。学校体育测试要充分考虑残疾学生的特殊情况，体现
人文关怀。

（八）高度重视农村残疾人体育工作。因地制宜，创造条件，

开发适合农村残疾人特点的群众性体育项目，引导农村残疾人参加自强健身体育活动。

（九）发挥残疾人体育赛事对残疾人群众体育活动的推动作用。改革完善残疾人体育竞赛制度，定期举办各级、各类残疾人体育比赛，积极参与和举办国际残疾人体育赛事。

三、加强残疾人体育队伍建设

（十）建立一支优秀的残疾人运动员队伍和残疾人体育管理人员队伍，促进残疾人体育事业可持续发展。

（十一）加强残疾人体育管理人员、技术人员培养工作，建立健全裁判员、分级员等人员管理制度，制订残疾人体育教练员职称评定办法。

（十二）体育、残联、民政等部门（单位）要研究制订残疾人运动员等级评定办法。人事、教育、财政、民政、劳动保障、体育、残联等部门（单位）要采取措施，切实解决残疾人运动员就学、就业、奖励和社会保障问题，保障进入中高等学校学习的贫困残疾人运动员助学金所需经费。

（十三）加强残疾人体育教育和科研工作。把残疾人体育纳入特殊教育和师范、体育教学计划，认真实施。开展残疾人体育科研工作，提高残疾人体育科技水平。

（十四）加强残疾人体育训练基地建设，发挥国家残疾人体育综合训练基地的示范作用，保证残疾人运动员管理、训练、参赛和有关科研工作需要。各地要根据实际情况设立专门为残疾人体育锻炼和残疾人运动员训练服务的体育设施。

四、营造有利于残疾人体育事业发展的社会环境

（十五）加强残疾人体育事业宣传工作。采取多种形式普及残疾人体育知识，宣传残疾人自强不息、顽强拼搏的精神，倡导扶残助残的社会风尚，动员社会各界关心残疾人体育事业。

（十六）动员社会力量，发挥各自优势，为残疾人体育事业

发展提供志愿服务。教育部门要动员和组织学生关心、支持残疾人体育活动，在广大学生中培养助残为荣的良好风尚。

（十七）新建、改造公共体育设施要严格执行国家无障碍标准，全民健身设施、器材要考虑残疾人特殊需求。各类体育赛事要为残疾人观众提供方便。公共体育设施要向残疾人开放并提供优惠服务。

（十八）鼓励社会力量举办、赞助、支持残疾人体育事业。加强对赞助活动和捐赠资金物品使用的监督管理。

五、加强对残疾人体育工作的组织领导

（十九）地方各级人民政府要加强对残疾人体育工作的领导，把发展残疾人体育事业纳入经济社会发展规划，积极动员社会力量，多渠道筹集资金，促进残疾人体育事业发展。各级体育主管部门和残联要切实履行职责，制订实施残疾人体育事业发展规划，引导各类社会团体关心、支持、帮助和组织残疾人参加体育活动。

（二十）加强残疾人体育道德作风建设。反对使用违禁药物和训练、比赛中的违规行为，保证残疾人运动员身心安全和健康，维护残疾人体育比赛的公平、公正。引导残疾人体育工作者发扬人道、廉洁、服务、奉献的职业道德，全心全意为残疾人服务。

（二十一）认真实施残疾人保障法、体育法和其他相关法律法规，保障残疾人参加体育活动的权益。

（二十二）积极表彰和奖励为残疾人体育事业发展做出突出贡献的单位和个人。

第四十五条　营造助残的社会风尚

政府和社会促进残疾人与其他公民之间的相互理解和交流，宣传残疾人事业和扶助残疾人的事迹，弘扬残疾人自强不息的精神，倡导团结、友爱、互助的社会风尚。

第六章 社 会 保 障

社会保障权

国家保障残疾人享有各项社会保障的权利。

政府和社会采取措施，完善对残疾人的社会保障，保障和改善残疾人的生活。

● 部门规章及文件

《民政部、财政部、中国残联关于加强残疾人两项补贴精准管理的意见》（2022 年 10 月 18 日）

一、进一步加强补贴政策宣传。各地要加强残疾人两项补贴政策宣传讲解，帮助残疾人及监护人知晓政策并自愿申领补贴，推动残疾人两项补贴应补尽补。重视并运用全国残疾人两项补贴信息系统的主动服务功能，为新纳入低保、新办证残疾人及时发送提醒信息，政策宣传和主动提醒记录应留存备查。对新纳入低保、新办证残疾人，3 个月内采取任何形式主动提醒告知的，视为已开展政策宣传。要坚持需求导向、自愿申请原则，对已通过发放政策告知书、入户走访、电话等形式开展宣传，但残疾人或监护人并未提出补贴申请的，视为自愿放弃，不得强制纳入残疾人两项补贴对象范围。残疾人自愿放弃后再次提出补贴申请的，应当及时予以受理，补贴资金从申请当月计发，不予补发。

二、进一步落实政策衔接规定。各地要严格落实国发〔2015〕52 号和民发〔2021〕70 号文件中关于残疾人两项补贴的政策衔接规定，原则上不得新增尚未明确的政策衔接要求。对各地已细化的政策衔接要求，如与国务院有关规定不一致，应及时、稳妥、有序进行纠正。对既符合重度残疾人护理补贴条件，又符合老年人护理补贴条件的残疾老年人，可择高申领其中一类护理补贴。既符合残疾人两项补贴条件，又符合养老服务补贴、高龄津贴条件的残疾老年人可以叠加享受。享受孤儿基本生活保障政策的残疾儿童，不享受困难残疾人生活补贴，可享受重度残疾人护理补贴，机构集中养育享受孤儿基本生活保障政策的残疾儿童的护理补贴发放形式和使用办法由省级民政部门会同相关部门确定。残疾人证有效期满后，重新办理残疾人证并提出补贴申请的，应于申请之月计发补贴，同时可视情按照新发残疾人证登记的类别和等级对应的补贴标准补发最多不超过3个月的补贴。县级人民政府民政部门、残联及乡镇（街道）可根据工作需要向申请人发放告知承诺书（模板见附件），使申请人或监护人知晓应主动告知的领取工伤保险生活护理费、在监服刑、残疾等级变更、低保或低保边缘政策享受状况变更、死亡等相关情形。

三、强化数据比对与动态复核。县级人民政府民政部门、残联和乡镇（街道）应每月开展一次补贴数据比对，县级人民政府民政部门负责比对残疾人退出低保或低保边缘家庭范围等经济状况变化情况；县级残联负责比对残疾人证迁出、过期、冻结、注销等残疾人证状态变化情况；县级人民政府民政部门、残联应会同相关部门，定期开展与殡葬火化、卫生健康死亡人口、公安人口库、监狱服刑等数据比对，并通过入户走访、视频查看、人脸识别等方式进行生存验证，每年至少一次对残疾人死亡、被宣告死亡、失踪、在监服刑、户籍迁移等情况进行全员集中复核。集中复核时以及两次集中复核之间出现上述情况的，须及时作出停发处理。省、市级人民政府民政部门、残联应会同相关部门定期开展数据比对与动态复核工作。民政部、中国残联加快推动与相关部门建立常态化数据共享机制，定期与国家人口库死亡数据、工伤保险生活护理费等相关数据开展批量数据比对，并将比对结果上传至全国残疾人两项补贴信息系统，供各地下载核实。各地相关部门在开展数据共享比对过程中，应同步做好数据安全防护，确保数据安全。

四、加强补贴资金发放监管。按照"全国一盘棋"要求，加强全国残疾人两项补贴信息系统使用，充分发挥全国系统在残疾人人口基础数据库对接、部级多数据源比对提醒、防范跨省重复领取补贴、工作监管等方面的精准管理作用，推动自建系统省份全面使用全国系统办理业务。每月申请拨付残疾人两项补贴资金的请示、财政资金支付审批表、财政预算拨付凭证等有关资金拨付材料应当留存，并及时上传至全国残疾人两项补贴信息系统备查，推动残疾人两项补贴线上线下发放一致。实现"一卡通"等无纸化管理的地方，可通过上传月度发放统计表形式备查。县级人民政府民政部门会同县级残联要加强对补贴数据动态复核结果的研判，作出残疾人是否继续享受补贴的决定，保证系统数据与实际情况一致，落实监管责任。

五、推动补贴档案规范化管理。各地要将补贴申请审核、主动发现、主动服务、错发追回、补发续发等过程性材料及时归档备查。申请审核归档材料应包括申请审批表、身份证、户口本、残疾人证、低保证明、银行卡复印件、政策宣传和主动提醒记录及其他所需证明材料，能够通过系统数据共享获取的证明材料，可以不要求申请人提供纸质材料。省级民政部门、残联应定期组织抽查残疾人两项补贴档案材料，保证归档材料真实、准确、完整。各地要增强节约意识和生态环保意识，积极推进电子档案建设，制定电子档案管理办法，推进无纸化管理。电子档案健全、实现无纸化管理的地方，可不再保留纸质材料。

六、提升精准管理的保障能力。各地要按照国务院和相关部门要求，将实施残疾人两项补贴制度所需工作经费，纳入地方各级财政预算。要加强补贴资金发放和使用监管，确保补贴资金及时足额发放到位，防止截留、挪用、骗取补贴资金。要统筹考虑工作需要，为乡镇（街道）等基层工作人员提供必要的工作保障条件，针对基层经办服务能力薄弱问题，可通过政府购买服务方式加强经办能力建设，确保残疾人需求得到及时发现，不断推动补贴精准发放。

七、推动建立容错纠错机制。各地应加大对申请人采取虚报、隐瞒、伪造等手段骗取补贴资金的发现和追回力度。建立容错纠错机制，鼓励根据实际情况改革创新，激励基层干部担当作为，落实"三个区分开来"要求，对秉持公心、履职尽责但因客观原因出现失误偏差且能够及时纠正的经办人员，依法依规免于问责。

此前发布的民政部文件有关规定与本通知不一致的，以本通知为准。《民政部 中国残联关于贯彻落实残疾人两项补贴制度有关政策衔接问题的通知》（民发〔2016〕99号）同时废止。

附件

残疾人两项补贴政策告知承诺书

（样本）

一、本次申请审核依据《国务院关于全面建立困难残疾人生活补贴和重度残疾人护理补贴制度的意见》（国发〔2015〕52号）和《民政部 财政部 中国残联关于进一步完善困难残疾人生活补贴和重度残疾人护理补贴制度的意见》（民发〔2021〕70号）等规定办理，在申请困难残疾人生活补贴和重度残疾人护理补贴（以下统称残疾人两项补贴）资格认定前，申请人应当详细了解相关申请审核规定。

二、残疾人两项补贴遵循自愿申请原则，残疾人及监护人有权提出或放弃补贴资格申请。

三、申请人应当对提交的残疾人两项补贴申请材料真实性、合法性负责。

四、申请人在发生以下情形时，申请人或其监护人（或赡养、抚养、扶养义务人，其他被委托人）应向户籍所在地县级民政部门、残联、乡镇（街道）等任意机关主动告知。1. 户籍地变更；2. 残疾等级变更、低保或低保边缘政策享受状况变更；3. 享受补贴期间被人民法院判处有期徒刑以上刑罚且需在监狱服刑；4. 领取工伤保险生活护理费；5. 领取补贴的残疾人死亡；6. 其他应当告知的情形。

五、申请人可采取以下方式告知变更事项。1. 电话告知：xx 县民政局电话：xxx-xxxxxxxx，xx 残联，xx 街道（乡镇）；2. 在线告知：登录民政一体化政务服务平台，通过"全程网办"功能告知；3. 实地告知：xxx。

六、本政策告知书一式四份，由县级民政部门、县级残联、乡镇（街道）和申请人分别留存。

承 诺 书

xx 民政局：

兹声明，本申请人已明确知悉上述告知事项，并将严格遵守上述规定，履行相关义务。本申请人承诺，本次申请残疾人两项补贴的提交材料真实有效。如有虚假，本申请人愿承担相应的责任并退回多领取的补贴资金。

申请人签字：
x 年 x 月 x 日

● 案例指引

1. 某公租房公司诉马某某房屋租赁合同纠纷案①

公共租赁住房是党和政府为困难群众提供的生活保障，本案如单纯判决解除租赁合同，将难以避免地造成不可逆的影响，导致残

---

① 《最高人民法院、中国残疾人联合会残疾人权益保护十大典型案例》，载最高人民法院网站，https://www.court.gov.cn/zixun/xiangqing/334501.html，2023 年 6 月 30 日访问。

疾老人无房可住。人民法院充分释法，耐心说理，劝说某公租房公司充分考量马某某的困境，给予8个月的宽限期，劝告马某某再次申请低保，同时调解暂时不解除租赁合同，避免马某某面临无房可住的困境。既保障了政府公租房政策通过合同的形式得到落实，同时又切实保障了残疾人的居住权，在具体案例中落实了司法为民的宗旨。

2. 高某琴等诉高某明共有物分割纠纷案①

本案既涉及残疾人的居住权又涉及扶贫安置政策的具体落实。扶贫安置政策是政府为改善贫困户的生活质量、从自然条件恶劣地区搬迁到生存与发展条件较好的地方、解决农民基本住房的惠民政策，应当用好，以真正解决当事人住房需求。高某明等四人均在高某宝户内，与高某琴系同胞兄妹，高某明夫妻均为重度残疾人，虽高某琴等三人对案涉款项享有权利，但案涉款项购买房屋为当事人唯一住房，判决驳回高某琴等人的诉请对保障残疾人的居住权益、对落实国家扶贫政策的目标具有积极意义。

第四十七条　参加社会保险

残疾人及其所在单位应当按照国家有关规定参加社会保险。

残疾人所在城乡基层群众性自治组织、残疾人家庭，应当鼓励、帮助残疾人参加社会保险。

对生活确有困难的残疾人，按照国家有关规定给予社会保险补贴。

---

① 《最高人民法院、中国残疾人联合会残疾人权益保护十大典型案例》，载最高人民法院网站，https://www.court.gov.cn/zixun/xiangqing/334501.html，2023年6月30日访问。

《社会保险法》（2018 年 12 月 29 日）

第 25 条　国家建立和完善城镇居民基本医疗保险制度。

城镇居民基本医疗保险实行个人缴费和政府补贴相结合。

享受最低生活保障的人、丧失劳动能力的残疾人、低收入家庭六十周岁以上的老年人和未成年人等所需个人缴费部分，由政府给予补贴。

第四十八条　社会救助

各级人民政府对生活确有困难的残疾人，通过多种渠道给予生活、教育、住房和其他社会救助。

县级以上地方人民政府对享受最低生活保障待遇后生活仍有特别困难的残疾人家庭，应当采取其他措施保障其基本生活。

各级人民政府对贫困残疾人的基本医疗、康复服务、必要的辅助器具的配置和更换，应当按照规定给予救助。

对生活不能自理的残疾人，地方各级人民政府应当根据情况给予护理补贴。

● 部门规章及文件

《关于完善残疾人就业保障金制度 更好促进残疾人就业的总体方案》（2019 年 12 月 27 日）

二、优化征收，切实降低用人单位成本

（三）实行分档征收。将残保金由单一标准征收调整为分档征收，用人单位安排残疾人就业比例 1%（含）以上但低于本省（区、市）规定比例的，三年内按应缴费额 50% 征收；1% 以下的，三年内按应缴费额 90% 征收。

（四）暂免征收小微企业残保金。对在职职工总数 30 人

残疾人保障法　第六章

（含）以下的企业，暂免征收残保金。

（五）明确社会平均工资口径。残保金征收标准上限仍按当地社会平均工资的 2 倍执行，社会平均工资的口径为城镇私营单位和非私营单位就业人员加权平均工资。

（六）合理认定按比例安排就业形式。探索残疾人按比例就业多种实现形式，为用人单位更好履行法定义务提供更多选择。用工单位依法以劳务派遣方式接受残疾人在本单位就业的，残疾人联合会（以下简称残联）在审核残疾人就业人数时相应计入并加强动态监控。

三、规范使用，更好保障残疾人就业

（七）明确残保金优先用于保障就业。残保金优先用于支持残疾人就业，满足相关的培训教育、奖励补贴、就业服务等支出，与残疾人就业直接相关的支出由各省确定。各地要根据当地保障残疾人就业实际需要合理安排相关支出，不得以收定支。

（八）加大对用人单位安排残疾人就业的激励力度。合理调整残疾人就业岗位补贴、保险补贴、设施设备购置改造补贴等补贴标准；加大对超比例安排残疾人就业用人单位的奖励力度，通过正向激励，调动用人单位安排残疾人就业积极性。

（九）支持残疾人自主就业创业。鼓励和引导残疾人利用"互联网+"等形式自主就业创业，在经营场地等方面给予支持，符合条件的可享受相应补贴和金融扶持政策。

（十）提升职业培训质量。积极支持残疾人就业培训，进一步提升资金使用效率。依托残疾人有就业意向的用人单位、专业培训机构开展"师带徒"、定岗式培训，按培训效果付费，将就业转化率和稳定就业时间作为付费依据。根据残疾人特点，制定残疾人职业培训标准。按规定开展残疾人免费职业技能培训行动，提高残疾人就业稳定性。

四、强化监督，增进社会支持

（十一）加强残保金和残疾人按比例就业的社会监督。财政部每年按照预算管理规定向国务院报告上一年残保金收入和残疾人事业支出情况，中国残联等部门和单位向国务院报告支持残疾人就业、用人单位按比例安排残疾人就业的情况。省、市、县三级财政部门会同同级残联将辖区范围内上述情况定期向社会公开，接受社会监督。

（十二）纳入社会信用评价体系。对未按比例安排残疾人就业且拒缴、少缴残保金的用人单位，将其失信行为记入信用记录，纳入全国信用信息共享平台。五、健全服务，提升残疾人就业质量

（十三）全面摸排残疾人就业需求信息。由残联指导城乡社区服务机构实时跟踪残疾人信息，采取分片包干形式，精准掌握辖区内残疾人就业需求，建立残疾人求职信息档案，配合做好就业对接。建立健全全国联网的残疾人身份认证系统。

（十四）做好残疾人人力资源开发。由残联牵头，组织各方力量，或通过政府购买服务等方式，引入专业化组织和市场机构，为残疾人提供职业康复训练、职业适应评估、职业心理测评、求职定向指导、职业介绍、岗位支持等全链条、个性化服务。

（十五）推动用人单位设置残疾人就业岗位。各级党政机关、事业单位、国有企业应当带头招录（聘）和安置残疾人就业。各级残疾人就业服务机构要主动向用人单位介绍安排残疾人就业优惠政策、提供岗位改造咨询，充分调动用人单位安排残疾人就业的积极性；鼓励和引导用人单位针对残疾人状况，对工作岗位进行主动适应性调整，努力实现"以岗适人"。

（十六）支持就业服务平台发展。充分发挥残疾人就业服务中心、公共就业服务机构、劳务派遣公司、经营性人力资源服务

机构在残疾人就业供需对接方面的作用，对推荐残疾人稳定就业一年以上的，按人数给予奖励。

（十七）推动信息互通资源共享。省级财政、税务、人力资源社会保障、残联等相关部门和单位建立残疾人就业及残保金信息共享机制。在保护残疾人隐私的前提下，残联应当向公共就业服务机构、劳务派遣公司、经营性人力资源服务机构和法律援助机构开放与就业相关的残疾人信息数据。推进残疾人求职信息全省互联互通，并逐步实现全国信息共享。支持残疾人就业创业网络服务平台建设。

（十八）完善残疾人就业服务保障机制。积极发挥残疾人就业服务机构在事前事中事后全流程服务的作用，鼓励企业、残疾人职工、就业服务机构签订三方协议。大力推广雇主责任险、残疾人意外伤害保险等保险，保费由企业和残疾人合理分担，消除企业和残疾人后顾之忧。

（十九）建立残疾人就业信息跟踪反馈机制。残联和社区要持续跟进了解残疾人就业情况，对残疾人就业和用人单位用工过程中出现的问题，及时协调解决。建立就业辅导员制度，为残疾人提供就业服务，及时协调解决残疾人就业后面临的困难，提高残疾人就业稳定性和就业质量。

第四十九条 对残疾人的供养、托养

地方各级人民政府对无劳动能力、无扶养人或者扶养人不具有扶养能力、无生活来源的残疾人，按照规定予以供养。

国家鼓励和扶持社会力量举办残疾人供养、托养机构。

残疾人供养、托养机构及其工作人员不得侮辱、虐待、遗弃残疾人。

● 行政法规及文件

《社会救助暂行办法》（2019 年 3 月 2 日）

第 12 条　对批准获得最低生活保障的家庭，县级人民政府民政部门按照共同生活的家庭成员人均收入低于当地最低生活保障标准的差额，按月发给最低生活保障金。

对获得最低生活保障后生活仍有困难的老年人、未成年人、重度残疾人和重病患者，县级以上地方人民政府应当采取必要措施给予生活保障。

第 14 条　国家对无劳动能力、无生活来源且无法定赡养、抚养、扶养义务人，或者其法定赡养、抚养、扶养义务人无赡养、抚养、扶养能力的老年人、残疾人以及未满 16 周岁的未成年人，给予特困人员供养。

第 33 条　国家对在义务教育阶段就学的最低生活保障家庭成员、特困供养人员，给予教育救助。

对在高中教育（含中等职业教育）、普通高等教育阶段就学的最低生活保障家庭成员、特困供养人员，以及不能入学接受义务教育的残疾儿童，根据实际情况给予适当教育救助。

第 51 条　公安机关和其他有关行政机关的工作人员在执行公务时发现流浪、乞讨人员的，应当告知其向救助管理机构求助。对其中的残疾人、未成年人、老年人和行动不便的其他人员，应当引导、护送到救助管理机构；对突发急病人员，应当立即通知急救机构进行救治。

第五十条　**社会扶助**

县级以上人民政府对残疾人搭乘公共交通工具，应当根据实际情况给予便利和优惠。残疾人可以免费携带随身必备的辅助器具。

盲人持有效证件免费乘坐市内公共汽车、电车、地铁、渡船等公共交通工具。盲人读物邮件免费寄递。

国家鼓励和支持提供电信、广播电视服务的单位对盲人、听力残疾人、言语残疾人给予优惠。

各级人民政府应当逐步增加对残疾人的其他照顾和扶助。

● 部门规章及文件

《交通运输部、住房城乡建设部、国家铁路局、中国民用航空局、国家邮政局、中国残疾人联合会、全国老龄工作委员会办公室关于进一步加强和改善老年人残疾人出行服务的实施意见》（2018 年 1 月 8 日）

二、加快无障碍交通基础设施建设和改造

（四）完善设施布局。各级交通运输主管部门要充分考虑人口老龄化发展因素，根据人口老龄化发展趋势、老年人口和残疾人口分布特点，加强无障碍建设和适老化改造，在综合交通运输体系规划及各专项规划中，明确铁路、公路、水路（含港口）、民航、邮政、城市客运等各领域无障碍交通基础设施建设和改造的重点任务和配套政策。积极会同有关部门，将无障碍交通基础设施改造纳入无障碍环境建设发展规划，不断完善无障碍交通基础设施布局。

（五）加大建设改造力度。各地新建、改建、扩建铁路客运站、高速公路服务区、二级及以上汽车客运站、客运码头（含水路客运站，下同）、民用运输机场、城市轨道交通车站、城市公共交通枢纽等，应落实《无障碍环境建设条例》相关要求，并符合《无障碍设计规范》《铁路旅客车站无障碍设计规范》《民用机场旅客航站区无障碍设施设备配置》等有关标准规范。加大高速公路服务区、普通国省干线公路服务区无障碍服务设施建设改造。完善陆岛交通客运码头、轮渡渡口和客运船舶无障碍设施设备和标志标识。因地制宜逐步推进现有二级及以上汽车客运站、有条件的邮政营业场所等设施无障碍改造。推进客运列车、客运船舶、民用航空器、公共汽电车、城市轨道交通车辆等交通运输工具逐步完善无障碍设备配置。

三、提升出行服务品质

（六）创新服务模式。加大为老年、残疾乘客的贴心服务力度，加快服务模式创新，进一步提升服务的系统化、精细化水平。具备条件的地区，要在铁路客运站、汽车客运站、客运码头、民用运输机场等人流密集场所为老年人、残疾人设立优先无障碍购票窗口、专用等候区域和绿色通道，提供礼貌友好服务。在醒目位置设置老年人、残疾人等服务标志，鼓励采取专人全程陪护、预约定制服务、允许亲属接送站等措施，提供服务车、轮椅等便民辅助设备，保障行动不便乘客安全、便捷出行。要充分考虑不同交通运输方式的无障碍衔接换乘，做好点对点服务配套。鼓励对老年人、残疾人实行快递门到门服务，有条件的地区开行服务老年人、残疾人的康复巴士。

（七）建设出行信息服务体系。加强无障碍信息通用产品、技术的研发与推广应用。在铁路客运站、汽车客运站、客运码头、民用运输机场、城市轨道交通车站、城市公共交通枢纽等场所及交通运输工具上提供便于老年和残疾乘客识别的语音报站和电子报站服务，依据相关标准要求完善站场、枢纽、车辆设施的盲文标志标识配置、残疾人通讯系统、语音导航和导盲系统建设，积极推广应用微信、微博、手机 APP、便民热线预约服务等创新方式，为老年人、残疾人提供多样化、便利化的无障碍出行信息服务。

（八）提高服务水平。鼓励运营企业制定完善老年人、残疾人等乘坐交通运输工具的服务细则。组织开展从业人员面向老年人、残疾人服务技能培训，提升服务标准化水平。鼓励地方残联、老龄委牵头会同交通运输主管部门，组建志愿者团队，组织开展专题培训和宣传教育活动，建立服务老年人、残疾人出行的预约门到门志愿服务团队。坚持用心服务、优先服务，积极鼓励社会力量参与，开展专业化、多元化无障碍出行服务，使老年人、残疾人等行动不便的乘客能够安全出行，便利出行。

（九）保障安全出行。各地交通运输主管部门要强化部门联动，密切分工协作，督促运营企业严格落实安全生产主体责任，提高安全出行服务保障水平。引导老年人、残疾人合理安排出行计划，鼓励错峰出行，避免客流拥挤对行动不便乘客出行造成安全隐患。加强无障碍交通设施安全运行维护和管理，提升信息化和智能化管理水平，做好对无障碍交通设施设备使用的合理引导，建立完善无障碍交通设施安全检查制度，及时发现安全隐患，妥善处理，为老年人、残疾人提供安全可靠的无障碍出行服务。

第五十一条　鼓励和发展残疾人慈善事业

政府有关部门和残疾人组织应当建立和完善社会各界为残疾人捐助和服务的渠道，鼓励和支持发展残疾人慈善事业，开展志愿者助残等公益活动。

第七章　无障碍环境

第五十二条　创造无障碍环境

国家和社会应当采取措施，逐步完善无障碍设施，推进信息交流无障碍，为残疾人平等参与社会生活创造无障碍环境。

各级人民政府应当对无障碍环境建设进行统筹规划，综合协调，加强监督管理。

● 法　律

《无障碍环境建设法》（2023 年 6 月 28 日）

第 1 条　为了加强无障碍环境建设，保障残疾人、老年人平等、充分、便捷地参与和融入社会生活，促进社会全体人员共享经济社会发展成果，弘扬社会主义核心价值观，根据宪法和有关法律，制定本法。

第 2 条　国家采取措施推进无障碍环境建设，为残疾人、老年人自主安全地通行道路、出入建筑物以及使用其附属设施、搭乘公共交通运输工具，获取、使用和交流信息，获得社会服务等提供便利。

残疾人、老年人之外的其他人有无障碍需求的，可以享受无障碍环境便利。

第 7 条　县级以上人民政府应当统筹协调和督促指导有关部门在各自职责范围内做好无障碍环境建设工作。

县级以上人民政府住房和城乡建设、民政、工业和信息化、交通运输、自然资源、文化和旅游、教育、卫生健康等部门应当在各自职责范围内，开展无障碍环境建设工作。

乡镇人民政府、街道办事处应当协助有关部门做好无障碍环境建设工作。

第五十三条　无障碍设施的建设和改造

无障碍设施的建设和改造，应当符合残疾人的实际需要。

新建、改建和扩建建筑物、道路、交通设施等，应当符合国家有关无障碍设施工程建设标准。

各级人民政府和有关部门应当按照国家无障碍设施工程建设规定，逐步推进已建成设施的改造，优先推进与残疾人日常工作、生活密切相关的公共服务设施的改造。

对无障碍设施应当及时维修和保护。

《无障碍环境建设法》（2023 年 6 月 28 日）

第 12 条　新建、改建、扩建的居住建筑、居住区、公共建筑、公共场所、交通运输设施、城乡道路等，应当符合无障碍设施工程建设标准。

无障碍设施应当与主体工程同步规划、同步设计、同步施工、同步验收、同步交付使用，并与周边的无障碍设施有效衔接、实现贯通。

无障碍设施应当设置符合标准的无障碍标识，并纳入周边环境或者建筑物内部的引导标识系统。

第 21 条　新建、改建、扩建公共建筑、公共场所、交通运输设施以及居住区的公共服务设施，应当按照无障碍设施工程建设标准，配套建设无障碍设施；既有的上述建筑、场所和设施不符合无障碍设施工程建设标准的，应当进行必要的改造。

第 26 条　无障碍设施所有权人或者管理人应当对无障碍设施履行以下维护和管理责任，保障无障碍设施功能正常和使用安全：

（一）对损坏的无障碍设施和标识进行维修或者替换；

（二）对需改造的无障碍设施进行改造；

（三）纠正占用无障碍设施的行为；

（四）进行其他必要的维护和保养。

所有权人、管理人和使用人之间有约定的，由约定的责任人负责维护和管理。

第五十四条　信息交流无障碍

国家采取措施，为残疾人信息交流无障碍创造条件。

各级人民政府和有关部门应当采取措施，为残疾人获取公共信息提供便利。

国家和社会研制、开发适合残疾人使用的信息交流技术和产品。

国家举办的各类升学考试、职业资格考试和任职考试，有盲人参加的，应当为盲人提供盲文试卷、电子试卷或者由专门的工作人员予以协助。

● 部门规章及文件

《残疾人参加普通高等学校招生全国统一考试管理规定》（2017年4月7日）

第1条 为维护残疾人的合法权益，保障残疾人平等参加普通高等学校招生全国统一考试（以下简称高考），根据《中华人民共和国教育法》《中华人民共和国残疾人保障法》《残疾人教育条例》和《无障碍环境建设条例》以及国家相关规定，制定本规定。

第2条 各级教育考试机构应遵循《残疾人教育条例》和高考组织规则，为残疾人参加高考提供必要支持条件和合理便利。

教育部考试中心负责牵头协调有关部门，研究、提升和完善合理便利的种类及技术水平；省级教育考试机构负责本行政区域残疾人参加高考的组织管理和实施工作。

第3条 符合高考报名条件、通过报名资格审查，需要教育考试机构提供合理便利予以支持、帮助的残疾人（以下简称残疾考生）参加高考，适用本规定。

第4条 有关残疾考生参加高考的考务管理工作，除依本规定提供合理便利外，其他应按照教育部《普通高等学校招生全国统一考试考务工作规定》和省级教育考试机构制定的考务工作实施细则的规定执行。

第5条 教育考试机构应在保证考试安全和考场秩序的前提下，根据残疾考生的残疾情况和需要以及各地实际，提供以下一种或几种必要条件和合理便利：

（一）为视力残疾考生提供现行盲文试卷、大字号试卷（含大字号答题卡）或普通试卷。

（二）为听力残疾考生免除外语听力考试。

（三）允许视力残疾考生携带答题所需的盲文笔、盲文手写板、盲文作图工具、橡胶垫、无存储功能的盲文打字机、无存储功能的电子助视器、盲杖、台灯、光学放大镜等辅助器具或设备。

（四）允许听力残疾考生携带助听器、人工耳蜗等助听辅听设备。

（五）允许行动不便的残疾考生使用轮椅、助行器等，有特殊需要的残疾考生可以自带特殊桌椅参加考试。

（六）适当延长考试时间：使用盲文试卷的视力残疾考生的考试时间，在该科目规定考试总时长的基础上延长50%；使用大字号试卷或普通试卷的视力残疾考生、因脑瘫或其他疾病引起的上肢无法正常书写或无上肢考生等书写特别困难考生的考试时间，在该科目规定考试总时长的基础上延长30%。

（七）优先进入考点、考场。

（八）设立环境整洁安静、采光适宜、便于出入的单独标准化考场，配设单独的外语听力播放设备。

（九）考点、考场配备专门的工作人员（如引导辅助人员、手语翻译人员等）予以协助。

（十）考点、考场设置文字指示标识、交流板等。

（十一）考点提供能够完成考试所需、数量充足的盲文纸和普通白纸。

（十二）其他必要且能够提供的合理便利。

第6条　省级教育考试机构应将残疾人报考办法、途径、针对残疾考生的合理便利措施等纳入当年普通高等学校招生考试报名办法，并提前向社会公布。

第7条　申请合理便利的一般程序应包括：

（一）报名参加高考并申请提供合理便利的残疾考生，应按省级教育考试机构规定的时间、地点、方式提出正式书面申请。申请内容应包括本人基本信息、残疾情况、所申请的合理便利以及需自带物品等，并提供本人的第二代及以上《中华人民共和国残疾人证》以及省级教育考试机构规定的有效身份证件的原件和复印件（扫描件）。

（二）教育考试机构负责受理并审核在本地参加考试的残疾考生提出的正式申请，并牵头组织由有关教育考试机构、残联、卫生等相关部门专业人员组成的专家组，对残疾考生身份及残疾情况进行现场确认，结合残疾考生的残疾程度、日常学习情况、提出的合理便利申请以及考试组织条件等因素进行综合评估，并形成书面评估报告。

（三）省级教育考试机构根据专家组评估意见，形成《普通高等学校招生全国统一考试残疾考生申请结果告知书》（以下简称《告知书》），在规定的时限内将《告知书》送达残疾考生，由残疾考生或法定监护人确认、签收。《告知书》内容应包含残疾考生申请基本情况、考试机构决定的详细内容以及决定的理由与依据、救济途径等。

第8条　残疾考生对《告知书》内容有异议，可按《告知书》规定的受理时限，向省级教育行政部门提出书面复核申请。

省级教育行政部门的复核意见应按相关程序及时送达残疾考生。

第9条　经申请批准后免除外语听力考试残疾考生的外语科成绩，按"笔试成绩×外语科总分值/笔试部分总分值"计算。

外语听力免考的残疾考生，听力考试部分作答无效。其他考生进行外语听力考试期间，外语听力免考的残疾考生不得翻看试卷和作答。听力考试结束后，方可答题。

第10条　涉及制作盲文试卷、大字号试卷等特殊制卷的，原则上由负责制卷的教育考试机构联合当地残联，提前协调特殊教育学校（院）、盲文出版社等机构，选聘遵纪守法，熟悉业务，工作认真负责，身体健康，且无直系亲属或利害关系人参加当年高考的盲文专业技术人员参加入闱制卷工作。

教育考试机构应当指定专职的盲文专业技术人员分别负责试卷的翻译、校对和制卷工作。盲文试卷制作过程应始终实行双岗或多岗监督。盲文试卷、大字号试卷的包装应有明显区别于其他试卷的标识。

第11条　省级教育考试机构应当将已确定为其提供合理便利的残疾考生情况提前通知其所在地教育考试机构。当地相关教育考试机构及考点应提前做好相应的准备和专项技能培训工作，并按照省级教育考试机构确定的合理便利做好残疾考生的服务、检查、施考工作。考试过程应全程录音、录像并建档备查。

第12条　所有获得合理便利服务的残疾考生，每科目考试开始时间与最早交卷离场时间按省级教育考试机构的规定执行。

第13条　省级教育考试机构应组织专门的学科评卷小组，对无法扫描成电子格式实施网上评卷的残疾考生答卷进行单独评阅，评卷工作严格按照教育部考试中心发布的高考评卷工作有关规定执行。

涉及盲文试卷的，省级教育考试机构应组织具有盲文翻译经验、水平较高且熟悉学科内容的专业人员（每科目不少于2人），将盲文答卷翻译成明眼文答卷，在互相校验确认翻译无误后，交由各科评卷组进行单独评阅。盲文答卷的翻译工作应在评卷场所完成，并按照高考评卷工作的有关规定进行管理。

第14条　省级教育考试机构应在已有的突发事件应急预案基础上，制定具有适用于残疾考生特点的专项预案，并对相关考务工作人员进行必要的培训和演练。

第15条 在组织残疾人参加考试过程中违规行为的认定与处理，按照《国家教育考试违规处理办法》及相关的法律法规执行。

第16条 省级教育考试机构可依据本规定，结合当地的实际制订工作实施细则。

第17条 本规定由教育部负责解释，并自发布之日起施行。

第18条 残疾人参加其他国家教育考试需要提供合理便利的，可参照本规定执行。

附件：

1. 残疾人参加普通高等学校招生全国统一考试考务操作要点

2. 残疾人报考××××年普通高等学校招生全国统一考试合理便利申请表（样表）

3. 省（区、市）年普通高等学校招生全国统一考试残疾考生申请合理便利结果告知书（样表）

附件1

残疾人参加普通高等学校招生全国统一考试考务操作要点

一、对确定提供合理便利的残疾考生，省级教育考试机构应提前告知能够提供的合理便利措施、有关考务规定、考试规则，可以携带的辅助文具、设备等。

二、行动不便的残疾考生可以优先进出考点、考场。考点应按1人/生的标准配备引导辅助人员，负责将有需要的残疾考生从考点警戒线引导至考场门口，协助其接受考场监考人员的证件检查和违禁物品检查。检查通过后，由考场监考人员引导残疾考生到相应的座位上准备考试。考试结束后，引导辅助人员负责将残疾考生从考场门口引导至考点警戒线并交给残疾考生监护人。

考试过程中，引导辅助人员可对行动不便残疾考生提出的合理行动要求进行必要的辅助。

经省级教育考试机构同意，肢体残疾程度达到一级、二级的残疾考生可以乘车进入考点。送残疾考生的车辆，在残疾考生进入考场后，必须驶离考点；待考试结束后再进入考点接残疾考生。

三、经省级教育考试机构同意，肢体残疾考生可自己携带符合其生理特点的特殊桌椅参加考试的，考点所在地的教育考试机构、考点，应按照与考生协商确定的时间进行布置，并对残疾考生所携带的特殊桌椅做必要的检查。

四、有考生使用盲文试卷的考场，应准备充足的盲文纸和白纸。

考场配备的 2 名监考员中，应至少有 1 名具有较高的盲文水平。该名监考员除履行相关的考务操作要求外，还要负责回答考生提出的关于盲文试卷印制不清的问题。回答时，监考员依据与盲文试卷所配套的普通试卷（明眼文试卷）只能告诉考生盲文点位（包括位置、点数等）情况，对试题内容不得作任何解释。

五、有使用大字号试卷或普通试卷的视力残疾考生的考场，应配备残疾考生所需照明台灯的电源接线板或插座等辅助设备。

六、有听力、言语残疾考生参加考试的，有条件的考点，应配备持有中级（含）以上资格证书的手语翻译人员，负责协助残疾考生解决在违禁物品检查、入场、考试和交卷离场过程中可能和监考人员间的言语交流障碍问题。但手语翻译人员仅限于将监考员的指令情况告知残疾考生，对试题内容不能作任何解释，也不得帮助残疾考生进行作答。

不具配备手语翻译人员的考点和考场，应准备用于提醒残疾考生各项注意事项的文字指示标识，监考员按照组考程序工作要求，按时、准确向残疾考生进行提示。如确有必要，监考员可以通过交流板用笔谈的方式与残疾考生交流，笔谈文字记录待考试结束后随考场记录单一并上交。

七、经省级教育考试机构同意，体干及双侧上肢机能障碍的残疾考生可以根据适合自己的书写方式，用符合考试规定的笔答题。

八、在包装、运送、保管盲文试卷、答卷的过程中，要采取措施，防止盲文试卷、答卷受其他物品挤压，盲点受损。

附件2

残疾人报考××××年普通高等学校招生全国统一考试

合理便利申请表（样表）

申请人姓名	性别	报名编号	残疾类别	残疾等级

有效身份证件号码			残疾人证号码	

申请的合理便利	请在对应的方框勾选（可多选） 1. □ 使用盲文试卷　□ 使用大字号试卷　□ 使用普通试卷 2. □ 免除外语听力考试 3. □ 携带盲文笔　□ 携带盲文手写板　□ 携带盲文打字机 　□ 携带电子助视器□携带照明台灯　□ 携带光学放大镜　□ 携带盲杖　□ 携带盲文作图工具　□携带橡胶垫 4. □ 佩戴助听器　　　□ 佩戴人工耳蜗 5. □ 使用轮椅　　　□ 携带助行器　　□ 携带特殊桌椅 6. □ 延长考试时间 7. □ 需要引导辅助 8. □ 需要手语翻译 9. □ 优先进入考点、考场
其他	如有其他便利申请，请在此栏内填写

申请人/申请人法定监护人签字：

（法定监护人签字的请说明情况，并提供监护人的相关有效

身份证件复印件、联系方式等）

日期： 年 月 日

附件3

省（区、市）　年普通高等学校招生全国统一考试
残疾考生申请合理便利结果告知书（样表）

（文件编号：　　）

（申请人姓名、有效身份证件号码）：

你的"报考××××年普通高等学校招生全国统一考试合理便利申请表"及要求的相关证件收悉。根据国家相关文件的规定和本地区的实际、你的残疾情况，经专家组评估，同意为你在参加××××年普通高等学校招生全国统一考试中提供_____ 、_____、_____等，共_____项合理便利。你的其他申请项无法提供，理由是：_____。

如对本告知书的内容存在异议，请在_____个工作日内，持本告知书及相关材料向省（区、市）教育厅（教委）提出复核。

请你本人或法定监护人在本告知书指定的位置予以签收确认。本告知书一式四份。考生、考点、考生所在地教育考试机构及省级教育考试机构各执一份。

签收人：_____

（法定监护人签字的请说明情况，并提供监护人的相关有效身份证件复印件、联系方式等）

签收日期：_____年_____月_____日

省（区、市）教育考试院（招办、中心、局）

（加盖单位公章）

年 月 日

第五十五条　无障碍服务

公共服务机构和公共场所应当创造条件，为残疾人提供语音和文字提示、手语、盲文等信息交流服务，并提供优先服务和辅助性服务。

公共交通工具应当逐步达到无障碍设施的要求。有条件的公共停车场应当为残疾人设置专用停车位。

● 法　律

《无障碍环境建设法》（2023 年 6 月 28 日）

第 29 条　各级人民政府及其有关部门应当为残疾人、老年人获取公共信息提供便利；发布涉及自然灾害、事故灾难、公共卫生事件、社会安全事件等突发事件信息时，条件具备的同步采取语音、大字、盲文、手语等无障碍信息交流方式。

第 33 条　音视频以及多媒体设备、移动智能终端设备、电信终端设备制造者提供的产品，应当逐步具备语音、大字等无障碍功能。

银行、医院、城市轨道交通车站、民用运输机场航站区、客运站、客运码头、大型景区等的自助公共服务终端设备，应当具备语音、大字、盲文等无障碍功能。

第五十六条　为残疾人选举提供便利

组织选举的部门应当为残疾人参加选举提供便利；有条件的，应当为盲人提供盲文选票。

● 法　律

《无障碍环境建设法》（2023 年 6 月 28 日）

第 48 条　组织选举的部门和单位应当采取措施，为残疾人、老年人选民参加投票提供便利和必要协助。

| 第五十七条 | 无障碍辅助设备、交通工具的研发 |

国家鼓励和扶持无障碍辅助设备、无障碍交通工具的研制和开发。

● **法　律**

《无障碍环境建设法》（2023 年 6 月 28 日）

第 54 条　国家通过经费支持、政府采购、税收优惠等方式，促进新科技成果在无障碍环境建设中的运用，鼓励无障碍技术、产品和服务的研发、生产、应用和推广，支持无障碍设施、信息和服务的融合发展。

| 第五十八条 | 导盲犬出入公共场所的规定 |

盲人携带导盲犬出入公共场所，应当遵守国家有关规定。

● **法　律**

《无障碍环境建设法》（2023 年 6 月 28 日）

第 46 条　公共场所经营管理单位、交通运输设施和公共交通运输工具的运营单位应当为残疾人携带导盲犬、导听犬、辅助犬等服务犬提供便利。

残疾人携带服务犬出入公共场所、使用交通运输设施和公共交通运输工具的，应当遵守国家有关规定，为服务犬佩戴明显识别装备，并采取必要的防护措施。

第八章　法　律　责　任

| 第五十九条 | 残疾人组织的维权职责 |

残疾人的合法权益受到侵害的，可以向残疾人组织投诉，残疾人组织应当维护残疾人的合法权益，有权要求有关

部门或者单位查处。有关部门或者单位应当依法查处，并予以答复。

残疾人组织对残疾人通过诉讼维护其合法权益需要帮助的，应当给予支持。

残疾人组织对侵害特定残疾人群体利益的行为，有权要求有关部门依法查处。

● 法　律

《老年人权益保障法》（2018 年 12 月 29 日）

第 73 条　老年人合法权益受到侵害的，被侵害人或者其代理人有权要求有关部门处理，或者依法向人民法院提起诉讼。

人民法院和有关部门，对侵犯老年人合法权益的申诉、控告和检举，应当依法及时受理，不得推诿、拖延。

第 74 条　不履行保护老年人合法权益职责的部门或者组织，其上级主管部门应当给予批评教育，责令改正。

国家工作人员违法失职，致使老年人合法权益受到损害的，由其所在单位或者上级机关责令改正，或者依法给予处分；构成犯罪的，依法追究刑事责任。

第六十条　权益受侵害的救济渠道

残疾人的合法权益受到侵害的，有权要求有关部门依法处理，或者依法向仲裁机构申请仲裁，或者依法向人民法院提起诉讼。

对有经济困难或者其他原因确需法律援助或者司法救助的残疾人，当地法律援助机构或者人民法院应当给予帮助，依法为其提供法律援助或者司法救助。

● 法　律

1. 《**法律援助法**》（2021 年 8 月 20 日）

第 25 条　刑事案件的犯罪嫌疑人、被告人属于下列人员之一，没有委托辩护人的，人民法院、人民检察院、公安机关应当通知法律援助机构指派律师担任辩护人：

（一）未成年人；

（二）视力、听力、言语残疾人；

（三）不能完全辨认自己行为的成年人；

（四）可能被判处无期徒刑、死刑的人；

（五）申请法律援助的死刑复核案件被告人；

（六）缺席审判案件的被告人；

（七）法律法规规定的其他人员。

其他适用普通程序审理的刑事案件，被告人没有委托辩护人的，人民法院可以通知法律援助机构指派律师担任辩护人。

第 42 条　法律援助申请人有材料证明属于下列人员之一的，免予核查经济困难状况：

（一）无固定生活来源的未成年人、老年人、残疾人等特定群体；

（二）社会救助、司法救助或者优抚对象；

（三）申请支付劳动报酬或者请求工伤事故人身损害赔偿的进城务工人员；

（四）法律、法规、规章规定的其他人员。

第 45 条　法律援助机构为老年人、残疾人提供法律援助服务的，应当根据实际情况提供无障碍设施设备和服务。

法律法规对向特定群体提供法律援助有其他特别规定的，依照其规定。

2. 《**老年人权益保障法**》（2018 年 12 月 29 日）

第 56 条　老年人因其合法权益受侵害提起诉讼交纳诉讼费

300

确有困难的，可以缓交、减交或者免交；需要获得律师帮助，但无力支付律师费用的，可以获得法律援助。

鼓励律师事务所、公证处、基层法律服务所和其他法律服务机构为经济困难的老年人提供免费或者优惠服务。

● 案例指引

卢某某申请人身安全保护令案①

残疾人是社会特殊困难群体，需要全社会格外关心、加倍爱护。在司法实践中，由于残疾人自身的生理缺陷，导致诉讼能力较弱，因受到威胁等原因不敢申请人身安全保护令。本案是全国首例由残联代为申请的人身安全保护令，较好地将最高人民法院和中国残疾人联合会共同印发的《关于在审判执行工作中切实维护残疾人合法权益的意见》融入到司法审判实践中，既是反家暴审判的一次有益尝试，也是回应残疾人司法需求和司法服务的具体体现。

| 第六十一条 | 国家工作人员的法律责任 |

违反本法规定，对侵害残疾人权益行为的申诉、控告、检举，推诿、拖延、压制不予查处，或者对提出申诉、控告、检举的人进行打击报复的，由其所在单位、主管部门或者上级机关责令改正，并依法对直接负责的主管人员和其他直接责任人员给予处分。

国家工作人员未依法履行职责，对侵害残疾人权益的行为未及时制止或者未给予受害残疾人必要帮助，造成严重后果的，由其所在单位或者上级机关依法对直接负责的主管人员和其他直接责任人员给予处分。

---

① 《最高人民法院、中国残疾人联合会残疾人权益保护十大典型案例》，载最高人民法院网站，https：//www.court.gov.cn/zixun/xiangqing/334501.html，2023年6月30日访问。

● **法　律**

1. 《无障碍环境建设法》（2023 年 6 月 28 日）

第 68 条　负有公共服务职责的部门和单位未依法提供无障碍社会服务的，由本级人民政府或者上级主管部门责令限期改正；逾期未改正的，对直接负责的主管人员和其他直接责任人员依法给予处分。

第 70 条　无障碍环境建设相关主管部门、有关组织的工作人员滥用职权、玩忽职守、徇私舞弊的，依法给予处分。

2. 《刑法》（2020 年 12 月 26 日）

第 254 条　国家机关工作人员滥用职权、假公济私，对控告人、申诉人、批评人、举报人实行报复陷害的，处二年以下有期徒刑或者拘役；情节严重的，处二年以上七年以下有期徒刑。

第六十二条　**通过大众传播媒介贬低损害残疾人人格的法律责任**

违反本法规定，通过大众传播媒介或者其他方式贬低损害残疾人人格的，由文化、广播电视、电影、新闻出版或者其他有关主管部门依据各自的职权责令改正，并依法给予行政处罚。

第六十三条　**有关教育机构的法律责任**

违反本法规定，有关教育机构拒不接收残疾学生入学，或者在国家规定的录取要求以外附加条件限制残疾学生就学的，由有关主管部门责令改正，并依法对直接负责的主管人员和其他直接责任人员给予处分。

第六十四条　歧视残疾人劳动者的法律责任

违反本法规定，在职工的招用等方面歧视残疾人的，由有关主管部门责令改正；残疾人劳动者可以依法向人民法院提起诉讼。

● **行政法规及文件**

《残疾人就业条例》（2007 年 2 月 25 日）

第 4 条　国家鼓励社会组织和个人通过多种渠道、多种形式，帮助、支持残疾人就业，鼓励残疾人通过应聘等多种形式就业。禁止在就业中歧视残疾人。

残疾人应当提高自身素质，增强就业能力。

第 13 条　用人单位应当为残疾人职工提供适合其身体状况的劳动条件和劳动保护，不得在晋职、晋级、评定职称、报酬、社会保险、生活福利等方面歧视残疾人职工。

第六十五条　供养、托养机构及其工作人员的法律责任

违反本法规定，供养、托养机构及其工作人员侮辱、虐待、遗弃残疾人的，对直接负责的主管人员和其他直接责任人员依法给予处分；构成违反治安管理行为的，依法给予行政处罚。

● **法　律**

《刑法》（2020 年 12 月 26 日）

第 260 条之一　对未成年人、老年人、患病的人、残疾人等负有监护、看护职责的人虐待被监护、看护的人，情节恶劣的，处三年以下有期徒刑或者拘役。

单位犯前款罪的，对单位判处罚金，并对其直接负责的主管人员和其他直接责任人员，依照前款的规定处罚。

有第一款行为，同时构成其他犯罪的，依照处罚较重的规定定罪处罚。

第261条　对于年老、年幼、患病或者其他没有独立生活能力的人，负有扶养义务而拒绝扶养，情节恶劣的，处五年以下有期徒刑、拘役或者管制。

第六十六条　违反无障碍设施管理规定的法律责任

违反本法规定，新建、改建和扩建建筑物、道路、交通设施，不符合国家有关无障碍设施工程建设标准，或者对无障碍设施未进行及时维修和保护造成后果的，由有关主管部门依法处理。

● **法　律**

《无障碍环境建设法》（2023 年 6 月 28 日）

第64条　工程建设、设计、施工、监理单位未按照本法规定进行建设、设计、施工、监理的，由住房和城乡建设、民政、交通运输等相关主管部门责令限期改正；逾期未改正的，依照相关法律法规的规定进行处罚。

第65条　违反本法规定，有下列情形之一的，由住房和城乡建设、民政、交通运输等相关主管部门责令限期改正；逾期未改正的，对单位处一万元以上三万元以下罚款，对个人处一百元以上五百元以下罚款：

（一）无障碍设施责任人不履行维护和管理职责，无法保障无障碍设施功能正常和使用安全；

（二）设置临时无障碍设施不符合相关规定；

（三）擅自改变无障碍设施的用途或者非法占用、损坏无障碍设施。

第六十七条　其他法律责任

违反本法规定，侵害残疾人的合法权益，其他法律、法规规定行政处罚的，从其规定；造成财产损失或者其他损害的，依法承担民事责任；构成犯罪的，依法追究刑事责任。

● 法　律

《无障碍环境建设法》（2023 年 6 月 28 日）

第 71 条　违反本法规定，造成人身损害、财产损失的，依法承担民事责任；构成犯罪的，依法追究刑事责任。

第九章　附　　则

第六十八条　施行日期

本法自 2008 年 7 月 1 日起施行。

图书在版编目（CIP）数据

无障碍环境建设法、残疾人保障法一本通／法规应
用研究中心编．—北京：中国法制出版社，2023.7
（法律一本通；42）
ISBN 978-7-5216-3685-7

Ⅰ．①无… Ⅱ．①法… Ⅲ．①残疾人-城市道路-城
市建设-法规-中国②残疾人保障法-中国 Ⅳ.
①D922.182.3②D922.7

中国国家版本馆 CIP 数据核字（2023）第 115038 号

策划编辑 谢雯　　　　　　责任编辑　白天园　　　　　封面设计　杨泽江

无障碍环境建设法、残疾人保障法一本通
WUZHANG'AI HUANJING JIANSHEFA、CANJIREN BAOZHANGFA YIBENTONG

编者/法规应用研究中心
经销/新华书店
印刷/三河市紫恒印装有限公司
开本/880 毫米×1230 毫米　32 开　　　　印张/ 10.125　字数/ 248 千
版次/2023 年 7 月第 1 版　　　　　　　　2023 年 7 月第 1 次印刷

中国法制出版社出版
书号 ISBN 978-7-5216-3685-7　　　　　　　　定价：39.00 元

北京市西城区西便门西里甲 16 号西便门办公区
邮政编码：100053　　　　　　　　　　传真：010-63141600
网址：http：//www.zgfzs.com　　　　编辑部电话：010-63141792
市场营销部电话：010-63141612　　　印务部电话：010-63141606

法律一本通丛书·第九版

1. 民法典一本通
2. 刑法一本通
3. 行政法一本通
4. 土地管理法一本通
5. 农村土地承包法一本通
6. 道路交通安全法一本通
7. 劳动法一本通
8. 劳动合同法一本通
9. 公司法一本通
10. 安全生产法一本通
11. 税法一本通
12. 产品质量法、食品安全法、消费者权益保护法一本通
13. 公务员法一本通
14. 商标法、专利法、著作权法一本通
15. 民事诉讼法一本通
16. 刑事诉讼法一本通
17. 行政复议法、行政诉讼法一本通
18. 个人信息保护法一本通
19. 行政处罚法一本通
20. 数据安全法一本通
21. 网络安全法、数据安全法、个人信息保护法一本通
22. 监察法、监察官法、监察法实施条例一本通
23. 法律援助法一本通
24. 家庭教育促进法、未成年人保护法、预防未成年人犯罪法一本通
25. 工会法一本通
26. 科学技术进步法一本通
27. 职业教育法一本通
28. 反垄断法一本通
29. 体育法一本通
30. 反电信网络诈骗法一本通
31. 农产品质量安全法一本通
32. 妇女权益保障法一本通
33. 治安管理处罚法一本通
34. 企业破产法一本通
35. 保险法一本通
36. 证券法一本通
37. 劳动争议调解仲裁法一本通
38. 劳动法、劳动合同法、劳动争议调解仲裁法一本通
39. 未成年人保护法、妇女权益保障法、老年人权益保障法一本通
40. 反间谍法一本通
41. 无障碍环境建设法一本通
42. 无障碍环境建设法、残疾人保障法一本通